メタ構想力

ヴィーコ・マルクス・アーレント

木前利秋

未來社

メタ構想力——ヴィーコ・マルクス・アーレント★目次

メタ構想力——ヴィーコ・マルクス・アーレント

装幀——戸田ツトム

マルクスは『資本論』で一度だけジャンバッティスタ・ヴィーコに触れたことがある。少し長いがそのまま引いておく。

ワイヤット以前にも、きわめて不完全な形であったが粗紡機が利用されていた。おそらく最初はイタリアだったと思われる。テクノロジーの批判的な歴史書があれば、一八世紀の発明のどれ一つをとっても、一個人によるものはごく少ないことが一般的に立証されることだろう。しかしこれまでのところそうした著作は現れていない。ダーウィンは自然のなかの技術史に、すなわち動植物が生きていくための生産道具として動植物器官の形成史にわれわれの関心を向けた。それならば社会的存在である人類の生産的器官の形成史や、あらゆる特殊な社会組織の物質的基礎の形成史もまた同じ注目に値するのではないか。しかもこちらの方がより容易に提供できるのではないだろうか。なぜならヴィーコも言うように、人類史と自然史の違いは、前者がわれわれの作ったものであり、後者はそうでないというところにあるからだ。技術は自然に対する人間の能動的な態度を、そして人間の生命の直接的な生産過程を白日の下にさらす。それによってまた社会的な生活状況、その状況から生ずる精神的表象もまた明らかになる。この物質的基礎を捨象するものは、宗教史であってもすべて無批判なものである。じっさい、宗教的幻影にひそむ世俗的核心を分析によって明らかにすることはそれほど難しいことではない。はるかに難しいのは、逆に、その時々の現実の生活状況から、その天上に投影された諸形態を**展開する**ことである。そしてこれこそが、唯一の唯物論的な、したがって科学的な方法である。歴史的過程を排除する抽象的な自然科学的唯物論の欠陥は、その提唱者たちが一歩自分の専門外に出たときに示す抽象的でイデオロギー的な諸観念からも見てとれる。☆1（傍点による強調は引用者）

マルクスがヴィーコに触れた部分をめぐって、日本のマルクス研究でどの程度の議論があったのか詳らかではない。第一巻・第一三章の注八九にあるこの一節は、戦前以来からのいわゆる「技術論論争」で多くの注目を集め、マルクスに関連した議論では、技術の概念規定が取りざたされるさいに、ある時期までかならずといってよいほど引き合いに出された。何よりもいわゆる〈技術＝労働手段体系説〉の古典的典拠とされたのが、この一節である。☆2おそらくこれは『資本論』でもかなり著名な注の一つだろう。もっとも、「自然史」と「人類史」の区別を論じるのに、あえてヴィーコをもちだす必要があったのかどうかかなりあやしいが。☆3

ちなみにマルクスは、ヴィーコの『新しい学』を当時のフランス語版で読んだ形跡がある。☆4一八六二年四月二八日付のラサール宛手紙では、ヴィーコの一節から短い引用をしたのちに、「ヴィーコのなかにはヴォルフ（ホメロス）、ニーブール（『ローマ帝国史』）、比較言語研究の

☆1　Karl Marx, *Das Kapital, Kritik der politischen Ökonomie*, Erster Band. Berlin: Dietz Verlag. 1972, S. 392f. カール・マルクス『資本論　第一巻（上・下）』今村仁司・三島憲一・鈴木直訳、筑摩書房、二〇〇五年、七頁。ただし訳文は若干変更した。以下、同書は、*Das Kapital*, Bd. I, S. 392. 訳七頁、と略記。

☆2　中岡哲郎『技術を考える13章』日本評論社、一九七九年、四九頁以下、参照。技術論論争全般については次を参照。中村静治『技術論論争史（上・下）』青木書店、一九七五年。

☆3　すでにジャン・ボダンは「神のヒストリア」「人間のヒストリア」「自然のヒストリア」を区別し（*Methodus ad facilem historiarum cognitionem*, 1566）、大航海時代のホセ・デ・アコスタにも「自然史」と「文化史」の区別がある（アコスタ『新大陸

基礎（空想的ではあっても）、さらにおびただしい天才的なものが萌芽的にふくまれている」と、わりあい的確な論評をおこない、ヴィーコのなかに「俗物法学者とは対照的なローマ法の精神の哲学的解釈」を読み取る慧眼さを見せている。☆5 にもかかわらずかれがヴィーコから何か影響を受けたといえるだけの証拠はない。たぶん右の引用での言及は、マルクス一流のディレッタンティズムによるとみて大過ないだろう。文献解釈による両者の比較・対照は、この点から推せばあまり見込みがない。☆6

だがそれにしてもヴィーコの主張に触れた『資本論』☆7の右の一節が、ヴィーコ自身にさかのぼって吟味されたことは日本ではあまりなかったようだ。むろんここでわたしは技術論論争にことあらためて立ち帰るつもりはない。マルクスがこの注でヴィーコに触れてみたこと——それも、ヴィーコの思想のおそらく核心に係わる点に言及したことに、ここでの考察の端緒を探ってみたいだけである。

マルクスは、右の引用で、自然の加工に必要な技術的知識とこの知を駆使しておこなわれる労働との結びつきを語っている。技術によって人間の「社会的な生活状況、その状況から生ずる精神的表象もまた明らかになる」とは、「自然に対する人間の能動的な態度」によって生産物を〈作ること〉と「精神的表象」の造形によって生活にかかわる諸事象を〈知ること〉とが、生産のプロセスのうちで結びつくことを示唆している。マルクスが試みに「テクノロジーの批判的な歴史書」☆8の可能性を問うたのは、おそらくこのような制作と認識との現実の結びつきを批判的に解剖しうる歴史認識の可能性である。歴史の当事者たちの技術形成と生産活動に

自然文化史』増田義郎訳、岩波書店、一九六六〔原書初版 一五九一〕年）。これについては次の整理を参照。和辻哲郎「近代歴史哲学の先駆者——ヴィコとヘルダー」『和辻哲郎全集・第六巻』岩波書店、一九七七年）。ちなみにマルクスが通ったギムナジウムの校長ヴィッテンバッハが歴史の授業のテキストに使用したヴィーデマンの著作には、次のような一節があったという。
「すべては必然的で変更不能な法則に従って作用する自然によって生起するか、あるいは人間の自由意志によって生起するかである。それゆえ、歴史もまた自然の歴史か人間の歴史である。そして後者は人間に自由なる行為の叙述以外のなにものでもない。」（廣松渉著、井上五郎補注『マルクスの思想圏』朝日出版社、一九八〇年、三六頁からの重引用）

おける〈作ること〉と〈知ること〉との結びつきを、歴史の観察者が正当に〈認識〉できる可能性——マルクスのいう「唯一の唯物論的な、したがって科学的な方法」とは、この意味での〈認識〉の可能性の条件に触れていた。

ところでマルクスが挙げたヴィーコの命題を、その『新しい学』に探ってみれば、おそらく何よりもまず次の一節が眼に止まる。

……はるか遠い原始の古代を蔽っているあの濃い夜の闇のなかに、消えることのない永遠の光が見える。それはなんとしても疑いえない真理の光である。この政治的世界はたしかに人間たちによって作られたものであるから、その諸原理はわたしたち人間の知性自体の諸様態のなかに見いだすことができる、なぜなら、そこに見いだされてしかるべきであるから、というのがそれである。このためこれを省みるものは誰でも、次のように気づいて愕然とするにちがいない。自然的世界を作ったものは神であるから、その知識をもちうるのはひとり神のみであるのに、どうしてまた哲学者という哲学者はすべて、これまでのように自然的世界の知識を究明することのみ汲々としてきたのか、そしてその一方、諸国民の世界または政治的世界を作ったものは人間なのだから、この知識を究めることができるのは人間なのに、この諸国民の世界または政治的世界を考察することをどうしてなおざりにしてきたのだろうか、と。(SN 331)☆9

☆4 *La Science Nouvelle par Vico*; traduite par [Princess Belgoioso] l'auteur de l'essai sur la formation du dogme catholique, Paris, 1844.

☆5 *Karl Marx - Friedrich Engels Werke*, Bd. 30., Berlin: Diez Verlag, S. 623.

☆6 マルクスとヴィーコの関係にかんする文献史的研究は次を参照。A. Pipa, Marx's Relation to Vico: A Philological Approach, in: G. Tagliacozzo (ed.), *Vico and Marx: Affinities and Contrasts*, Humanities Press Inc., 1983. Atlantic Highlands, NJ: Humanities Press Inc., London: Macmillan, 1983.

☆7 マルクスの注とヴィーコに触れた邦文献では次を参照。佐々木力『科学革命の歴史構造・上』岩波書店、一九八五年、二三〇—二三六頁。

☆8 「テクノロジーの批

ヴィーコは、人類史と自然史——その表現を踏襲するなら「政治的世界」（国家制度的世界）と「自然的世界」との違いを、マルクスが指摘したように、前者は人間が作ったのに対し後者は神が創った点に見た。諸国民の世界（政治的世界）は、太古の人間たちが神の表象を〈作ること〉から始まる。これによって人間は不確かな意志を確実なものにし、生活にとって必要で有益な事柄について〈知る〉端緒を手に入れる。この創造と認識から、神々と人間にかかわる諸事象、つまり習俗や制度が創設される。ヴィーコのいう政治的世界は、なによりも神観念を〈作ること〉にもとづいた広い意味での〈知ること〉から生まれた。ヴィーコが『新しい学』で試みたのは、神観念の創造にもとづく諸事象の認識と政治的・文明的な制度の創設を物語る歴史認識の可能性である。歴史の担い手たちの神観念の創造と政治的世界の創出による〈作ること〉と〈知ること〉との結びつきを、歴史の語り手が真に〈認識〉できる可能性——ヴィーコ自身の「未だかつてなかった新しい批判術」(SN 7) もまたこのような歴史認識の可能性の条件に触れていた。

なるほどヴィーコとマルクスでは、歴史のなかで〈作ること－知ること〉と歴史を〈認識すること〉の中身に大きな隔たりがある。両者の平行関係を必要以上に誇張するのは禁物である。レオン・ポンパは、マルクスがヴィーコに触れたとはいっても、ヴィーコのいう「知性の様態」についてマルクスが何も言及していない点に、両者の見逃せない相違を見ている。[☆10] けれどいずれも、この二つの水準——ポンパの表現を借りれば、歴史の存在論的構成と認識論的構成との間に、ある関連を見ていた点で等しい。歴史をめぐるこの二つの構成に注目しながら、

判的歴史書」とは、暗にポッペの著『テクノロジーの歴史』を念頭に置いていたらしい。Cf. K. Marx, *Die technologisch-historischen Exzerpte*, Historisch- kritische Ausgabe Transkribiert und herausgegeben von H-P. Müller, Ullstein Materialien, 1982. また次も参照。吉田文和『マルクス機械論の形成』北海道大学図書刊行会、一九八七年。

☆9　Giambattista Vico, *Principj di Scienza Nuova* (1744), in: G. B. Vico, *Opere*, a cura di Fausto Nicolini (La letteratura italiana: storia e testi; volume 43), Milano, Napoli: Riccardo Ricciardi Editore, 1953.（ジャンバッティスタ・ヴィーコ『新しい学』清水純一・米山喜晟訳、中央公論社、一九七九年／『新しい学I』上村忠男訳、法政大学出版局、二〇〇七年）。『新しい学』第

神話と歴史、労働と政治等を可能にする基本的な条件を問うこと、それもさしあたりはヴィーコの、そしてマルクスの思想をそのための手がかりにしてみることが、ここでの試みである。

もっとも、近代の初頭と中頃を生きたこの歴史哲学者たちから導きの糸を紡ぎだせば、歴史の形成と認識の道が開けると信じられるほど、今日の思想的状況は単純でも容易でもない。近代の歴史の父と目されるヴィーコにしても、その衣鉢を継いだとされるマルクスにしても、歴史と自然を明瞭な稜線で分かちながら、人間が歴史を作ると見ることで共通していた。自然史と人類史、自然的世界と政治的世界の二分法、労働・制作・構築・造形といった人間の営みの特権的地位を信頼できた点で、両者は同じ歴史的土俵にいる。これに比べると、アーレントの次のアイロニカルな論調からは、そうした二分法や〈作る〉ことの特権性をもはや自明の前提にできなくなった歴史意識しか読み取れない。

> 近代になって、歴史はまったく新しい姿で現れた。それはもはや人びとの事績や苦難から成るわけでも、人びとの生に影響を及ぼす出来事を物語るものでもない。歴史は人間が作る一つのプロセス、その存在をもっぱら人類に負う唯一の包括的なプロセスとなった。歴史を自然から区別するこの特質もまた過去のものとなった。われわれは今日、自然を創造するという意味で「作る」ことはできないにしても、新しい自然のプロセスを首尾よく開始させうること、それゆえある程度つまり「歴史を作る」のと同程度までには「自然を作る」ことを知っている。……ヴィーコが歴史の領域のうちでのみ為しうると考えた事柄

三版（一七四四年）の本書（および翻訳書）は、ヴィーコ自身の大幅な改訂を理由に、（**La Scienza nuova prima** と称される）『新しい学』初版（一七二五年）と区別して、**La Scienza nuova seconda** と通称されている。**SN** と略記したものは第三版を意味し、初版からの引用は **SN prima** と記す。なお第三版からの引用は、編者ニコリーニが付けた段落番号で示し、本文中に引用箇所を指示する。同じ段落番号は右邦訳書にも付されている。訳文、訳語は可能なかぎり、上村忠男訳に依拠したが、文脈等に応じて変更した。

☆10 Leon Pompa, Ontological and Historiographical Construction in Vico and Marx, in: G. Tagliacozzo (ed.), *op. cit.*, 1983, p. 67.

を、われわれは自然的・物理的領域で現に為しうるのである。☆11

近代がいきつくところまでいったと見えた眼には、近代的な歴史概念の登場がヴィーコやマルクスとはかなり違ったものに映ったようだ。アーレントに言わせれば、ヴィーコは、人間には(神のように)自然を作ることができないから、歴史を作る人間の営為に注目したのだということになるが、もしかしたらニューテクノロジーの現在に明るい未来を見たがるものには、逆に「歴史を作る」のは無理だとしても、「自然を作る」のはさして困難ではないと思えるかもしれない。もっともアーレントがこうした時代診断から引きだしたのは、人間史と自然史との区分を無にしかねない〈作る〉という人間の営みの遍在的な拡大と深化の認識だけではない。人間の生の領域は自然史と人間史の双方を跨ぎながらも、一方、人間の営みにはもともと(労働や制作のような)〈作る〉ことに還元されない幅がある。歴史の担い手たちが思考し意欲し判断する知の営みも、狭い意味での〈作ること〉にもとづいた〈知ること〉に限定されない。歴史を想起しようとする者にとって、真に歴史を〈認識する〉可能性は、こうした拡がりの全体に目を配ることからしか開かれてこない。

しかしではアーレントのこの姿勢を徹底させるならば、歴史の当事者による〈作ること〉と〈知ること〉との結びつきを、歴史の観察者が〈認識する〉可能性を問うという問題構成そのものが、失効すると言えるだろうか。ある意味でそうだが、別の意味ではそうでない。人間の多様な営みを〈作る〉活動に還元し、〈知ること〉をそうした〈作ること〉との同型性や統一

☆11 Hannah Arendt, *Between Past and Future*, New York: Penguin Books, 1993 (1977), p. 58.(ハンナ・アーレント『過去と未来の間』引田隆也・齋藤純一訳、みすず書房、七五―七六頁)。

性に基づけようとするなら、「労働の哲学」や「生産パラダイム」を批判の俎上にのせてきた思想的遺産を見失うことになるだろう。だがそれは労働や制作といった〈作ること〉そのものに関する理論的考察が無意味になったことを意味しない。むしろこれまで〈作ること〉と〈知ること〉について前提されてきた分析の枠組みそのものが修正を迫られていること、労働・制作といった営みそのものについて、いま一度、理論的に問い直す必要が求められていることを示唆しているととるべきだろう。歴史の担い手と語り手による〈作ること〉〈知ること〉〈認識すること〉を軸にした問題構成も、効力を失ったというより新たなかたちの再構成が求められるようになったと見ることができるだろう。

もちろんここでは、紙幅の都合上、ヴィーコ、マルクス、アーレント三者の思想史的な関係について、その全容を明らかにすることはできない。右で指摘した問題構成についても取り扱う範囲を、かなり限定することにした。とりわけ自然史と人間史の二分法については、ごくわずかに言及するだけにとどめ、テーマとして正面から問題にすることはなかった。これについては稿を改めて論じたい。取り上げた思想家ごとにテーマの重点、考察の方法などでも大きな違いがある。ヴィーコではどちらかと言えば歴史の認識論的構成に重点を置いた筋立てにしたが、マルクスでは歴史の存在論的構成を主眼にした組立てにした。アーレントでは基本的には両構成に目を配った論述を心がけたものの、かならずしも釣り合いのとれた結構をなしているわけではない。考察の方法にも違いがある。今日の思想史研究の現状に鑑みて、ヴィーコについては、その思想を紹介し追跡するなかで、個人的な読解を提示する方針で進めたが、マルクスについては、労働論の全面的な組みかえと相対化を軸にすえて、わたくしなりの思い切った解釈をほどこすことにした。

叙述の方法にこうしたばらつきはあるものの、すでにあげた問題以外に全体の指針となった共通のキー概念がないわけではない。メタ構想力がそれだ。このメタ次元の構想力を語ったものには、後述のように幾人かの論者に類似した発想がある。本書の主な狙いは、この概念の意義に触れながら、右の問題を解く手がかりにしてみるところにある。

第一部　ヴィーコと真理の技法

第一章　トピカとクリティカ

第一節　真らしきものの発見術

ヴィーコは、当代の学問方法に触れた一節で、おおよそ次のように語ったことがある。☆1「新しいクリティカ **nova critica**」は、近代の学問方法の道具として重要な役割を果たしながら、青年の学習・教育にはしばしば良からぬ結果を招いている。クリティカが狙うのはもっぱら第一の真理である。だからそれは、真理の根本から、虚偽なるものことごとくを払いのけようとするのみならず、たんに誤りの恐れありと思われるだけのものも追いやろうとする。誤謬のいっさいを斥けようとするばかりか、第二の真理や真らしくみえるもの **verisimilis**、真とおぼしきものをも、ひとしなみに虚偽であると断じて排斥する。このような傾向はどうみても不健全きわまりない。青少年の教育には、何より共通感覚 **sensus communis** にもとづく養成こそ不可欠で、共通感覚は真らしくみえるものより生ずるからだ。☆2

ヴィーコが「新しいクリティカ」と呼ぶものは、直接にはポール・ロワイヤル論理学にもとづいた教育方法のことだが、暗にデカルトの方法を指しているとみて大過ない。クリティカ **critica** とは所謂「判断術 **ars iudicandi**」（真偽を判断する術）に当たるもので、今日いう

☆1　G. B. Vico, *De nostri temporis studiorum ratione* [Übertr. von W. F. Otto] Darmstadt: Weihert-Druck GmbH, 1984.（上村忠男・佐々木力訳『学問の方法』岩波文庫）以下、本書は、*De ratione.* と略記。なおヴィーコの『学問方法論』にかんする解釈としては、次を参照。上村忠男『ヴィーコの懐疑』みすず書房、一九八八年。E. Grassi, "Critical Philosophy or Topical Philosophy? -Meditations on the De nostri temporis studiorum ratione," in: G. Tagliacozzo, (ed.), *Giambattista Vico- An international Symposium*, Baltimore: Johns Hopkins Press, 1969, pp. 39-50.

☆2　*De ratione.*, S. 26/27. 訳二六頁。

批判《クリティーク》や批評《クリティック》といった含みはさしあたりない。キケロ以来、それにさきだつ「発見術 ars inveniendi」(真なるものを発見する術)としてのトピカ topica としばしば対にして使われてきたものである。デカルトは、良識 bon sens あるいは理性 raison を「真と偽を正しく区別する能力」と言い、クリティカ的なこの能力を、人間各人に公平に与えられた性質だと言った。クリティカ的な資質を劈頭に立てて、「真らしく見えるにすぎないものは、いちおう虚偽と」みなすにいたったのが、真理の探究をめぐるデカルトの段取りである。☆3 ヴィーコがクリティカより以前にトピカが働くことを力説したのは、ちょうどこれと逆で、第一真理にたいして真らしくみえるものが先だつ固有の意義を唱えることに向かっていた。真らしくみえるものから生じる共通感覚を養い、クリティカよりもさきにトピカの技法を身につけること、さしあたってこれが学問と教育の心得に掲げたヴィーコのモットーである。

だが、ヴィーコの主張をもしなんの前提もなしに聞くなら、読者はいささか奇異の念を抱かれるかもしれない。近代的な学問精神によらずとも、真理を求めて虚偽とおぼしきものをできるかぎり排するのは至極当然で、青少年の教育がそうして得られた確実な真理によるのも、まことに理にかなった話だろう。万人の認める究極の真理を教育と教養の基本とすべきで、これこそ学問の良識に従うことではあるまいか——おそらくこのような疑問が湧いたとしてもおかしくない。なるほど近代人の学問方法たるクリティカやデカルト的な第一真理の概念から、ヴィーコがすでに距離をとっていたことはたしかだ。が、それはかならずしもクリティカや真理という概念が無用であることを意味しない。それに、ヴィーコがいま触れた一節でもくろんだ

☆3 デカルト『方法序説』谷川多佳子訳、岩波書店、一九九七年、一六頁。

のは、真理にかんするデカルトの考え自身を拒絶することでもない。真理が確立する以前に真らしきものが固有の意義をもって生まれること、クリティカよりもトピカがさきだつこと、とりあえずかれが主張していたのはこれだけである。デカルト的なクリティカから見れば、所詮は偽にすぎない価値低きものを逆に積極的に擁護することこそが、さしあたりヴィーコの狙いとしたところだ。

真らしきもの **verisimilis** とは、ヴィーコによれば、真なるもの **verum** と偽なるものとの中間に立ち、ほぼ大方は真なるものだが、まれに偽となるもの、いやごくまれにしか偽にはならないもののことをいう。真と偽の中間とはいっても、若きニーチェが真理 **Wahrheit** と美的仮象 **Schein** との中間世界においた「真実らしさ **Wahrscheinlichkeit**」とは違う。ヴィーコにとっては、「知識が真なるものから生まれ、誤謬が偽なるものから生じるように」、この真理らしきものからは「共通感覚」が生まれる。☆4 共通感覚とは「ある階級全体、ある都市民全体、ある国民全体、ないし人類全体によって共通に感覚されている、なんらの反省をもともなっていない判断」（SN 142）のことで、むろんここにはニーチェ流の美的救済のモティーフはない。またここでのトピカとは、真偽の判断をおこなう弁論の術としてのクリティカに対して、事象や観念の関係の媒辞を発見する術をいう。真偽の判断がおこなわれる以前に、そのつどの問題状況にそくして可能なかぎりの論拠の在処をすべて見いだそうとする術が、トピカである。発見された論拠は、真理とまだ認証されていないとしても、真とおぼしきものでなければならない。真理らしきものとは、真のようにみえるだけで本当は偽であるのではなく、まだはっきりはし

☆4 *De ratione*., S. 26/27. 訳二六頁。

ないが真といえそうなもの、真理とおぼしいもののことをいう。トピカとは、真か偽かを判断し確定する術より前に働く術、この真らしきものを発見する術にほかならない。

真らしきものは、なるほど真理として万人の認めうる根拠にもとづいて立証されたわけではないから、偽となることもある。いっさいを疑ってかかるデカルトの方法的懐疑に服するならば、真理として不確かなものは虚偽の疑いある以上、真らしきものも真理という資格からはとりあえず取りのけておくのが筋の通った話だろうし、いかに多くの豊かな論拠を掻き集めたところで真偽の判断に与らないかぎり、トピカなど無視してよいことになろう。「ほんの少しでも疑いをかけうるものは全部、絶対に誤りとして廃棄すべきであり、その後で、わたしの信念のなかにまったく疑いえない何かが残るかどうかを見きわめねばならない」[☆5]との決意こそが、哲学の第一原理をめざしたデカルトの懐疑の起点にあった。こうして真らしきものは、偽のおそれあるものとして真理の領域から追い払われ、トピカは、なくともよい余計な試みとしてクリティカから閑却される――ヴィーコが擁護し顕揚するものは、デカルトの方法的懐疑によってこのように排除され閑却されたものである。真らしきものの概念は、後年のヴィーコからは姿を消し、トピカの概念も『新しい学』になるとその位相をいくらか変えることになるが、ここに現われた姿勢そのものは、のちのヴィーコにあっても変わらない。ではそもそもヴィーコは、このトピカと真らしきものの概念を強調することで、いったい何を意図していたのだろうか。

☆5　デカルト前掲書、四五頁。

第二節　近代的なものと古代的なものの間

1

ヴィーコにおける真らしきものとトピカの意義にかんする著名な解釈の一つに、ハンス－ゲオルク・ガーダマーのものがある。

真なるものと正しいものに対するこの共通感覚は、根拠に基づく筋道の通った知ではないが、……〈真理らしきもの〉の発見に導いてくれる。ヴィーコはこの共通感覚に雄弁のもつ意義と固有の権利との基盤を見ている。教育は、クリティカに基づく探究の道をとることはできない。青少年は、想像力や記憶力の鍛錬のためにイメージを必要とする。しかしこのことは〈新しいクリティカ〉の意味での学問研究では不可能である、と彼は言う。このようにヴィーコは、デカルト流のクリティカに対抗し、補足として古来からのトピカを配する。トピカとは、論拠の発見の術であり、ひとを説得するセンスの育成に役立つものである。この感覚は、直覚的でかつ時に応じて働き、まさにそれだからこそ、科学がこれにとって替わることのできないものなのである。

こうしたヴィーコの規定は、自己弁護の試みとも思える。そこでは、もっぱら〈真理らしきもの〉の権利が弁護されているが、それはとりもなおさず、科学の新しい真理概念を承認していることでもある。……こうした論議をするヴィーコは、遠くプラトンにまで遡る古い修辞学の伝統に従っている。しかし、ヴィーコの意味するところは、そのような修辞学の女神の擁護以上のものである。むしろ実質的には、ここにおいては、……実践的知識と理論的知識というアリストテレスの立てた古い対立が生きているのである。[☆6]

ガーダマーは二つの水脈が合流する地点にヴィーコの思想を置いている。一つは、学問の分野にまで及んだ新旧論争（querelle des anciens et modernes）の水脈である。[☆7] ガーダマーの見立てでは「古代人の知恵、見識 prudentia と雄弁 eloquentia の涵養」こそヴィーコの旨とするところで、この涵養は「新しい科学と数学的方法論を前にしてもやはり欠くことのできないものである」。近代人のクリティカによる科学に、古代人のトピカにもとづく知恵を対抗させること——ガーダマーはヴィーコの目論見のひとつをここに見た。もう一つの水脈は、プラトン、アリストテレス以来の理論的生活と実践的生活をめぐる議論の流れである。〈真理〉と〈真理らしきもの〉との対立は、ガーダマーによれば遠くアリストテレス以来の理論知と実践知の対立の源にまでさかのぼる。真理らしきものによって培われるヴィーコの共通感覚は、「ラテンの古典的著作家たちにとりわけ見られるような古代ローマ的な共通感覚の概念」であって、「ここには、哲学者たちの観想的思弁に対する批判の響き」を聞きとることができる。デカルト流の近代的なクリティカにキケロ流の古来からのトピカを対抗させ、科学から生じる真なるものに対して共通感覚から生みだされる真らしきものを配したのは、ガーダマーに言わせれば、近代人と古代人の対立、理論知と実践知の対立にかんするヴィーコなりの立場表明に

☆6 Hans-Georg Gadamer, *Wahrheit und Methode — Grundzüge einer philosophischen Hermeneutik*, Tübingen: J. C. B. Mohr (Paul Siebeck), 1975, S. 18. 轡田収・麻生健・三島憲一他訳『真理と方法（1）』法政大学出版局、二九—三〇頁。訳文は若干変更した。なおガーダマーのヴィーコ解釈については、次のヴェリーンの論考とガーダマーのリプライが有益である。Donald Phillip Verene, Gadamer and Vico on Sensus Communis and the Tradition of Human Knowledge, H. G. Gadamer, Reply to Donald Phillip Verene, in Lewis Edwin Hahn (ed.), *The Philosophy of Hans-Georg Gadamer*, Chicago: Open Court, 1997, pp. 157-170, 171-172.

☆7 *De ratione.*,S. 14/15. 訳一五—一六頁。

ほかならない。[☆8]

『学問の方法』のある部面に限定していえば、ガーダマーのこのような解釈もあながち不当ではない。『学問の方法』でのヴィーコの課題は、なによりも古代人と近代人の学問方法の短所と長所を腑分けし吟味してみることにあった。[☆9] この吟味をめぐってクリティカにたいするトピカの先行性が唱えられたこと、しかも古代人がトピカの術にすぐれていたと指摘されていたことは事実である。そのうえ、ヴィーコにしてみれば、近代の学問方法の大きな欠陥は、自然学に対する研究の熱心さのあまり倫理学を等閑視するおそれが生じたことにある。[☆10] 青少年の人格形成には、たしかに理論知だけではなく見識と雄弁、すなわち実践知への配慮を欠くことができない。

だがそうはいっても、ヴィーコの意図がこの二点に尽きると解するのは一面的だろう。なぜなら『学問の方法』が論じた問題は、この解釈には収まりえない面をもそなえているからである。それどころか、ヴィーコによる真らしきものの固有性、トピカの先行性の主張自身にしても、このような面ばかりを強調するとかえってその本意を見失いかねない。ガーダマーの解釈を極論させるなら、ヴィーコは、自然界を去って人間界に眼を転じ、近代の革新を忌避して古代への郷愁にわれわれを誘っているのだということになる。ヴィーコをこのような伝統回帰の思想家に仕立てると、ヴィーコ自身が総じて近代と古代、保守と革新の双方から距離をとった地平で思索していたことを見過ごすはめに陥る。

そもそもヴィーコは近代の諸学がなしとげた新しい発明・発見にたんに否定的な評価を下し

☆8　この解釈に関連した研究としては、次を参照。M. Mooney, *Vico in the tradition of rhetoric*, Princeton, New Jersey: Princeton University Press, 1985, pp. 84-135.

☆9　*De ratione.*, S. 14/15. 訳一五頁。

☆10　「……われわれの学問方法の最も大きな不都合は、自然の諸学にはきわめて熱心でありながら、道徳の学、とくに、そのなかでも、人間の精神の本性と政治生活および雄弁にふさわしいその情念、徳と悪徳に固有の兆候、善と悪の術、各自の年齢、性、身分、財産、民族、国家に応じた気風の特性、そしてすべてのうちで最もむずかしいあの品位ある適切なふるまいの術について論じる部門に、同じだけの熱意を注いでいないということである。」（*De ratione.*, S. 58/59. 訳五六頁）

たわけではない。近代の学問方法におけるその道具や補助手段の革新——とりわけ科学・技術上の発見は、ヴィーコにあっても瞠目に値する出来事だった。[☆11] その進歩的側面にたいする深い関心は、当時のナポリの自然科学者のグループ、「アカデミア・デッリ・インヴェスティガンティ Academia degli Investiganti」と称した科学者グループと共有した点でもある。[☆12] また「諸科学の新しい世界を明らかにした」フランシス・ベーコンは、ヴィーコにとって省察と執筆の範としてプラトン、タキトゥスとならび称され、「通俗的でかつ深遠なる知恵」の持ち主として尊崇の対象とされていた。[☆13]『学問の方法』での課題は、近代の学問方法と古代のそれとの長短を吟味しつつも、前者の優れた特徴を生かそうとすることにあったわけで、古代の学問方法との比較は、あくまでその欠陥を補正するのに必要とされたまでである。キケロ的な雄弁や人文主義の伝統（とりわけ法学的レトリックの伝統）[☆14]にもとづく公共的‐政治的活動への熱い憧憬が、ガリレオの自然研究やベーコンの新オルガノンの構想に現われた方法への深い関心と切り結び、緊張しあう場を生きたところに、ヴィーコのヴィーコたるゆえんがある。デカルト流の「新しいクリティカ」が、ヴィーコにとって否定的なものと映じたのも、ヴィーコ自身の知的姿勢に反すると思えたからだ。トピカや真らしきものへの積極的評価も、このようなヴィーコの姿勢と密接に関連していた。

「新しいクリティカ」に対してトピカの先行性を強調するとき、ヴィーコはなるほど古代人の知恵に触れてはいるものの、そこでいわんとしているのは、トピカの歴史的先行性よりむしろ論理的先行性である。古代人がトピカを発見し、近代人がクリティカを発明したというのでは

☆11 「今日このような方法で教えられている幾何学と自然学によって進歩させられた機械学は、とてつもなく多くの、きわめて驚くべき発見によって人間社会を富ましてきたように思われる。……われわれの築城法や城塞攻略法を前にしては、ミネルウァもそのアテナイの要塞を軽蔑し、ユピテルも三条の電光を虚弱で罵るであろうほど、それは古代のを凌駕しているのである」（*De ratione.*, S. 22/23. 訳二三頁）。

☆12 M. H. Fisch, The academy of the Investigators, in: E. Ashworth Underwood（ed.）, *Science Medicine and History*, vol. 1, London: Oxford University Press, 1953. 上村忠男『ヴィーコの懐疑』みすず書房、五三—九九頁での詳細な記述を参照。なおピーター・バークは、トマーゾ・コルネリオ、レオナルド・ディ・カプア、フラン

ない。観念や知の形成においては、クリティカよりもトピカが論理的に先行する事実を古代人は熟知し、「新しいクリティカ」はこの論理的な順序を見失ったといっているだけである。ひとは真偽の判断をおこなう前に、ともかく判断にかけられるいっさいのものをあらかじめ見いだしておかねばならない。論点の発見の術はこの意味でクリティカより先に立つ。ならばトピカとは何も古代人の知恵だけに特有の術ではない。ヴィーコが、近代の新しい発見は「新しいクリティカ」が導入される以前にあらかた成就されていると述べたとき、かれは近代の発明・発見にあってもなんらかのかたちでのトピカ的推論がおこなわれていたはずだと推しているのである。

ヴィーコにとって、また真らしきものは人間に関わる事象の世界で格別の意味をもつとはいっても、人間の世界だけに限られたものではない。たとえば倫理学のみならず自然学の領域でも、真らしきものがその目標になる。自然に関する人間の認識も、ヴィーコにあっては真らしくみえるものにすぎない。なぜなら自然の世界は神が作ったものであって、人間が作ったものではないからだ。「幾何学的方法の力によって真理として引き出された自然学のことがらはたんに真らしいだけのことであり、また幾何学から確かに方法は得ているにしても、証明を得ているわけではない」☆15。近代的な自然科学に対して実践哲学に属する事柄の固有性を唱える以前に、まず自然学における真らしくみえるものの意義こそヴィーコが目を止めたところだ。いわば自然の世界と人間の世界の双方にまたがってデカルト的な第一真理からは排除される真理——真理らしくみえるものとは、何よりもこのような位置を占めていた。

チェスコ・ダンドレーアなどインヴェスティガンティ・グループの「近代派」が、たんに古典古代研究を却けたわけではなく、アリストテレス的でない「もうひとつの古代」、とりわけ「エピクロスの思想とカトリックのそれとを調和させようと試みた」面に注意を向けている。（ピーター・バーク『ヴィーコ入門』岩倉具忠／翔子訳、名古屋大学出版会、一九一二〇頁）

☆13　G. B. Vico, *Autobiografia*, in: G. B. Vico, *Opere*, a cura di Fausto Nicolini (La letteratura italiana: storia e testi; volume 43), Milano, Napoli: Riccardo Ricciardi Editore, 1953, p. 32.（本書には次の二種の邦訳がある。福鎌忠恕訳『ヴィーコ自叙伝』法政大学出版局、一九九〇年、八七頁／西本晃二訳『ヴィーコ自叙伝』みすず書房、四八頁）以下本書は、*Autobiografia*, p. 32. 福鎌訳八

ヴィーコが真らしきものの主張で狙ったのは、真なるものとしてありそうな事柄に正当な権利を与えることである。わたしたちの日常生活や自然との偶然の関係では、大方は真なるものとして通用しても、まれには偽となるものがある。このようなものは、デカルト的な「新しいクリティカ」の立場に身を置けば、まれではあれ偽の可能性が残るから、なべて虚偽に括られる。だが、日常の場面では、デカルト的懐疑の規準に照らせば厳密な真理ではなくとも、真らしくみえるもので事がすむ場合、あるいはその方が理にかなう場合も少なくない。潔癖な真理への意志に固執するかぎり、これらにみあった知の柔軟性や豊穣性を排除し閑却しかねない。ヴィーコは、とりあえずのところ、真理概念をめぐるこうした固陋な知的リゴリズムに異を立てている。だが話はこれだけで終わらない。ここでヴィーコはおよそ人間の認識というものが成り立ちうる独自の層に行き当たってもいたからである。

七頁／西本訳四八頁と略記。
☆14 Mooney, *op. cit.*, p. xiii-xv.
☆15 *De ratione.*, S. 40/41. 訳四〇頁。

2

ただしこの独自の基層を探ろうとするには、ヴィーコの近代性を強調しすぎることに慎重でなければならない。ことにガーダマー流の解釈から距離をとろうとするあまり、ヴィーコの自然科学への関心をいたずらに誇張するのも禁物である。近代の学問的な優位を唱えるのは、科学的な知識《スキエンティア》の面にかぎれば近代人が古代人より優れていること、クリティカの面では、かえって近代人の方がその意義に気づいていたのを是認することでもある。しかし〈真なるもの〉とは違った〈真らしきもの〉の固有の意味を唱えるのは、これまで「無限者的立場」から「物自体」を中心にして考えられた真理に代わって人間の「有限者的立場」から「現象」界に限定して捉えられる真理を問題にしたカントにいくらか似て、[☆16] すくなくとも人間にとって知ることが、神のごとく無限でないのを認めること、人間の知が有限である現実を人間の認識の事実として理解することでもある。人間の知の有限性（さらにはその可謬性）と近代の学問的進歩にたいする一定の評価を前提に〈真理らしきもの **verisimilis**〉の概念をさらに展開してみる可能性が、ひょっとしてヴィーコのうちに存在したかもしれない。ためしに一例をあげるなら、知の反証主義と近代科学の批判的態度を前提に〈真理らしさ **verisimilitude**〉の概念を唱えたカール・R・ポパーの見解と比較しうる点があると言ってよいかもしれない。たぶんこう想像してみたとしてもあながち的はずれではなかろう。

だがこうした面を必要以上に強調すると、今度はガーダマーとは逆の極論に走るおそれを生むだろう。ヴィーコは、新しい時代の積極面を認めながら、近代的な進化論者でも進歩礼賛者でもなかった。近代のとば口に立ちながら、近代からの一定の距離を保ちえた点に、ヴィーコの異彩を放った特徴がある。ヴィーコのこの面に迫るうえでも、ポパーとの違いを二三、浮き彫りにしておくのは無駄ではあるまい。たとえば同じく〈真理らしきもの〉と言っても、ポパーの次のような〈真理らしさ〉はヴィーコとはおよそ異なる。

> 直観的にいえば、理論T_1とT_2に関し、もし（a）両者の真理内容と偽内容が……比較可能で、かつ（b）T_1の真理内容がT_2のそれよりも少ないが、偽内容はそうでないか、あ

☆16　岩崎武雄『カント「純粋理性批判」の研究』勁草書房、一九六五年、一七八頁。「有限者的立場」との関連で、ヴィーコとカントとの類似性に触れたものとしては、次を参照。N. Rotenstreich, Between Participation and Constitution, in: Otto, S. und H. Viechtbauer (Hrg.), *Sachkommentar zu G. Vicos »Liber metaphysicus«*, München: Wilhelm Fink Verlag 1985, S. 87ff.

るいは（c）T_1の真理内容がT_2のそれよりも大きくなく、その偽内容がより大であれば、その場合にのみ、理論T_1はT_2よりも真理らしさversimilitudeがより少ない。手短かにいえば、もしT_2からより多くの真言明が帰結するがより多くの偽言明を帰結しない、あるいは少なくとも同等に多くの真言明を帰結するがより少ない偽言明を帰結するならば、その場合にのみ、T_2は真理により近いとわれわれはいう。[☆17]

ポパーがこの一節でいう「真理らしさ」とは、「真理により近い」ことである。競合する理論T_1、T_2が存在するとき、T_2がT_1よりも真理らしい（真理により近い）といえるのはいかなる条件によるのか、いわば真理への接近度の大小を測る基準とは何かが、ここで問われている。ヴィーコにいわせれば「真理は一つであり、真らしいことは多くあり、虚偽は無限にある」。[☆18] これをポパーに引きつけて、この多数の真らしきもののなかで、どれがより真理に近いのかを語ることも不可能ではあるまい。かりにそう解するなら、ポパーの真理への接近度をめぐる議論とヴィーコの真らしきものの多数性にかんする見解は、かならずしも水と油の関係ではない。だがそれでも両者が真らしきものをめぐって立てた問いの地平には見逃せない隔たりがある。

二つの理論のうちどちらがより真理に近いかを語ることは、一方が真理により近く他方が虚偽により近いと判断するに等しい。それは真・偽を判断する技法の一種、あるいはその変種である。この種の判断術は、そもそも複数の理論が真らしきものとして発見されるのはいかなる

☆17 Karl. R. Popper, *Objektive Knowledge, an Evolutionary Approach*, Oxford: Clarendon Press, 1972, p. 52.（K・ポパー『客観的知識』森博訳、木鐸社、六二頁——傍点は引用者による）

☆18 *De ratione.*, S. 34/35. 訳三四頁。

条件によるのかを問うこととは、あきらかに異なる。ヴィーコの言い方にしたがえば、ポパーは実際には発見術としてのトピカではなく、判断術としてのクリティカの次元で真らしきもの（あるいは真理への近さ）について問うている。ポパーが真理により近い理論としてどちらが進んでいるかを問う進化論アプローチに行きつくのもごく自然な道理だろう。なるほどヴィーコも、人間の作りだす真理についてその有限性・可謬性を認めるかぎり、ポパーとさほど懸けはなれたところにいるわけではない。だがそれでもヴィーコのいう真らしきものは、ポパーの真理への接近という進化論的な含意、つまり知識は厳しいテストと反駁にさらされながら真理に接近するプロセスを歩むのだという含みはない。むしろ肝心なのは、さまざま異なった見解を比較しその真偽を見極めるには、そもそも比較可能な論点を可能なかぎりすべて見いだしておかなければならないという点にある。「実際、ことがらのうちに内在しているもの、ことがらに備わっているもののすべてを探りだしえていなくて、いったいどのようにしてわれわれの知性の明晰かつ判明な観念は真理の基準でありうるのか」[☆19]という問いが、デカルトに投げかけたヴィーコの反語的な問いであった。あえて違いを浮き彫りにするなら、どれがより厳密に真理に接近しているかの厳しさの度がポパーの求めたものだとすれば、どれだけ豊富に真らしきものを発見できるかの豊かさの幅こそ、トピカの強調によってヴィーコの狙ったものにほかならない。真らしき知の多数性――豊かさに込められたのは、発見される知のこの特性である。

　ところでポパーが「真理らしさ」をこのように「真理により近いもの」の意味に解した背景には、競合する諸理論のなかでより良い（あるいはもっとも良い）理論を選びだすのはいかに

☆19 Giambattista Vico, *Liber metaphysicus* (*De antiquissima Italorum sapientia liber primus*) 1710, *Risposte* 1711/1712, Aus dem Lateinischen und Italienischen ins Deutsche übertragen von Stephan Otto und Helmut Viechtbauer mit einer Einleitung von Stephan Otto, München: Wilhelm Fink Verlag, 1979. S. 132/133.（ヴィーコ『イタリア人の太古の知恵』上村忠男訳、法政大学出版局、一九八八年、一二五頁。以下本書は、Vico, ***De antiquissima***, S. 132/133. 訳一二五頁、と略記する）

して可能かという問題が存在していた。ポパーにとってより良い理論とは、より厳しいテストに耐えうる理論である。しかしより優れた理論とそうでないものを弁別しようとする姿勢の背後には、さらにそもそも科学的な態度とそうでない態度（あるいは似非科学的な態度）との間の境界を設定する基準は何かというかれのもともとの問題意識がひかえていた。その基準として提唱されたのが「反証可能性」である。

……理論にたいするあらゆる真剣なテストは、理論を反駁しようとする試みである。したがって、テスト可能性というのは、反駁可能性あるいは反証可能性と同じである。われわれは、経験的にテストできるような理論のみを「経験的」あるいは「科学的」と呼ぶべきであるから、経験的あるいは科学的理論を特徴づけるのは経験的反駁の可能性である、と結論できるだろう。／もし、この「反駁可能性の基準」が受けいれられるならば、哲学的理論ないし形而上学的理論は定義によって反駁不可能であることがただちに分かる。[☆20]

反駁可能か否かの基準によって科学的理論と非科学的理論を区別するとはいうものの、宗教、神話など科学以前の伝統とまったく袂を分かつわけではない。なんらかの推測や仮説を立てようとするかぎり、科学とても独断や偏見をまぬがれない。科学も科学的知という一個の神話である。「科学的神話も、その起源においては宗教的神話と全く同じように、やはり神話ないし創作である」[☆21]。といってもポパーの力点は、科学的神話と宗教的神話に共通するものより、

☆20 Karl Popper, *Conjectures and Refutations, The Growth of Scientific Knowledge*, London, New York, Routledge, 1994, p. 266.（カール・ポパー『推測と反駁』藤本隆志・石垣壽郎・森博訳、法政大学出版局、一九八〇年、三一九—三三〇頁）

☆21 Popper, *ibid.*, p. 172. 訳二〇七頁。

両者を区別するものにある。『科学』と呼ばれるものが古い神話から区別されるのは、それが神話とは異なるものだからではなく、第二階（second-order）の伝統――神話を批判的に議論するという伝統――を伴っていることによるのである」[☆22]。独断的態度とはまっこうから対立する批判的態度、それもテストと反駁に耐える態度が、ポパーの科学論の軸になる。

これに対してヴィーコが眼を向けるのは、（あえてポパーの表現を借用するなら）科学と宗教の双方に通じる「神話の創作」の方である。人間は、図像や形象、記号やシンボル、概念を考案しながら、宗教・芸術・技術・科学などの「創作」にたずさわってきた。ときに妄想や幻想、無知や蒙昧をともないはしても、たんにそれらは虚構や作為、欺瞞のたぐいではない。無知の状態から真とおぼしきものや真なるものを仮説として立てることで、技芸と学問の世界を樹立すること――創作や発明の営みは、このような未分化な、もしくは融合した知の発見の脈絡に置かれていた。科学と宗教の境界が設定される以前に、その双方にわたって造形された知を、ヴィーコはのちに詩的知恵 sapienza poetica と呼んだ。もちろん一七世紀の科学革命をへたヴィーコにとって、知の分化はあらがいがたい歴史的条件だったろう。が、それでもヴィーコは、科学的領域と似非科学的領域との境界をいかにして設定すべきかを尋ねるより、宗教的神話と科学的神話、古代の知恵と近代の知識がいかにして創造されたのかを問う視点を「詩的知恵」の思想で探ろうとした。アンドレア・バッティスティーニは、ディドロ、ダランベールたちの百科全書ともルネサンス期人文主義者たちの知的全体性とも区別される試みとして、「近代的な知の複雑性を減じることなく知の統一性を回復しようとした」ヴィーコの試みを、

☆22 Popper, *ibid.*, p. 170. 訳二〇五頁。

知の「バロック型の体系」と呼んでいる。[☆23] 造形される知のバロック的な全体性（あるいは知の統一性）――真らしき知のもう一つの特性がここにある。

また境界設定の問題とも関連しているが、ポパーが理論の推測と反駁のあり方について語るとき、事実上、かれが範型にしているのは自然科学者・研究者同士のコミュニケーションでなされる仮説の提唱や専門的な反論の営みである。「良き科学の特徴である競合的諸理論の批判的討論は、われわれが実生活において完全に満足しているような種類のものをはるかに越えている」[☆24]。理論の推測と反駁は、問題の提起、独創的な仮説の提起、批判的吟味、修正、新たな問題の発見というプロセスを循環する。このプロセスの循環をもっとも純粋に体現しているのは、自然科学者たちによる一連の研究の手続きである。すでに触れたようにヴィーコも当時の実験科学の動向に無関心ではなかった以上、自然科学者たちによる探究のこうした試みを知らなかったわけではない。にもかかわらず『学問の方法』でのヴィーコがそれを前提にしているわけではない。あえて前提らしい事情を挙げるなら、『学問の方法』でのヴィーコがトピカとクリティカのあり方を論じるさいに触れた、青年の教育のプロセスがそれになる。

> ……青年たちは全体的な判断によってあらゆる学芸を教えられるべきである、と私は思う。それゆえ、かれらはトピカのトポスを豊富にし、さらにその間に賢慮と雄弁のための共通感覚を増大させ、想像力や記憶力を鍛えて、これらの知性の能力によって支えられている諸技芸のために準備すべきである。[☆25]

☆23 Andrea Battistini, The Idea of Totality in Vico, in: *New Vico Studies*, vol. XV, Atlanta: The Institute for Vico Studies, 1997, p. 38. これとの関連でヴィーコの詩的知恵の系統樹にかんする叙述（SN 367）と次の論考を参照。Giorgio Tagliacozzo, General Education as Unity of Knowledge: A Theory Based on Vichian Principles, in: *Social Research*, vol. 43, no. 4, New York, 1976 (Winter).

☆24 K. R. Popper, ***Objektive Knowledge, an Evolutionary Approach***, *op. cit.*, p. 80.（K・ポパー『客観的知識』森博訳、木鐸社、九三頁）

☆25 ***De ratione***., S. 35/36. 訳三五頁。

科学者たちが「問題を一つ解決するたびに、新しい問題を発見する」プロセス、ソクラテスとは違った意味での無知の知が、ポパーの認識論の試金石をなしていたとするならば、[☆26]ヴィーコの学問の方法は、人は無知の状態からいかにして知にいたりうるのかを問いの端緒にしていた。共通感覚の涵養といい、想像力・記憶力の鍛錬といい、こうした教育・形成のプロセスは、同時に個人が広く生の脈絡に参与する過程でもある。これはまた『新しい学』で最初の人間たちの知恵を系譜的に発掘する文脈にも通じていた。誤解をおそれずに言うならば、ヴィーコは、多様な知の発見の未分化な脈絡を、ここで日常世界のより広範な地平に置いている。『新しい学』でかれはこれを「技芸の世界」と呼ぶ。科学的態度と似非科学的態度との「境界設定の問題」を端緒にして、自然科学的な研究者のコミュニケーションを媒介にした真偽の判断のレベルで〈真理らしさ〉を問題にしたのがポパーならば、学問・技芸・宗教が広い意味での知として発生し成立する生の世界に着目し、青年の教育における日常の生活場面でいかにして真理および〈真らしきもの〉が発見されうるのかを問題にしたのがヴィーコである。生活世界の地平に置かれた知の発見の脈絡こそが、ここでヴィーコの行き当たったものにほかならない。[☆27]

生活世界の地平において、統一された未分化な認識の状態から、多数の真とおぼしき知を見いだしていく営みこそ、トピカの名でヴィーコが照準を合わせたものである。日常の場面で何か真実を知ったと感じた幼い経験は、のちになってみると、知といってもすこぶる浅薄な誤謬のたぐいでしかなかったことをあらためて思い知ることがある。しかしかつての誤謬の累積が

☆26　K. R. Popper, Die Logik der Sozialwissenschaften, in: Th. W. Adorno et. al., *Der Positivismusstreit in der deutschen Soziologie*, Darmstadt: Luchterhand 1976 (1969), S. 103.（城塚登・浜井修訳『社会科学の論理——ドイツにおける実証主義論争』河出書房新社、一九七九年、一〇九—一一〇頁）

☆27　Enzo Paci, "Vico, Structuralism, and the phenomenological Encyclopedia of the sciences," in: G. Tagliacozzo, (ed.), *op. cit.*, 1969, pp. 497-515.

なければ、ひとはいまの真理を手に入れることもなかった。誰しも幼い時代の「無知」がなければ「知」も始まらなかったことを知っている。優れた絶対の知を得たいと望んだところで、幼き日の知の習熟なしで果たせる話ではない。それは洗練された専門知とはほど遠い。しかし、誤謬にみちた知の始まりがなければ、より確かな知に向かうことすらかなわない。ニーチェは「真理とは、それなしにはある種の生物が生存しえない誤謬の一種である」と言った。ヴィーコにしてみれば、誤謬とは、それなしにはどの手の子供も成長しえない真理の一種である。知はいかにあるべきかをめぐって、知の進化的な理念から知の規範を望みみるのではなく、知の系譜的な事実から知の規範を探りだすことが、ヴィーコをポパーと分かつ知の断層なのである。

第三節　初期ヴィーコのアポリア

もっともポパーとのこうした違いを明らかにしてみると、そこにヴィーコの難点がかいま見えてくるのも見逃せない。後段との関連を念頭において、二つばかりその点に触れておこう。一つは真なるものと真らしきものとの区別にかかわる難点である。ヴィーコは一方で、厳密な意味での〈真理〉を人間が手にできるのは幾何学だけだと言った。自分の手で作りうるものしか真なるものの認識ができないとすれば、人間が自身の手で作りうるものは点・線・面などからなる幾何学の世界ぐらいで、真理の認識もこの範囲に限られる。この主張を一貫させるなら、他の諸学で可能な〈真らしき〉ものは、その方法をいかに洗練させたところで、〈真なる〉ものにまで達することはできない。真なるものと真らしきものとの間には、超えられない深淵が穿たれていて、架橋することはできない。真らしきものが真なるものに近いか否かを語ることは、そもそも不可能で無意味である。

だが他方、ヴィーコは、真らしきものを「真理と虚偽の中間物のようなもの」と言いながら、「ほとんど一般に真理であり、きわめてまれにしか虚偽にならない」ものだとも言っていた。この規定を素直にとれば、真らしきものと真なるものを単純に切り離すことはできない。真らしきものと真なるものとは、(さらに虚偽なるものも含めて)なだらかな連続面のなかに位置していて、ときに重なりときに互いに転じあいながら、それぞれの身を持している。真なるものは、かえって多数の真らしきもののなかから浮上してくるが、真らしきもののなかには、偽なるものに落ちるものもある。あるいはまた、偽なるものにも、真らしきものに転じて、真なるものにまで上り詰めるものもある。真理は不動でも不変でもない。真と偽の間、真らしきものと真なるものの間の不断の揺れと浮遊こそ、真理が生成する現場である。

真なるものと真らしきものとの区別にあった両義性をあえて浮き彫りにすれば、このような対比が可能だろう。もっとも『学問の方法』でのヴィーコは、真らしきものの意義を語りながら、真理としてのその可能性の条件に立ち入ることはついになかった。考察の全体で目立つのは、自然的世界に対する人間の真理認識の絶対的限界であり、真理と真らしきものの間に引かれた不動の境界線である。真なるものと真らしきものとの区別にともなっていたのは、真らしきものについて真理となる可能性の条件を問う視点の欠落であり、真理概念そのもののある種の排他性である。

初期ヴィーコのもう一つの問題点として、ヴィーコがトピカのクリティカに対する論理的な先行関係を強調しながら、両者の関係について、それ以上立ち入った考察がなされていなかった点をあげてよい。なるほどヴィーコは、「クリティカがわれわれを真実を述べるようにさせてくれるように、トピカはわれわれを言葉豊かにする」[☆28]と言い、「トピカ主義者はしばしば虚偽を捕らえてしまうし、クリティカ主義者は真らしいものを取り上げようとはしない」[☆29]と言っていたことからも、トピカ的な推論の意義を強調することでクリティカ的な判断を拒否したわけではないことがわかる。両者のあるべき関係を探るのが、ヴィーコ本来の狙いである。にもかかわらず論理的な前後関係を別にすれば、この関係のありようについて、かれがそれ以上に踏み込むことはなかった。また、ヴィーコはたしかにトピカ固有の意義を強調したにもかかわらず、クリティカそのものについてかれなりの新たな代案を立てたわけではない。ヴィーコはデカルトが外に棄てたものを救おうとしたが、デカルトを内から叩くという戦法はとってはおらず、「新しいクリティカ」そのものの破壊や変革を目論んではいない。クリティカのあるべき姿について一言も触れなかったわけではないが[☆30]、すくなくとも『学問の方法』では、それを積極的に論じた形跡はない。

この二つの問題点にいま少し注意してみると、そこには知のあり方にかんするヴィーコの位置を、ポパーとの差異や対照だけで推し測る方法には限界のあることに気づくだろう。たとえば仮に〈真らしき〉知の多数の豊かな可能性をあらんかぎり見いだし得た場合、それら発見さ

☆28 *De ratione.*, S. 32/33. 訳三三頁。
☆29 *De ratione.*, S. 34/35. 訳三四—三五頁。
☆30 たとえば、以下の箇所を参照。*De ratione.*, S. 34/35. 訳三五頁。

れた複数の知について、どれがより〈真理に近い〉かと問うプロセスがそれに続いたとしても決しておかしくない。すくなくとも厳密な知を模索する試みが主眼に置かれている場合はそうだ。すでに指摘したように、ポパーはかれのいう verisimilitude を発見術としてのトピカではなく判断術としてのクリティカの次元で論じていた。もし両者のいう verislimis (verismilitude) を広い意味での真理概念に含めるとするならば、ヴィーコの〈真らしきこと〉とポパーの〈真理に近いこと〉とは、この広義の真理が発見のプロセスと判断のプロセスで取る二つの様態だということも可能だろう。もしヴィーコが真理と真らしきものとをある種の連続面に置き、クリティカとトピカのあるべき関係についてより詳細な考察に入ったとすれば、この相互補完関係はその分析にたいする手がかりの一つを提供したかもしれない。

むろんその場合でも両者の違いを見逃してはなるまい。仮にポパーがヴィーコ流の真らしきものと発見術を認めたとしても、正当な知の発見の方法としては、かれはそれを神話的なものから区別された厳密な意味での科学的領域内でしか認めることはない。これに対しヴィーコが「感覚的トピカ」の名で語った発見術の世界は、太古の神話的な知、すなわち詩的知恵の世界である。つまり科学と神話の境界をあらかじめ設定しない広い文化的営みの領域で、かれは知のあり方を探っていた。しかしここで、ヴィーコが対象とした神話的な知ではなく、かれ自身が構築した「新しい学」における歴史的認識のあり方に目を転じてみたらどうだろう。なるほどヴィーコの「新しい学」が、学 scienza という名はついていても、今日のわたしたちが念頭に置く科学とはかなり距離のあることはたしかだ。すくなくとも反証可能性を基準にした科学理論と非科学理論との区別というポパー流の考えを、そこにそのまま当てはめることはできない。にもかかわらずかれの「新しい学」が、すくなくともそれが対象にした「詩的知恵」とは、やはり次元を異にしていることも否定できない。とすれば「詩的知恵」と「新しい学」との次元の違いを規定するものは何かが、そこで問われてよいだろう。それは科学理論と非科学理論との区別を可能にするとされた反証可能性の基準と同じではないにしても、たしかにそれと似た位置をもつ条件となるはずである。科学と神話を横断する知の未分化な地層を発掘することは、むしろ知と神話とのあらたな境界線の引き方を提唱することに通じていなければならない。トピカとクリティカとの関係を問うことは、このような「新しい学」の学問論的な地平に開かれている。

ところで、ヴィーコの考えをポパーとの比較でこのように検討してみると、ヴィーコの言うトピカ概念に二つの違った相があったことに気づく。前節でのトピカは、クリティカに対して論理的に先行するところに力点がおかれていた。これに対しここでのトピカは、たとえば未分化な知の状態が示唆するように、むしろ歴史的に先行する点に重点が移りつつある。クリティカから論理的に先行しながらも、クリティカとの結びつきを保持するトピカとは違い、ここに萌したトピカは、むしろクリティカからさしあたり独立した知性の作用である。

ヴィーコの『学問の方法』と『新しい学』を比べてみると、トピカには二つの違った姿のあることがわかる。一つは、クリティカに論理的に先行するものの、むしろクリティカと密接に協同して働く知の作用で、『学問の方法』や『イタリア人の太古の知恵』において、悪しき意味でのトピカ主義とクリティカ主義の双方の欠点を回避した、将来あるべき方法の一契機とされたものである。もう一つは論理的のみならず歴史的にもクリティカに先行し、最初の人間たちの世界において、「知性の第二の作用」であるクリティカからさしあたり独立したかたちをとって生じた「知性の第一の作用」で、これは『新しい学』では「感覚的トピカ」の名で呼ばれたものである。ヴェリーンの対比を引くなら、『学問の方法』では「近代の教育において無視されてきた記憶力や想像力の青年期における涵養の適切な基礎」としてトピカを捉えていたのに対し、『新しい学』ではトピカの術はより広く「人間性の一般理論」にとっての重要な概念とみなされた。前者のトピカが未来の知と教育のあり方に触れているとすれば、後者のトピカは過去の人間性の形成に深く関わっている。抑圧されたトピカの現在とは違ったその過去と未来の可能性を明らかにすることで、その潜在力の何たるかを確認すること――ヴィーコがトピカ概念で狙ったものの一端がここに現われている。

しかしトピカの二つの可能性には、これに尽きないものがある。『新しい学』における「人間性の最初の作り手」たちが生活に必要なもの有益なものを発見するために用いる「感覚的トピカ」は、「知性の第一の作用」として歴史の当事者たちが自然や人間にかかわる事象を知り、さまざまな制度を作りだす脈絡で働く。序で用いた表現を借りるなら、歴史の担い手たちが神話的シンボルを創造し政治的世界を形成するさいの〈作ること〉と〈知ること〉にかかわるのが、感覚的トピカである。他方、「新しいクリティカ」への批判から考えられたトピカとクリティカのあるべき姿は、ヴィーコの時代の学問方法として提起されたものでもある。当然ながらこの学問には歴史の学も、ヴィーコの「新しい学」も含まれる。ふたたび序で用いた表現を借りるなら、歴史の担い手たちによる政治的世界の構築について歴史の語り手が真に〈認識〉できる可能性を、わたしたちはこのトピカとクリティカとのあるべき関係にさぐることができる。では知ることと作ることをめぐるこの二つの位相を、ヴィーコはどのように描いただろうか。以下、第二章で前者の相に、第三章で後者の相に触れながら、歴史の知をめぐるわたしたちの再構成の道を探りたいと思う。

第二章　想像的普遍の諸次元

第一節　感覚的トピカの原初性

1

生活世界で記号の連鎖を編みだし、真とおぼしき知を手にするきっかけを得る——このための〈作ること〉としての〈知ること〉の技法こそトピカという発見術である。ただしクリティカにさきだつトピカを復権させることが「生活世界へ還帰する」ことになるといっても、この生活世界を「理念の衣」をはぎとった「根源的明証の領域」（フッサール）とみるわけではない。いわんや「第一真理」が明晰・判明に直観される場でもない。トピカが働くさいの自然と人間の世界は、さしあたり不確実で無規定である。トピカが手にできるのは、絶対の真理とはおよそ異なり、せいぜい真らしきものにすぎない。その生の世界も、事象そのものが根源的に明証される場というより、人間と自然の事象に関する多種多様な記号表現が造形される場である。こうした造形にもとづく知こそ、ヴィーコが触れていた発見術の産物なのである。

すでに触れたように、初期ヴィーコのトピカ論は基本的にはのちのヴィーコにも受け継がれるが、ただ『新しい学』になると、対象が政治的世界 mondo civile に置かれたこととも相俟って、トピカの成り立つ位相が変わる。たとえばヴィーコは、身体に由来する知性の三つの能力に関連してトピカを次のように説明している。

それら〔記憶力《メモリア》・想像力《ファンタジア》・創意力《インゲニウム》——引用者〕はいずれも知性の第一の作用に属する。それを統括する術がトピカであって、これに対し知性の第二の作用を統括する術がクリティカである。……まず事物を発見することが行われて、その後にそれを判断することが行われるのが自然である。したがって、まだ幼児期の段階にある世界は、この時期に生活に必要なものや有益なもの一切を発見することが不可欠であったため、知性の第一の作用に専念しなければならなかった」。「事実、反省してみるならば誰でもが、生活に必要なもの、のみならず有益、便宜、快適なもの、さらには贅沢なおまけまでが、すでに哲学者たちの出現する以前のギリシア時代に発見されていたことに気づくだろう。……こうして、人類の幼児期にあたる最初の人間たちは、まず技芸の世界を創り出した。つづいてかなり遅れて出現した哲学者たちが、つまりは諸国民の老年期にあたる人々[☆1]が、知識（＝学問）の世界を作り上げた。かくて人間性が完成したのである。（SN 699, 498）

トピカの考察は、知性の第一の作用を統括する術としてここでは前節と違い、クリティカに論理的に先行するより、むしろ歴史的に先行した事実の方に力点を移している。真偽を判断する知性に乏しい「最初の人間たち」が、創意・工夫によりながら物事を発見していく知性の第

☆1　ヴィーコはここで知性の作用を統括する術として、その「第一の作用」を統括する〈トピカ〉と「第二の作用」を統括する〈クリティカ〉とをあげているが、知性の作用を統括する術はこの二つに尽きるわけではない。後述するように『イタリア人の太古の知恵』では、知性の第三の作用を統括する術として〈メトドゥス〉の名をあげている。トピカは、クリティカのみならず、メトドゥスにも論理的に先行する。

一の作用――トピカとはこの働きを統括する術である。また前節でのトピカが、学問の世界の背後において知の発見にあずかる術であったのに対し、ここでのトピカは、生活世界の次元で生活に必要・有益なものいっさいを見いだす術である。学問の世界とはおよそ縁のない「幼児期の段階」の人間たちが、学問よりはるか以前に技芸を案出するための術である。――トピカとは、判断の術としてのクリティカに対して、論理的にだけではなく歴史的にも先行する発見の術であり、狭い意味での知識を生み出す以前に技芸を創り出すための術である。

しかしトピカがクリティカに歴史的に先に出現したとすれば、第一にそれは、クリティカがまだ影を落とさずに、クリティカから独立したかたちで働いたはずである。そこでは、トピカ固有の潜在力が厳格な知性の規制のないままに発揮される。一方、クリティカ的な真偽の判断がまだ身についていない以上、原初の技芸としてトピカは粗野で未熟なままに働いたにちがいない。トピカはここで原始性と潜在性の両面を合わせもって現われる。第二に、トピカが高度な学問の形成に先だって技芸の発明を促進するのならば、それは、知識と技芸双方の造形にかかわる力を発揮しただろう。ヴィーコは「知識と技芸の獲得にいたる訓練を導く能力」を「知恵 sapienza」と呼んだ。トピカのなかで働いているのは、じつは、学問 scienza と技芸の双方を支えているこの意味の知恵であり、生活世界における感性的活動と未分化な状態で作用する広い意味での知 conoscere である。第三に、もしトピカといわれるものが、生活にとって必要なものと有益なものに関わる発見術一般を含むなら、それは当然ながら物質的生産における技術、テクノロジーの発見に及んだだろう。ヴィーコがヘラクレスの功業に触れながら労働の始まりを物語るのもこの証左の一つだといってよい。労働を可能にする技術的発見の始まり――トピカはこうした層にもおよんだはずである。トピカとは、この広い意味での制作知の発見の原理である。以上三つの点のうち、最後については後段にゆずることとし、ここでは前二者に触れておこう。

歴史的な幼年期の人類はいまだ高い抽象化と一般化の能力を手にしていない――ヴィーコを引き合いに出すまでもなく、これは誰しも想像のつくことだろう。ヴィーコはここに独特の知のあり方をみた。粗野な感覚、旺盛な記憶力、奔放な想像力が威力を奮うこの段階では、トピカもまだ感覚的なトピカである。感覚的といっても、ヘーゲルが「知の最初の姿」と考えた「精神なき感覚的意識」や個別的な〈このもの〉の感覚的確信とはいささか様相が異なる[☆2]。カッシーラーによるなら、一般に感覚的意識と言われるものは「それ自体すでに抽象の所産」にすぎず[☆3]、こうした抽象がおこなわれる以前のそれは、「神話的直観の領域のうちに」内在していた。感覚的トピカによって導かれた知は、「神話的意識の諸形象のうち……で生きている」感覚的意識である。また感覚的トピカの対象も、感覚的確信の対象とされた〈個別的なこのもの〉と異なる。トピカのトピカたるゆえんは、何よりも具体的な諸経験や諸事象にかかわりながら、経験や事象の関係づけを可能にする媒辞を発見することにある。感覚的トピカは「個別的なものと種なるものの……具体的な諸関係をとりまとめて、そこから詩的＝創作的な類概念を作り上げる」(SN 495)。すなわち種 **spezie** ではなく類 **generi**、個別 **individui** ではなく普遍の概念をすでに造形してもいるのである。

☆2　G・W・F・ヘーゲル『精神現象学』長谷川宏訳、作品社、一九九八年、一七頁および六七頁以下。

☆3　エンルスト・カッシーラー『シンボル形式の哲学（二）』木田元訳、岩波書店、一九九一年、一三頁。

ただし普遍的といっても、学問的な悟性による抽象化から得られた普遍概念、「悟性的普遍 universal intelligibili」ではない。太古の神話に登場する神々や英雄の諸形象にうかがわれるように、想像力の具象的なイメージが織りだす類概念である。ヴィーコはそれを「想像的普遍 universal fantastici」と呼んだ。[☆4] 生活世界の地平においてトピカの導きのもとにおこなわれる観念の創造は詩的創作の形をとり、その創作物は神話的な想像的普遍となって現われる。ではたんに個別のこのものにたいする感覚的確信にとどまるのでも、悟性的普遍の概念を形成するのでもない感覚的トピカとは、そもそもどのように働くのだろうか。

ヴィーコは「想像的普遍」の概念で、一種の「物象化論」を展開している。粗野な感覚と奔放な想像力をそなえた太古の民は、雷、嵐のような恐ろしい自然現象に見舞われたとき、現象の原因に対する無知から、神々を創作する。彼らは「感覚し驚嘆した事象の原因を神々だと想像すると同時に、その驚嘆した事象に彼ら自身の観念にもとづいて実体を与える」(SN 375)。ちょうど幼い子供が、物を手に取ってあたかも生き物のごとくそれと戯れるように、彼らは神的な観念を創造して「感覚のない事物に感覚と情念を与える」(SN 186)。しかも異教の民は彼ら自身の身体の形象に擬して外界の事物を見る。「無知な人間はおのれを宇宙の尺度に」し、未知の恐るべき現象は神そのものの所作のごとくみなされる。I・バーリンは、身体の表象に擬された無意識の仮構物が、神の宿った実体とみなされるこの様の描写を、マルクスに先立って「有名な物象化の理論を初めてまとまった形で提示したもの」だと言った。[☆5]

なるほどある意味で、ヴィーコが未開人の「無知」から生じる物神崇拝を、想像的普遍にも

☆4 ヴィーコはこれと同義の用語として、「想像的類 generi fantastici」(SN 34, 209, 403, 495) といった概念も用いており、また「詩的記号 caratteri poetici」も、想像的普遍というべきものだとして (SN 209)、似た意味で使っている。「悟性的普遍」にも「悟性的類」といった類似の表現があり (SN 460)、異なった用語間でどの程度違いがあるのかさだかではない。ここではヴェリーンと同様に「想像的普遍」と「悟性的普遍」でそれらを代表させる。(Cf. D. Ph. Verene, *Vico's Science of Imagination*, Ithaca: Cornell University Press, 1981, p. 66.)

☆5 アイザィア・バーリン『ヴィーコとヘルダー』小池銈訳、みすず書房、一九八一年、一三八頁。

とづく神観念の創造との関連で論じたといっても間違いではない。こうした視角からマルクスの物神性論の拡張を図ってみることもできよう。だがバーリンも指摘するように、ヴィーコが無知の状態における神的なものの仮構的な作為の様を描きだすとき、彼は何もフェティシズムの原理を探ろうとしたわけではないし、ましてや原始の蒙昧をあげつらうことに主眼を置いたわけでもない。たとえば、太古の民が神的なものの観念の創作によって事象に実体としての存在をあたえる経緯に触れて、ヴィーコが次のように述べるとき、たんに無知による錯誤とは違ったものをそこに見ようとしていたことがわかる。

最初の人間たちは、このように自分自身の観念から事象を創造した。だが、それはもとより神の行い給う創造とは決定的な違いがある。なぜなら、神は事象を純粋このうえない聡明さで認識し、そして認識しつつ創造し給うが、彼らは頑迷な無知によって、身体的な表象性に富んだ想像力を働かせつつ、それらを創作したからだ。だがそのように身体的な表象性に富んでいたために、彼らの創作は驚くばかりの崇高さがともない、想像しながら創作した彼ら自身がそれに極度の戸惑いを感ぜざるをえないほどだった。(SN 376)

ヴィーコはここで神の聡明な認識、「認識しつつ創造し給う」無限の力との対比で、人間の「頑迷な無知」から生まれる「自分自身の観念」による創造の限界、その有限な様を浮き彫りにしている。これは、「神における真理を人間における真理から識別し、……キリスト教的信仰に適合した形而上学」[☆6]を求めるヴィーコにとって当然といえば当然のことで、認識をめぐるこうした語りぶりは、『学問の方法』から『イタリア人の太古の知恵』をへて『新しい学』にいたるまで変わらない。しかしこの神の全知全能とあまりに対照的な人間たちの無知蒙昧から、ヴィーコはたんなる錯誤や誤謬が生まれることだけを見ていない。むしろヴィーコは、無知に由来する倒錯や蒙昧の顛末より、高度な知性が成立する以前の、生の自己保存にとって避けがたい認識の由来、有限な存在でありながらも真理を手にする人間たちの知の造形の来歴に注目している。それは神の「聡明な認識」とはおよそほど遠いものの、身体的なイメージに富んだ「観念からの事象の創造」であり、その意味で一個の認識の始まりである。なるほど「人間とは驚嘆すべきことに出会うと、わけもわからぬままに〈想像してすぐ信じ込む〉」(SN 376)。しかしだからといって、仮構として創作された想像的普遍は、たんに無知の錯誤や妄想の産物に終わるわけではない。神々の形象を〈作ること〉は、最初の人間たちにとって、かえってかれらの世界経験において真とおぼしきものを知る始まりを告げていた。知性なき状態から人はいかにして〈知ること〉を始めるのか——ヴィーコが問うたのはこの無知からの知の生成である。そこで生まれる知は、のちの哲学者たちによる〈深遠なる知恵〉からみれば、なるほど〈通俗なる知恵〉と呼ぶほかない代物だろう。のちの判断に照らせば、そこには真理からほど遠いまぎれもない虚妄や誤謬が紛れ込みうるし、かりに半ば真理といえても所詮は偶然が生んだ真らしくみえるものでしかない。だがしかし知性が成立する以前の段階では、〈通俗なる知恵〉こそ真なるものの発祥の地なのであり、そこでこそ感覚や構想力の原初的な技法が生

☆6 *De antiquissima*, S. 148、訳一四〇頁。

まれるのである。感覚的トピカとは、まさにこの技法そのものにほかならない。

2

では感覚的トピカは「知性の第一の作用」としてどのように働いたのだろうか。ヴィーコが半ば思考実験的に推理した「異教世界の最初の人間たち」は、その感情と知能においてすこぶる原始的である。たとえば、「最初の人間たちは、その知性が個別のものに強く限定されていたため……顔の表情が変わるたびに、新しい顔が生じたと考えた」という。新しい感情が生じると前の古い感情はたちまち消えてなくなり、「新しい感情が起こるたびに、別の心臓と別の胸と別の精神が生まれたと考えた」(SN 700, 703)。そのためか、対象の知覚や認識も感情の有為転変に応じてとどまるところを知らず、表情がどのように変わっても顔は同じ顔なのだと認知されることがない。別の感情が新たに起こったとしても心臓や胸や精神は同じものだと知覚されることがない。感情や表情の束の間の移ろい、現象の変わりゆく流れのなかで、ここではそもそも対象が自己同一性をそなえた存在として与えられていない。時間は瞬間のうちに空間は場所のうちに現われてはたちまち消えてなくなる。時間と空間の形式すらまだなかったといってよいかもしれない。言ってみれば不断の〈生成〉における事物の〈存在〉という観念そのものが、彼らの間でいまだ構成されていないわけだ。

見方を変えればこれは、ヘラクレイトスが口にしたといわれる問いに似ている。「ひとは同じ川に二度つかることはできない。川はつねに新しい水が流れているからだ」——このヘラクレイトスの問いにならえば、ここで立てられたのは「ひとは同じ顔を二度見ることはできない。顔はつねに新しい表情が現われるからだ」という問いである。これは同一性や直示の問題として今世紀にまで伝えられてきた哲学上の問題と瓜二つである。[☆7]ヴィーコはこの問いの設定と解法の試みを、哲学という〈深遠な知〉の悟性に求めずに、原初に芽生えた〈通俗的知〉の想像力にゆだねた。そもそも真理と誤謬との区別すら判断しがたい原初の知性には、これ以外に立ち上がる余地はなかっただろう。ヴィーコ固有の反省知は、〈深遠な知〉を伝承し、そこに自己の同一性の起源を得ることで成り立つのではなく、〈通俗的知〉を反復しつつ、哲学的伝統との差異を自覚することから始まる。[☆8]

　最初の人間たちは、悟性的普遍による抽象化の能力を欠いているために、個々の事物に共通し類似した性質を抽象することが不可能だと言うにとどまらない。そもそも原初には個々の現象の流れをあらかじめ与えられた対象として捉えることすら知らない。したがって事物が変化と流動にさらされるこの段階では、与えられた対象について何ごとかを知るに先立ち、そもそも当の現象の流れを個々の自己同一的な対象としてあらかじめ与えておかねばならない。実在の存在そのものを持続的なものだと推定する知の作用が先行しなければならない。感覚的トピカによる想像的普遍の造形は、まず現象の流れのなかに個々の対象の自己同一性を与え、実在の存在を感覚的に推理し想定する操作として働いたのである。

　生々流転のなかで見え隠れする多様な事象が、個や種としての実在性を得るのは、想像的普遍というイメージの創造によって形を与えられ、形をそなえたイメージとして固定点を得たと

☆7　一例として次を参照。W・V・O・クワイン『論理的観点から』飯田隆訳、勁草書房、一九九二（原書第二版　一九八〇）年、九七頁以下。

☆8　後述のように、この自覚は、『普遍法』や『新しい学・初版』に対するヴィーコの自己批判にもとづいている。

きである。まず個別的なものや特殊なものが事象そのものとして存在し、しかるのちにその存在に想像的普遍という「理念の衣」が掛けられるのではない。逆に、具象的なイメージをともなったシンボルを創造し駆使する人間たちの操作こそが個々の存在者の存在を可能にする。個々の自然現象は、まさにそれが身体的イメージをそなえ固有名をもった神だからこそ、太古の人々にとってリアリティを帯びる。想像的普遍の造形は単一の名をもった存在者の存在を可能にする条件である。個々の素材が現象(現前)してくるのは、イメージの表象(再現前)によって形が与えられたときである。ただし想像的普遍が可能にする形は、悟性的普遍による形式とは違って、その素材から分離・抽象することができない。三木清の「形なきものの形」のごとく、ここでは素材と形が渾然一体をなしている。それは、形相 **eidos** というより形態 **morphe**、形式 **Form** というより形姿 **Figur**、形というより姿に近い。太古の人々にとって、個々の事象の存在が現前してくるのは、身体的なイメージからなる固有名をもった神々の表象の再現前によってあらかじめつねに刻印されており、個物は事象そのものとして現前してくるのではなく、固有名をともなう表象との結びつきによってはじめて実在的となる。ヴィーコが、詩的創作にもとづく想像的普遍に与える意味は、まず多様な対象にそのリアリティを与えるところにある。

しかしヴィーコにとって想像的普遍は、「各自の類に類似したすべての個別的な種 **spezie** を、……理念的なモデル……に還元した」(SN 209) もので、個や種というよりも、あくまでその具体的な関係をとりまとめた類の概念である。悟性的普遍ではないものの、普遍的な類概念である。想像的普遍によるイメージの形成は、一つの個別的な事象との指示関係で成り立つのではない。意識せずと否とにかかわらず、そこでは一つの出来事と別の出来事との間になんらかの関係を見いだす知の作用が働く。そのうえ、想像的普遍は、たとえば神話のなかのさまざまな詩的キャラクターのように、名をもったもろもろの形姿をとって一連の物語の連鎖のなかにつながれている。神々や英雄の名が語る類は一個の孤立した類として個を取りまとめるのではなく、同じく名で表現された他の類との関係で、なんらかの事象を同定し、そうでないものを排除する。類は弁別記号である。想像的普遍は、事象と観念との縦の指示関係で成立するよりはむしろ、事象と事象との横の弁別関係に向けて造形される。個々の対象を与える働きは、同時に現象の多様性を概観する働きをともなう。ある事象の個や種としての存在は、事象相互の関係のなかで浮き彫りにされ、個別の事象が「地」にたいする「図」のように与えられるのは、地の図の関係に応じるイメージの関係づけを前提にしているのである。トピカは、すでにここで単なる感覚の次元を超えて、むしろ知覚を統括する術として働く。たんに個別的なこのものに個別の表象を対応させるのではなく、もろもろの単独の出来事の具体的な関連に具象的イメージをともなった多数の固有名の絡み合いをもって相対していくこと――想像的普遍による広い意味でのシンボリズムは、このように出来事の関連と連鎖を固有名の多数の結びつきによって知覚することにほかならない。事象の存在と意味は、名のシンボル結合が編み出す意味の関連のうちにはじめて生起してくる。個々の事物を、理念との垂直的関係のなかで把握するのではなく、事象相互の水平的な意味関係のなかで把捉し、またこのシンボル的な意味関係を、不変の深層構造として理解するのでもなく、むしろ固有名が絡み合う連鎖の過程、新たな創造と変容をともなった結合のプロセスとして捉えること——事物のあいだの関係づけを可能にする媒辞発見の術たるトピカは、感覚と知覚の次元におけるこうした力動的・流動的な総合作用として現われる。

しかし想像的普遍が、固有名による横のシンボル的な連鎖として成立し展開していくとしても、原初に想定される先の場面では、想像的普遍をつうじて生成流転する現象に対象の自己同一性が付与されるかたちをとっており、そこでは事象相互の水平的な弁別関係より理念と事象との垂直的な指示関係、想像的普遍による個別的現象の指示作用のほうが、先行し優位していたとの印象をぬぐえないかもしれない。すくなくともこれまでの叙述では、生成流転する現象から持続的な自己同一性をもった対象が存在する条件として、ある種の類概念の水平関係が先行していたことを保証するものは何もない。とすればヴィーコは、おおもとのところでは、（悟性的普遍ではないものの）ある種の類概念によって個々の対象が同定され、自己同一性をもった対象として指示される局面を原初の出発点に立てて、この指示関係の基盤の上に想像的普遍の隠喩的転用が繰り広げられ、その結果として事象相互の意味関係も確立されると見ていたのだろうか。おそらくそうではない。ヴィーコの考えを一貫させるなら、たんなる指示作用や同定の操作のプロセスにおいても、トピカ的な媒辞発見の術が働いていたはずだ。概念的推理とまでは言えないにしても、なにがしかの発見的推論が作用して、事象相互の弁別関係が成立し、そののちにはじめて同定作用にもとづく指示関係も成立したはずである。

第二節　述語的同一化と隠喩的意味類型

1

指示 reference はむしろある種の推理 inference を前提にして成り立つ。ただし推理といっても厳密な概念的推理とはほど遠い。しかし詩的知恵と想像的普遍がもっとも生き生きした姿で登場してくるのも、この局面である。ではこの発見的推理のプロセスにヴィーコが見てとったものは何か。そもそも想像的普遍とはいかなる特徴をもったものだろうか。ここでは二三の注目すべき特徴とその含意について若干の考察を加えておこう。

シルバーノ・アリエティは、統合失調症における思考の異常性を定式化したエイルハード・フォン・ドマルスの原理が、ヴィーコのいう想像的普遍による推論にもあてはまることを主張して、その推論の形式を「古論理的な思考」と呼んでいる。フォン・ドマルスの原理によれば「正常の（二次過程の）思考では、同一性は同一の主語という基盤のみにもとづいているが、古論理的な（一次過程の）思考では、同一の述語を基盤として受容される」[☆9]。主語的同一化と述語的同一化との相違が、正常なアリストテレス的思考と古論理的思考（フロイトが言う心的装置の様式としては、前意識－意識系の特徴である二次過程と無意識系の特徴である一次過程）の違いの要である。アリストテレス的論理では、述語ではなく類似する主語のみが同一化される。たとえば一個のリンゴは他のリンゴと同一化されて、「リンゴ」という類に属すると認識される。これに対し古論理的思考では、リンゴが乳房と同じ丸いかたちをしているなら、

☆9　シルバーノ・アリエティ『創造力――原初からの統合』加藤正明・清水博之訳、新曜社、一九八〇（原書　一九七六）年、五六頁。

乳房と同一化される。リンゴは丸い、乳房も丸い。だから乳房とりんごは同一のものになる。「古論理的思考ではAとBが共通の述語（または要素）をもっている場合、Aは非A、すなわちBとなる。同一化と等価をもたらすのは述語である」☆10。アリエティが引いたものには、「私は処女です。聖母マリアは処女です。私は聖母マリアです」と答えた統合失調症の患者の例がある。これと同様の「古論理的に解釈された世界」が「古代人の神話的世界」で、想像的普遍の概念もこの思考の所産だというのが、アリエティの解釈である☆11。

ヴィーコは、「はじめて見知った男性や女性、あるいはまた事物の観念と名前をもとにして、それ以後は、それとなんらかの類似性や関連をもった男性、女性、事物のすべてをそれらの観念によって把握し、それらの名前によって呼ぶというのが」(SN 206)、幼児や未開人の本性で、これを公理の一つにして想像的類概念たる詩的記号の原理が明らかになると言った。主語的同一性の思考を知らずに、自分の見知った誰か（あるいは何か）と同じ名を、似たものや関連したものに与えて、未開人たちが何かを理解したつもりでいるとすれば、これはたしかにアリエティのいう古論理的思考である。ヴィーコの発言にもかかわらず古論理的思考のより原初の姿には、そもそも類似性からの類推とも違った知覚経験があるが、ともあれ詩的知恵の思考が、主語的同一性とはおよそ対照的な述語的同一化にもとづく推論からなることは、とりあえず認めてよい。ただしアリエティが統合失調症の思考の異常性を、そのまま未開人の思考の原始性と重ね合わせて話を締めくくるのには、やはり違和感が残る。両者には見逃せない相違がある。しかもその相違は想像的普遍概念の決定的な意味を予告している。

☆10　アリエティ同書、五六―五七頁。

☆11　アリエティ同書、五八頁。またアリエティが自身の心理学とヴィーコの思想との関連について語った次の論考も参照されたい。Silvano Arieti, Vico and Modern Psychiatry, in: *Social Research*, vol. 43. no. 4, New York, 1976（Winter）, pp. 740-751.

精神病患者による「異常な」言説だとの注釈ぬきに「私は聖母マリアです」という発言を聞くなら、これはどこにでもある比喩の一つ、メタファーにすぎない。隠喩的推論も広い意味では述語的同一化による推論の一種である。この類似性によるならば、トピカ的な発見的推論にも、述語的同一化を通じた隠喩的な意味の発見という側面がある。ヴィーコが詩的知恵に関連して、メタファーのみならず、メトニミー、シネクドキー、イロニーなどに触れていたことも、これと無縁ではあるまい。ただし文字通りのメタファーは、ありきたりの平凡な言い回しではないが、精神的に異常な表現ではない。またいつでも眼にするものの、未熟どころか言語にある程度精通したものでなければ駆使できない表現技法である。字義通りの隠喩表現には、精神病的思考や古論理的思考にとっては越えられない熟達と意識化の壁がある。

　同じく述語的同一化といっても、精神病的思考からも隠喩的表現からも区別されたところにこそ、想像的普遍と詩的知恵の古論理的思考が位置しているのである。では両者と詩的知恵との決定的な違いはどこか。詩的知恵の推論が二者とは違う点は何だろうか。一言でいえばそれは、詩的知恵の場合、述語的同一化がなされるさいに、あらかじめ立てられたり選ばれたりする共通の、あるいは類似の性質が知的な普遍概念として知られていない点にある。精神病的思考のように固着したある一般的な性質（先の例で言えば「私」と「聖母マリア」とに共通する「処女」という性質）も、通常の隠喩的思考のように「連想された通念の体系」（ブラック）[☆12]も、あらかじめ手元にはない。共通する何かは述語的な同一化のなかで、これからはじめて発見されねばならない。悟性的・抽象的な一般性としてではなく、想像的・具象的な類型像として造

☆12　マックス・ブラック「隠喩」（佐々木健一編『創造のレトリック』勁草書房、一九八六年、所収）一一七頁。

形されねばならない。

　AとBがある属性において同一であるとき、たとえば両者とも勇敢な武将であるとき、抽象的な思考ができる人間なら、両者は勇敢な武将という点で同一の特徴をもつが、個人としてのAはあくまでA、BはあくまでBだと言うだろう。両者が勇敢な武将だからといって、AはBなのだとは考えないし、メタファーとして以外、そのような言い方はしない。Aという名をもった個人と「勇敢な武将」という特徴とは、言語と思考のうえで分離可能である。

　ではもしこの分離ができなかったとしたならばどうだろうか。つまりAが勇敢な「真の武将」であるとき、しかも固有名のAについて真の武将という一般的な特性が分離できない思考形式——たとえばアリエティのいう「形なき認識」を、原初の人間たちがもっていたとしたらどうだろう。あるいはまたそもそも勇敢な「真の武将」という特徴の類型がまだ析出されていないとしたらどうだろう。考えられるのはAという固有名自身が、勇敢な真の武将そのものを意味するもの（シニフィアン）として機能すること、しかも「真の武将」という意味されるもの（シニフィエ）が、それとして別個に発見されないままに、シニフィアンとして機能することである。ヴィーコは「真の武将とは、たとえば、トルクワート・タッソが描きあげたゴッフレードである。したがって少しでもゴッフレードと食い違うような将軍は、真の武将とはいえない」（SN 205）といっている。ここではゴッフレードという人物が、その風貌・表情・仕草・功績のことごとくを含めた具体的全体として、端的に真の武将そのものである。単独性がそのまま普遍性である。言い換えれば「真の武将」の意味として必要な一般的特性とそうでないものが分離・析出されないまま、ゴッフレードという固有名がそのまま真の武将と同一である。この場合「真の武将」という抽象語がない以上、BはAと同じ勇敢な真の武将だという言い方すらできず、端的に「BはAだ」という言い方しかできない。

この「BはAだ」には主語的な同一性が前提にない。雷光を指して「あれはゼウスだ」と叫ぶ最初の人間たちに、主語的同一性の思考は無縁である。だから述語的同一化の思考がそこで働いていると言っても無理ではない。ただここでは述語的同一化のために選び出される一般的な性質も、じつはまだあらかじめ知られていない。ちょうどそれは、「BはAだ」との表現をメタファーの一つと見た場合に、ブラックが次のように言う「連想された通念の体系」を欠いているようなものだ。

たとえば、隠喩をフィルターと考えてみよう。「Man is a wolf. 人間は狼である」という陳述をとりあげてみる。……この隠喩的な文は、狼をろくに知らない読者に対しては意図された意味を伝えることができないであろう。必要なことは、「狼」の標準的な、辞書に書かれているような意味を知ることではなく――言い換えればその語を本義で使えるということではなく――連想された通念の体系（system of associated commonplace）と私が呼ぶものを知っていることである。仮にある素人が、狼について真実と思うところを、特に考えずに述べよと言われたとしよう。その時彼が述べるような一連の事柄が、ここで私が「狼」の語にまつわる連想された通念の体系と呼ぶものに近いであろう。私は次のように考えているのである。いかなる文化においても、右のようなテストに対する人々の回答はかなり一致するであろうし、またその話題について例外的な知識をもつ専門家でさえ、「ふつうの人はそれについてどう思うものか」をやはり知っているであろう、と。専門家から見れば、通念の体系は半可な真実や、全くの誤謬を含んでいるかもしれない（たとえば鯨を魚とするような）。しかし隠喩が効果をあげるのに大切なことは、その通念が真実であることではなく、それがすみやかに、かつ自然に想起されることである。☆13

もっともブラックは、メタファーのなかには右のような「承認済みの通念だけではなく、特に構築された含意体系によって支えられる」場合があること、メタファーを通じて「その本義的用法における含意のパターンを新しく創り出す」場合があることを指摘している。簡単に言えば、すでに認められた通念に支えられるのではなく、メタファーそのものが新たな意味のパターンを創出するケースである。☆14 詩的知恵の古論理的思考では、この「含意のパターン」の新たな創出が、「連想された通念の体系」を完全に欠いたかたちでおこなわれる。とすれば想像的普遍の概念とは、主語的同一性を欠いた述語的同一化にもとづいて、隠喩的に新たに発見された意味類型としての固有名だということができるだろう。

2

もちろん原始の人間たちに、そもそも隠喩を駆使しているという意識はない。その言語は「隠

☆13 マックス・ブラック同論文、一七頁。

☆14 ブラックの「相互作用説」の検討に加えて、この面での立ち入った議論としては次を参照。菅野盾樹『メタファーの記号論』勁草書房、一九八五年、一一五頁以下、特に一四五頁以下。

喩・心象・直喩・比喩など、言語分節化以後に詩的言語のあらゆる道具となったもの」(SN 438)で、あえて隠喩という語を用いるならば、それはここでは言葉の一用法ではなく、言葉のあり方そのものに等しい。ただしヴィーコが想定した「最初の人間たち」では、もともと言語自身がかなり独特の広がりをもっていた。『新しい学』のヴィーコがしばしば口にした「三種の言語」――「神々の言語」「英雄の言語」「人間の言語」のうちのすくなくとも前二者がそれだ。「直喩・比喩・心象・隠喩および自然描写を介して語られた言語」は、この区分では厳密には英雄の言語に属する「象徴語」だが、その基層には「表現したいと思う観念と(直接)自然の繫がりをもった行為もしくは身体・物体によって会話する」「象形語」が含まれていると見てもあながち不当ではあるまい。とすればヴィーコが想像的普遍の概念を論じるにあたっては、広い意味での物質的な記号や身体的な身振り、象形・象徴の類を含めたより深い地層まで、言語の(したがって想像的普遍の)層が発掘されていたとみたほうがよい。

つまり述語的同一化にしても隠喩的な意味類型の発見にしても、分節化されない言語の位相にまで射程がおよばないかぎり、想像的普遍の意味の説明として充分ではない(分節化以前のこの位相は、のちに指摘するように想像的普遍の意味のいわば事象的次元の特異な性格を象徴している)。この位相の考察にかかわる欠を埋め、想像的普遍の概念の意義をあらためて見きわめるうえでも、ゼウスの発見と「恐怖の宗教」の創生をめぐるその歴史的‐物語的仮説にここで少しく立ち入っておこう。たとえばヴィーコは「人間は驚嘆すべきことに出会うと、わけもわからぬままに〈想像してすぐ信じ込む〉ものだ」という人間の特性に触れながら、続いて次のような神観念の〈始まりの物語〉を「新しい学」の〈仮説〉として繰り広げる。

> 異教の人間文明の創始者たちが、このような性質を自覚したのは、天が世にも恐ろしい稲妻を光らせ雷鳴を轟かせるさまを目撃したときに違いない。――それは、……世界大洪水から、メソポタミアでは百年、その他の世界では二百年余り経った頃である。……大空にそれほど強烈な印象を与えるものが現れたのははじめてであった。きわめて凶暴な野獣が巣窟をつくるように、山上の森をさまよっていたもっとも頑丈な巨人たちの幾人かが、この光景に驚愕し、原因もわからぬままに、口を上げて天を凝視した。こういう場合、人間の知性は、……その現象を自分に具わっている性質から説明しようとする本性をもっている。そうした本性をもった彼らは、みな逞しい体力をもちながら、こうした状態に陥ったので、叫び声をあげたり、ぶつぶつ呟いたりしながら、自分の激しい感情を吐露しようとした。その結果は、天を生命のある巨大な身体だと考えて、その姿を想像しつつ、ゼウス即ち「大」氏族の主神、と名づけた。またその天が雷鳴や稲妻によって自分たちに何を語りかけようとしているのか想いめぐらした。こうして彼らは自然と好奇心を働かせ始めたのである。（SN 377）

この一節には、詩的知恵と想像的普遍にかんする特徴のいくつかがまとまったかたちで描かれている。ここではそのすべてを明らかにする余裕はないが、当面の脈絡、ことに先に指摘した対象の自己同一性の発見に関連して、必要な点のいくつかにそのスポットをあてておこう。

ヴィーコが「学」の仮説として想定した場面は、最初の人間たちが天空をゼウスの巨大な身体と想像し、雷鳴をその合図と思いこむシーンである。これを述語的同一化によって隠喩的に発見された意味類型の一例に数えることは大筋でなら認めてよい。といってもこれは、類似性の発見にもとづくメタファの駆使という通例の言語表現と同じものではない。近代人の思考ならば、天空をみて巨大な身体と同一視したり、雷鳴を神の合図などとは考えない。人間の身体や身振りとしての合図とはなんの類似性もないと考えるのが自然だろう。

ここで肝腎なのは、近・現代人の常識の眼からみれば類似性や同一性などありもしない場面で、同一化がおこなわれることだ。雷鳴と稲光に驚愕し恐怖した太古の人々は、天空を身体と結びつけて同一視し、雷鳴をその身体（ゼウス）による合図と同一のものだと解する。類似性などあろうとなかろうと、ともかくなんらかの推理によって連結がおこなわれる。ではそうした連結が何故おこなわれるのか。ヴィーコによれば、「人間の知性が無知の状態に陥るところでは、自らを万物の尺度」とし、「遠くて未知のものであるため何の観念も作りだすことのできないところでは、眼前にある既知のものから判断を下す」からだ（SN 120, 122）。太古の巨人たちが知っている「自らの万物の尺度」、「眼前にある既知のもの」は、まずは自らの身体とその所作である。彼らにしてみれば「身体と身体の動きがすべてで、意味は身体間の行為として生じ、人間の思考は感覚・知覚の身体的行為以外の何物でもなかった」[☆15]——ヴィーコがわれわれに想像するよう迫る原初の人間とは、すぐれて身体的な存在である。彼らは既知のなじんだ身

☆15 Verene, *op. cit.*, p. 85.

体と身振りを尺度に、天空は巨大な身体だ、雷鳴はその合図だと感覚的に推論する。もちろんこれは述語的同一化にもとづく推理にすぎない。この同一化的な推論では、天空と身体、雷光と合図のあいだに類似性があったから連結されたのではなく、両者が連結によって等置されたから両者の同一性が打ちたてられたのである。

ところでこうした発見の働きには、通常の意味の音声や文字に分節された言語がともなってはいない。推論に使われるのは、天空、稲光と雷鳴、身体など事物や事象の連鎖で、使用される言語は「表現したいと思う観念と（直接）自然の繋がりをもった行為もしくは身体によって会話する沈黙語」、「実物語」である。音声や文字として分節されずに、身振り・合図・象形・物的記号などを用いて表現されたいわばモノの言語が、「沈黙語」というものにあたる。分節語を知らない神々の時代の人間たちは、ちょうど言語に障碍をもつ者のように「自分が示したいと思う観念を、これと自然の繋がりをもった身振りもしくは物体によって説明」しようとしたという（SN 225）。天空が巨大な身体と想像され、稲妻や雷鳴がその身体をもった者の合図だと理解されて、ゼウスの神観念が生まれたのは、こうした原理による。

「天空は巨大な身体だ」を言語表現としてみるならば、むろんこれは隠喩の一種だろう。ただし言語といっても沈黙語は文字通りの言語表現ではない。ここでの隠喩は、マーク・ジョンソンの口吻を借りれば「たんに芸術的あるいは修辞上の目的で使用される言語表現」ではなく、「ある経験の領域を別種の他の領域によって理解し構造化する過程」[☆16]であり、別種の領域とは「身体経験の構造」からなる領域である。人間の理解が働き意味が創発する局面では、狭義の

☆16　マーク・ジョンソン『心のなかの身体』菅野盾樹・中村雅之訳、紀伊國屋書店、一九九一年、七九頁。

言語のみならず身体表現を含めた「隠喩的投射」がおこなわれる。もっとも身体的な表象にもとづく想像的普遍は、認知的意味論の言う「イメージ図式」のように「豊かな個別的イメージのもつ特異性の水準を越えた一般性」をそなえながらも、一般性には還元しきれない固有名の単独性を保持しつづけている。そのかぎりでは一般性の水準があることを指摘するだけでは足りない。原初的な想像的普遍が造形される局面には、イメージ図式そのものが反復のなかからようやく創発してくるプロセスがあると見たほうがよい。

ヴェリーンが指摘したようにゼウスを発見する世界とは、ゼウスという「名づけをする世界」である。ただし名をもった存在は、あくまで単独で唯一の具体的な実在で、普遍的な抽象物ではない。では固有名詞からなる詩的記号は、いかにして想像的な普遍となるのだろうか。普遍性の端緒が先にみた述語的同一化にもとづいているのは事実だが、しかしこれだけでは普遍性は十分な基盤を得たことにはならないだろう。普遍的なものがそうした基盤を得るには、固有名がある場所と瞬間における指示の地平を越えて、一定の空間と時間における意味の地平で持続的・反復的に用いられるようになった時である。意味は、場所 place と瞬間 moment の一過性を越えた持続的な空間 space と時間 time のなかで生まれる。ただしここでいう空間が、たんなる物理的空間にとどまらない社会的空間である以上、空間は事象的契機と社会的契機の双方からなる。とすれば意味も時間的・事象的・社会的の三つの次元を含んでいる。知性的であれ想像的であれ普遍性をもった意味類型が成立するには、事象的・社会的・時間的な三つの次元からなる反復によって、命名された存在が持続性を保持したときである。

三つの次元のなかでも事象的次元の反復――つまり想像的な類概念がいかなる事象の反復からなるのかは、これまでの考察から比較的容易に見て取れる。想像的普遍は悟性的普遍ではない記号の体系である。最初の人間たちは天空と雷光という事象を身体と身体の身振りという事象に等置する。天空と雷光が示した自然のリアリティは、この事象間の記号的・身体的な連関にもとづいて、ゼウスという名をもった神話的な世界のリアリティに転じる。沈黙語・実物語の世界とは、なおまだ野生の自然に埋没しているとはいえ、潜在的にはすでにトピカ的な発見術にもとづく「人工物の世界」（アーレント）である。ここでは天空と身体との事象的な関係がそのまま記号的な結合になる。ヴィーコのいう三つの言語で言えば、神々の時代の「象形語」と英雄の時代の「象徴語」が、想像的普遍という事象の記号的な実質をなしている。

想像的普遍の意味は、さしあたりまずこうしたかたちでの事象的次元を一つの構成要素にしている。だがこの事象的・身体的な結合は、雷光と雷鳴という一瞬の出来事を契機にして生じるかぎり、出来事としては持続した力を具えているわけではない。この身体的で記号的な結合が持続性を得て、世界のリアリティとして経験されるには、記憶の力によって、身体的結合の試みが時間的に反復されねばならない。想像的普遍の意味のもう一つの構成要素は、この記憶という時間的次元である。ちなみにヴィーコは、記憶には三つの側面があると指摘して、狭い意味での記憶力 memoria とともに想像力[☆17] fantasia、創意力 ingegno を挙げている（SN 699, 819）。メモリア・ファンタジア・インゲニウムはもともとヴィーコが「知性の第一の作用」に挙げたものだ。しかしこの記憶に数え上げられた三つの能力は、感覚的トピカに統括されて働くそれ

☆17　以下この記憶力・想像力・創意力の三者は、混乱をさけるため狭い意味で用いる場合、メモリア・ファンタジア・インゲニウムとラテン語名で呼ぶ。この三者の密接な関連については、『形而上学書』での考察を参照（***De antiquissima***, S. 124-127, 訳一一八―一一九頁）。

らの原初の働きとは、違った時間的な次元を兼ねそなえている。☆18

記憶の諸能力が向かうのは、記憶された過去の諸事実である。メモリアが記憶された「物事を想起する」とすれば、記憶の一機能としてのファンタジアは「記憶したことを再現することに他ならず」、インゲニウムは「覚えていることがらを再創造する能力」(SN 699) である。もっとも再現するといい再創造するといっても単純な繰り返しではない。ファンタジアは想起された物事を「模倣」するのみならず「変化」させる。さらにインゲニウムは「それを新しい状況に置いたり、また適当な配置や関係に移したり」する (SN 819)。記憶がこのようなファンタジアやインゲニウムに支えられるなら、想像的普遍の意味類型は、メモリアをつうじてたんに保持されるのではなく、ファンタジアによって新たな形を与えられ、インゲニウムによって新たな関係に置かれつつ反復される。ことにインゲニウムは、一個の想像的普遍を、さまざまな事象間の関係のなかに移し変え、配置変えしたりすることで、固有名詞相互の記号関係を新たに組みかえる。ゼウスを発端にした名づけは、これとともに経験の全体にまで及び、自然の諸事象は神々の名で満たされる。想像的普遍が、インゲニウムを通じて記憶のうちに保持されるとすれば、それは孤立した一個の類として固定されるのではなく、他の想像的な類との新たな関係のうちで再創造される。すでに指摘したように想像的普遍が事象と観念との縦の指示関係より事象と事象との横の弁別関係において造形されるのは、記憶としてのインゲニウムのこうした新たな固有名の関係づけや配置変えによっている。想像的普遍は固有名詞からなる詩的記号である。記憶としてのメモリア・ファンタジア・インゲニウムは、その固有名を想起しつつ、

☆18　記憶という能力を、その内部の三能力の組み合わせによってではなく、それ以外の能力との差異によって規定するのも可能である。見方によっては、これも時間的次元に数えることができる。ヴィーコが『形而上学書』で上げている能力 **facultas** では、感覚や理解力〔悟性〕が他の能力にあたる。記憶の諸能力が発揮されるプロセスは、これら他の能力が一時的に退く時間的経験だと解することも可能で、メモリア・ファンタジア・インゲニウムが顕在化するのは、他の能力が潜在化される時間的経験である。

☆19　野獣状態で生活する未開の男女に雷鳴が神の存在を信じさせるというヴィーコの考えがルクレティウスの叙事詩『宇宙の成り立ち』から示唆されたこと

さまざまなコンテクストのなかに引用し、必要に応じて新たな意味を加える。想像的普遍とはこのような意味の変容と再構成のなかで反復される固有名詞群である。

　では想像的普遍の意味における社会的次元とは何か。ゼウスが想像的普遍として創出される例に見られる社会的次元は、太古の人々が稲妻と雷鳴を恐るべき出来事として体験した事実である。この自然の出来事にたいする「恐怖」という経験の共有が、ゼウスという想像的普遍の意味の社会的次元をなしている。では「恐怖」とは太古の人々にとって、あるいはヴィーコにとって何を意味するのだろうか。雷の恐怖にうちのめされた人々は、それを天の神ゼウスの合図だと想像し信じる。[☆19] 稲妻と雷鳴にたいする鋭敏な感覚と雷にたいする恐怖という烈しい感情――この感覚・感情[☆20]と表裏をなしているのは、天をゼウスの身体と想像し雷をゼウスの合図と信じ込む〈原初の思考〉である。恐怖は原初の思考を可能にした実存的条件である。[☆21]

　もっともいかに烈しい経験だったとはいえ、恐怖という感情が吐露され共有されたというだけでは、想像的普遍の意味における社会的次元が得られるわけではない。肝心なのはこの感情の発露を発端にして生まれたとされる人類史的な結果である。

> このような仕方で最初の神学詩人たちは、かつて作ったこともないような巨大な神話をはじめて創り上げた。それが人間や神々の父であり王であるゼウスである。ゼウスは雷光を轟かせ、ために人々は戸惑い、心をうたれて、自分たちが創り上げたものを自ら信じ込み、……恐怖の宗教をもってゼウスを怖れ、敬い、服従したのであった。(SN 379)

について次の解釈を参照。バーク前掲書、二三頁。

☆20　こうした感覚・感情は、厳密にとるならヴィーコが、人間の能力 facultas の一つにあげた「感覚 sensus」にあたる。ちなみにS・オットーは、この感覚を加えて、センス・メモリア・ファンタジア・インゲニウムの四つを「知性の第一の作用」としている。もっとも続いて彼が、センスとメモリアを受容性の能力、ファンタジアとインゲニウムを能動性の能力と見るのは、カント的な感性と悟性の区別に引きつけ過ぎだとの印象は拭えない。ヴィーコにとって「感覚が能力であるならば、われわれは事物の色を見ることによって作っており、味を味わうことによって作っており、音を聞くことによって作っており、冷たさや熱さを触れることによって作っていることになるかこの神話について繰り返し語り直しながらヴィーコが考察と叙述を進めるプロセスの錯綜は、『新しい学』のなかでもことに印象深い。「恐怖」は神の創造、宗教の創生を告げている（その創生は、近代人の眼からみれば、ほとんど妄信による神の作為に等しい。神の作為によって太古の人々は彼らの意識を確実なものにする。そしてヴィーコはそこに「神の摂理」という「真理」を読み取った。ここに確実性 certo が真理 vero の一部となる例がある）。この創生をヴィーコは「学」の「第一の原理」と呼んだ。恐怖の効果のほどはこれのみにとどまらない。神の怖ろしさが身にしみた者たちは、彷徨を止めて定住し、女たちと隠れ住みながら、神の「怒りを避けるために、敬虔で慎み深い肉体的結合によって婚姻を執りおこない、父親の確かな子供をもうけ、家族を創設する」（SN 13）――婚姻と家族の始まりである（学の第二の原理）。さらに恐怖はヴィーコが第三の原理に数えた埋葬の一部をもなしている。死体の悪臭を嫌って埋葬を始めた最初の人間たちは「墓を宗教」によって洗い清め、その場所を神の怖れと結びつけ（SN 529）死が畏怖の対象となる。霊魂の不死性にたいする信仰と埋葬の儀式がこうして始まる。

　想像的普遍は、社会的な契機としては、「学」の三つの「原理」（SN 360）を可能にする記号論的な条件にほかならない。この三つの原理は、国民の違い、その時間的・空間的な隔たりの別なく、すべての民族が共通に遵守している人間習俗である。「いずれの国民も、なんらかの宗教をもち、厳粛な婚姻を取り結び、死者を埋葬する。また、どれほど未開で粗野な国民であっても、宗教と婚姻と埋葬ほど、最高の趣向を凝らした儀式と粛々とした祭典とをもって執りお

らである」（*De antiquissima*, S. 118. 訳一一四頁）。この点では感性的能力について「感性的なものもそれ自身の能動的活動もあるのだということ、ゲーテの表現を借りるなら『精密な感性的想像力』というものもある」と唱えたカッシーラーに、ヴィーコの見方は近い。もっともたとえばフッサールには「受動的綜合」の概念があり、ヴィーコの感覚という能力の〈作る〉作用（さらにこれを発端にした知性の第一の作用）は、この意味での綜合と解すべきだとの解釈も十分に成り立つ（上村忠男『ヴィーコの懐疑』みすず書房、一九八八年、二七一頁、参照）。

　しかしながら「能動的活動」といい「受動的綜合」といっても、受動－能動の対立が自明の前提となっている点で変わりない。これを前提してかかれば、人間の原初的な〈作る〉能力に

こなわれている人間的行為はない。とするなら、『互いに相手のことを知らないでいる諸民族すべての間に生まれた一様な観念には、なんらかの共通の真理動機が含まれているにちがいない』という公理からは、次のことがすべての国民について言えるはずである。即ち、いずれの国民にあっても、文明はこの三つのことがらから始まったのである。そしてこの三つのことがらは、世界が再び野生のままの野蛮状態に退廃することのないように、あらゆる国民によって神聖の限りを尽くして遵守されなければならない」(SN 333)。

象形語・象徴語・書簡語(通俗語)という三種の記号からなる想像的普遍は、物体的・身体的な形象によって、神々と人間の諸事象を意味づける。しかしこの意味の事象的次元が一定の広がりをもって創造されるには、メモリア・ファンタジア・インゲニウムという三種の記憶によって、想像的普遍が記憶され反復され再構成されるプロセスを踏まなければならない。またこの意味の時間的次元が、一定の深さをそなえながら秩序づけられるには、宗教・婚姻・埋葬という三種の習俗の構造的条件として、人間に共通の観念となる社会的次元を想像的普遍が獲得しなければならない。

ところでヴィーコは、「互いに相手のことを知らないでいる諸民族すべての間に生まれた一様な観念」という想像的普遍の社会的次元について、それは「なんらかの共通の真理動機が含まれているにちがいない」と言った。想像的普遍における感覚的トピカが真理の発見に関わるとしたら、おそらくそれはこの意味においてだろう。もっともここでいう「真理」がいかなる意味を有するのかについては、簡単に片がつく問題ではない。なぜなら想像的普遍がとりあえ

ついて、受動的か能動的かの二者択一に迫られることは避けがたい。だが太古の人間たちが神の観念を詩的に制作するプロセスは、受動か能動かの選択にどこか馴染まない。受動か能動かの選択を前提しない態度が、彼らの〈作る〉働きを可能にしていたのだということ――これが率直な印象である。暫定的ながらここで提唱しておきたいのは、この場面の知性の態度には能動態でも受動態でもない第三の態として中動態とでもいえるものが、考えられることである(たとえばギリシア語にそう呼ばれる態が存在する)。知性の第一の作用の原初性を念頭に置いたとき、それら諸能力は(能動的とも受動的とも簡単には分けられない)基本的に中動的な能力である。カッシーラーは、神話的段階での言語のあり方を探るなかで、ギリシア語のみならず「他の言語圏に目を向

ずは神話的世界の当事者たちが神観念を〈作る〉ことによって世界の事象を〈知る〉ことに関わっていたのに対し、「互いに相手のことを知らないでいる諸民族すべての間に生まれた一様な観念」が真理という動機を含んでいるにちがいないとの判断は、歴史の認識者たちが人間の習俗の意義を〈認識〉することに関わっているからである。

けてみても、能動と受動の単純な対立が動詞的表現の形成においてひとりそれだけで規定力をもったり決定したりすることはけっしてなく、明らかにつねに多くの他の対立契機がそこに交錯している」（エルンスト・カッシーラー『シンボル形式の哲学（一）』木田元訳、岩波書店、一九八九年、三五一頁）と指摘し、ヤーコプ・グリムの次のような興味深い一節を引用している。「……真の本来的な中動態は一般に、内的な魂や身体において生き生きと生起していることを表示するためにつくられたのであり、あらゆる言語において、喜ぶ、悲しむ、驚く、恐れる、望む、留まる、休む、語る、着る、洗う等々の概念が驚くほど一致して中動態に属するのもそのゆえである」（同書、三五七頁）。

☆21　Verene, *op. cit.*, pp. 88-92.

神話的世界に生きる人びとは、ゼウスに始まる神々の観念を造形しつつ、もろもろの事象を知る。けれどそうして生まれた「一様な観念」は、太古の人びとがかりに真理を発見したと信じたところで、近代人の眼では、妄想や愚昧に満ちた代物で真理の片鱗すら読み取れない。初期ヴィーコの表現を借りれば、かろうじて真らしいといえるのが関の山だ。それでもヴィーコはそこに「なんらかの共通の真理動機」(SN 144) がひそんでいると見た。ただしここで「共通の真理動機」を発見するのは、神話的世界の当事者たちではなく、当事者たちが発見した「真らしき」ものについて歴史的な解釈をおこなう者、実際には哲学者たるヴィーコ自身である。ヴィーコはここで、歴史の当事者たちが神観念を〈作る〉ことによって〈知る〉にいたった諸事象の「真らしき」内実について、歴史の観察者として「真なる」何かを〈認識〉することに努めているわけである。

もちろんヴィーコとても、太古の感覚的トピカによる発見が、直接に真なるものでないことぐらい知っている。『新しい学』の公理によれば「事物の真なるものを知らない者たちは、確実なるものにしがみつこうとする」(SN 137)。詩的知恵によって最初の人間たちが手にするのは、真なるもの **vero** ではなく、確実なるもの **certo** にすぎない。ただヴィーコは、太古の人びとのその所作に、神の摂理の真理が働くのを見た。歴史の当事者たちが意識の確実性に頼りつつ創造したシンボル的世界は、歴史の観察者から見れば神の摂理という知の真理に与っている。こうして『新しい学』では、『学問の方法』における「真なるもの」と「真らしきもの」に代わって、「真理」と「確実性」との対概念が登場する。基礎概念上のこの変化は、いうまでもなくヴィーコ自身の思想的転換を告げている。

初期ヴィーコは、『学問の方法』で次のように言っていた。幾何学の点・線・図形なら人間はそれを作ることができるから、その真理を手にすることができる。これに対し人間は自然を作ることはできない。だから自然の真理を摑むことはできない。厳密な意味での「真理 **verum**」を人間が手に入れるのは幾何学だけで、自然学を含む他の諸学ではせいぜい「真らしきもの **verisimilis**」を手にするだけだ。[☆1] 人間による厳密な意味の真理の認識を幾何学に限ったこの初期の命題は、しかし『イタリア人の太古の知恵』で立ち入った省察がおこなわれてのち、『新しい学』になると、歴史的世界にも適用されることになり、初期ヴィーコで幾何学に限られていた真理の認識が、後期では歴史的な事象にも妥当するとみなされるようになった。ベネデット・クローチェが、ヴィーコのこの初期と後期の見解を認識論の「第一形態」と「第二形態」と呼び、その転換を彼一流の手法で論じたことは、ヴィーコ研究史のうえでもつとに知られている。ヴィーコのこの変化に人間の真理認識をめぐる認識論上の一定の進展があったことは認めてよい。「真理」は、人間にとっていかに多くの可謬性にさらされているとしても、歴史的世界にかんする認識でも十分に可能である。しかしこれを認めることが、「真らしきも

☆1 *De ratione.*, S. 39/40. 訳四〇―四二頁。

の」と「真なるもの」という初期ヴィーコの区別を断念することになるのならば、この進展にはいささか大きな犠牲がともなうといわねばならない。後章への踏み台としてここで提起しておきたいのは、初期ヴィーコにおける「真らしきもの」と「真なるもの」の対を、むしろ後期ヴィーコにおける認識論を深化させるカテゴリーとして捉えなおすことである。

第一節　真理への二つの道

1

『イタリア人の太古の知恵』（以下『形而上学書』と略記）は、『普遍法』および『新しい学・初版』とともに、今日のヴィーコ研究では主要な文献の一つとみなされている。☆2 もっともこの未完の体系書は、「真理」をめぐる理論にかんするかぎり、『新しい学』で曖昧だった「真理」の見方をより明瞭にするというより、どちらかと言えばその「真理」の見方がそれ以前からも曖昧なままだったことを明らかにするだけである。ヴィーコは、人間の有限性を同じ岐路にして、その真理認識についておそらく意図せぬままに二つの別の通路を行き来していた。むろんかれはそれを二つだとは見ない。しかし少し見方を変えれば、この二つを分離して捉えることが可能である。『形而上学書』の冒頭近くには、ヴィーコが真なるものと作られたものとの置換可能性の命題を正面から論じた次の一節がある。

……真理とは作られたもののことにほかならない、ひいては、神こそは第一の製作者なの

☆2 『イタリア人の太古の知恵』（正確にはその第一部『形而上学書』）の意義については、次を参照されたい。Stehpan Otto und Helmut Viechtbauer (Hrsg.), *Sachkommentar zu Giambattista Vico Liber metaphysicus*, München: Wilhelm Fink Verlag, 1985. また『普遍法』と『新しい学・初版』の意義をも含めたヴィーコ解釈としては、次を参照。Miner, R. C., *Vico, genealogist of modernity*, Notre Dame, Ind.: University of Notre Dame Press, 2002.

であるから神のうちに第一の真理は存在する……。……神は事物の全要素を外的なものも内的なものも含めてすべて自身のうちに含みもっているので、それらすべてを読み取ることができるが、これに対して、人間の知性は制限されており、自分以外のあらゆる事物の外部に存在しているため、たかだか事物の最も外的な要素を集めて回りに行けるにすぎず、事物の全要素を収集し尽くすことは決してできない……。神における真理は事物の立体的な像、あたかも彫塑のようなものであり、人間におけるそれは輪郭だけを描いたもの、もしくは平面的な像、あたかも絵画のようなものである。[☆3]

ヴィーコのこの見解は、以前の『学問の方法』を、ほぼ引き継いだもののように読める。自然そのものを人間は作ることができない以上、自然学で人間が手にできるのは「真らしいもの」にすぎない、「事物の本性を形づくる真の形相はただ至善至高の神の中にのみ存在している」というのが、『学問の方法』における主張だった。違うのは以前の「真らしいもの」が、ここでは「人間における真理」に変わったことぐらいだ。しかし以前は「真らしいもの」とされた事柄が、人間という限定はつくものの「真理」の名で呼ばれるようになったことには、やはり見逃せない変化がある。

『学問の方法』が語るように、人間の手で作ることができない領域については「真らしきもの」しか手に入らないとするなら、そこでは人間には「真理」に接近することがあらかじめ拒否されていたことになる。真理と真らしきものとは、（神が自然を創造したと同じ完成度で）

☆3 *De antiquissima, S.* 36f. 訳三四—三五頁

人間の手によって作りうるか否かで峻別される。両者は原理上、相互に排他的である。これに対し、人間が不完全ながらも作ったものについて、おのが有限性に見合った「真理」を論じることが可能ならば、神にはとうてい及ばないながら「真理」の名に値する認識の可能性が人間にも開かれる。人間の真理は、神的な無限の洞察によるものではない以上、偽に転じる恐れをつねにともなう。いってみれば原則としてどれも可謬的な真理である。批判と反論にさらされて可謬性の度が強まれば、人間の真理は、より不確実な真らしきものに近づく。吟味と立証の末に可謬性を弱めれば、真らしきものが逆に真なるものに変わる。可謬的な人間の真理は真らしきものと相互に転換可能である。両者は相互に排他的ではない。それどころか、多数の真らしきもののなかからなんらかの方法で厳密に選りだされたものこそ真理になるのだと考える筋道が、ごく自然に開けてくる。その場合、真らしきものの多数性は真理の単一性を支える真理発見の豊かな土壌になる。

ただし真らしきものから真理がどのようにして選びだされるかは、一通りでない。ヴィーコの脈絡を探れば、すくなくとも二つの道が開けている。一つは、人間の真理も神の真理と似た面、いや部分的ながら同じ面をもつ以上、「神における知識を人間における知識の規準にして」神の真理に似た真理、神の創造に近い真理を求めようとする道である。この道を踏破できた暁には、神の理解力に比すべき知性によって神の真理に匹敵する真理を人間は手にすることができる。もう一つは、人間における真理が神における真理と比べてはるかに見劣りする以上、人間の真理の可謬性をむしろ不可避の条件として前提し、それを基点に有限者にとって可能な真理認識のあり方を見定めようとする道である。人間と神との間に穿たれた深淵は埋めようがない。『形而上学書』のヴィーコには、この二つの道が同居していた。といっても二つはヴィーコの思想のなかで分かちがたく結びついていて、かれが二つを一つと見ていたのは言うまでもない。その思想の一貫性にこだわるなら、両者を別個のかたちで取りだすのは難しいだろう。両者を明確に弁別し、ヴィーコにおけるアクチュアルな可能性を浮き彫りにするには、ある面で、ヴィーコ本来の道からは逸脱しても積極的な再構成の道を模索するほかない。

二つのうち、神の創造に近い真理の道を求める見解の最たるものは、『形而上学書』における「形而上学的点 **puncta metaphysica**」の思想である。すでに触れたが、ヴィーコは人間の知識の多くに「真らしきもの」「人間における真理」をしか許容しなかったものの、唯一、幾何学にだけは「真理」が発見できる可能性を認めていた。点や線・面、図形といったものを、人間はその形相にしたがって作ることができる。[☆4] それは神が自然をその形相にしたがって創造できたこととほとんど変わらない。神は自然を創ることができたのだから、自然学にかんする事柄は神以外に真理を手にすることはできない。同じく、人間は点・線・面などを作ることができるのだから、幾何学にかんする事柄は神に似た真理を人間は手に入れることができる。あきらかにヴィーコは幾何学にこのような特権的な地位を与えていた。

ヴィーコは、幾何学（さらには算術）が特権的な地位を占める理由について、この神と人間における〈作ること〉の類比性によって説明するだけでは満足しなかったらしい。以下の形而上学的点の理説は、幾何学（さらには算術）が残余の諸学に優越するのに、より形而上学的な

☆4 『学問の方法』では明確ではないが、『形而上学書』ではこれと同様の理由から機械学についても人間が真理を手にする可能性を認めている。「算術、幾何学、およびこれらの子孫である機械学は人間の能力のうちにある。というのも、これらにおいては、われわれはその真理を作っているがゆえにそれを証明するからである」（***De antiquissima***, S. 120/121. 訳一一五頁）

もう一つの理由を示したものだと解することができる。

幾何学と算術とが人びとが〈下位的〉と呼んでいるすべての残余の諸学に優越して、……真理の最も卓越した像を提示していることについては、なんら疑いもない。そして、この一方で、形而上学がすべての真なるものの源泉であり、そこからそれがすべての他の諸学のなかに導き入れられるということも、ことのほか真理である。[☆5]

幾何学（および算術）は残余の諸学に優位する。一方、形而上学は幾何学を含めた他のすべての真理の源泉である。幾何学が他の諸学よりも優越する以上に、形而上学は幾何学の上に立ち、諸学は形而上学→幾何学→残余の諸学という順位に置かれる。では、幾何学が形而上学の下位にとどまりながら、しかも「残余の諸学に優越」するのは何故か。それは、形而上学のなかの「真理の像」が、形而上学的点から出て幾何学的点に入り、この点という出入口を通って幾何学に真なるものが導入されるからだ。――幾何学が形而上学より下に置かれながらも真理に与るのは、（真理の出口としての）形而上学的点と（真理の入口としての）幾何学的点という出入口があるためである。

「点」とはいうまでもなく幾何学の基本的な単位である。ヴィーコの時代には、点とは「なんらの部分も存在しないもののことである」といった定義がおこなわれていたというが、「キリスト教信仰に適合した形而上学」の構築を狙うヴィーコにとって、これは「名目的な定義」に

☆5　*De antiquissima*, S. 74/75. 訳七一頁。

すぎない。幾何学的な点とはむしろ「形而上学的点をかたどった徴表［記号］」そのものである。形而上学的点を本体にして、それをかたどったシンボルが幾何学的な点である。ではそもそも形而上学的点とは何か。「神と延長しているもののあいだ」にあって「自然学的物体に働いている作用力」のことにほかならない。

実際、人間が自らの前に仮構するこの図形の世界、そして人間がそれのそれなりに神であるこの図形の世界においては、この定義された名辞、それのなんらの部分も存在しないというこの案出物がもろもろの不等な延長しているものの根底に平等に存在している。それと同様にして、神が創建した真実の世界においても、或る分割されない延長の作用力が存在していて、それは分割されていないがゆえにもろもろの不等な延長しているものの下に平等に横たわっているのである。☆6

形而上学的点という「延長と運動の分割できない作用力」について「人間の知性が……思考しうるところのもの」――これこそが幾何学上の点である。とすれば「幾何学は神における知識にならって人間における知識を表出している」☆7ことになるだろう。「人間が自らの前に仮構する図形の世界」と「神が創建した真実の世界」、「人間における知識」と「神における知識」、形而上学的点と幾何学的点――これらは、文字通り「点という狭い出入口」で通じあう。『新しい学』のヴィーコは、異教諸国民の歴史的世界にかんする認識について、「事物を作る者自

☆6 *De antiquissima*, S. 80/81. 訳七八頁。
☆7 *De antiquissima*, S. 83/84. 訳八二頁。

身がそれらについて語るとき、そのときほど話が確実なことはありえない」と言明したのちに、続いて「幾何学がそれの諸要素にもとづいて大きさの世界を構成したり観照したりするとき、それはその世界をみずから自分の前に作りだしているわけであるが、この学もまさしく幾何学と同様の行き方をすることになる」（SN 349）と敷衍していた。これに続いて「神にあっては認識することと製作することとは同一のことがらであるから、読者よ、これによって諸君もまた神の喜びを味わうことができるであろう」と語るにいたったのは、形而上学→幾何学→残余の諸学という順序にもとづいて、「新しい学」の位置を定める発想がまだ残っていたためだと解してよい。

だがこれは、『形而上学書』冒頭で「人間における真理」と「神における真理」との架橋不可能な深淵を語ったヴィーコとは、いささか違ったニュアンスを帯びたヴィーコである。ここでヴィーコは、形而上学が諸学の学として初めから卓越した地位をもつことを自明の前提にしている。しかもその形而上学とは、「キリスト教信仰に適合した形而上学」、「キリスト教に従属させられたプラトン哲学☆8」である。『新しい学』の言い方をとれば「通俗的な形而上学」ではなく「深遠なる形而上学」である。ヴィーコの知性を育んだカトリック世界、彼の生きた時代環境にとって当たり前といえば当たり前だったろうが、これが彼の真理概念にとって大きな限界になったことは否定できない。延長の作用力、コナートゥスといった着想の斬新さも、こうした形而上学の影に隠れて見えにくい。

☆8 *Autobiografia*, p. 49. 福鎌訳一一二頁／西本訳七二頁。

2

しかしヴィーコの真理概念は、形而上学的点の思想とはあきらかに異なったもう一つ別の道にも通じていた。それはおのおの独自の技法によって導かれた「人間固有の能力 propria homini facultas」が辿ることのできる道であり、人間の真理認識における可謬性を前提にして真理の発見と判断のあり方を探ろうとする道である。

「人間は知覚し、判断し、推理する。しかし、かれはしばしば虚偽のことどもを知覚するのであり、しばしば無鉄砲に判断するのであり、しばしば正しくない仕方で推理するのである。ギリシアの哲学者たちの諸学派は、これらが知識に到達するために与えられている人間の能力であり、それが独自の術〔技法〕によって指導されるものと考えていた。すなわち、知覚の能力はトピカによって、判断の能力はクリティカによって、そして最後に推理の能力はメトドゥスによってである」[☆9]。

トピカとクリティカにかんするこの見解は、いうまでもなく『学問の方法』に由来するが、かつてとは少し違った考えが加わっているのも見逃せない。第一に、トピカとクリティカが、それぞれ「知覚の能力」と「判断の能力」を指導するとされ、しかもヴィーコがこれら人間の能力を「確実に知る能力 de certa facultate sciendi」と題する節で論じたことである。ヴィーコはここで真理のあり方を確実性との関係で考えている。ただ「確実に知る」といってもヴィーコは、これらがその本性からして「確実に知る」能力だとは見ていなかったようだ。人間はしばしば虚偽を知覚し、無鉄砲に判断する。知覚にしても判断にしても、その能力がそのまま

☆9 *De antiquissima*, S. 128/129. 訳一二一頁。

真なるものを確実に手にする力能となるわけではない。むしろそれらが「確実に知る能力」となるには、さらに別の条件が加わらなければならない。その条件としてヴィーコの念頭にあったのが、トピカとクリティカとを一体となるまでに密接に結びつけることである。

> 判断をともなわない発見も、発見をともなわない判断も、ともに確実ではありえない……。実際ことがらのうちに内在しているもの、ことがらに備わっているもののすべてを探りだしえていなくて、いったいどのようにしてわれわれの知性の明晰かつ判明な観念は真理の規準でありうるのか、そして、提示されたことがらについて立てることのできる問いのすべてを吟味していなくて、どうしてそれらのすべてを探りだしたと確信することができようか。」「クリティカという松明を手にトピカのすべての場所を偵察しおえたとき、そのときこそ、人はそのことがらを明晰かつ判明に知っていると確信してよいであろう。それというのも、かれはいまや提示されたことがらについて立てることのできるあらゆる問いを通じてそのことがらを考察し抜いているからである。そして、あらゆる問いを通じて考察し抜いたことによってトピカはいまやそれ自体がクリティカとなっているのである。[☆10]

ここではヴィーコが、トピカの先行性を前提しつつも、むしろクリティカとの密接な連携によってこそ真理の確実性に通じると見ていたこと、この点をまず確認しておきたい。かれにと

☆10 *De antiquissima*, S. 132/133. 訳一二四—一二五頁。

ってはトピカが先行するとともに、クリティカと一つになるまで結びつくことも無視できない条件であった。ただしこの点を必要以上に強調するのは禁物である。クリティカとの結びつきに拘泥しすぎると、そのことがトピカに強い制約を課すことになり、結局それは、右のヴィーコの発言とたとえばデカルトの「枚挙の規則」との違いを見えなくしてしまうことになりかねない。事実、ヴィーコの発言は、トピカとクリティカに対する見解を別にすれば、デカルトが『方法序説』で語った思考の四つの規則のうち、第一の「明証性の規則」と第四の「枚挙の規則」をなぞっただけにしか見えないかもしれない。デカルトは、思考の第一の規則として、「速断と偏見」を避けて「明晰かつ判明に精神に現われるもの以外は、何もわたしの判断に含めないこと」を掲げたあと、第二の「分析」と第三の「総合」の規則に続いて、第四の規則に「すべての場合に、完全な枚挙と全体にわたる見直しをして、なにも見落とさなかったと確信すること」を挙げていた。この第一と第四とをともに考慮に入れながらヴィーコの右の一節を読むと、すくなくとも字面のうえでは両者の見解が予想外に似ていることに驚くだろう。[☆11] にもかかわらず、ヴィーコとデカルトの間には、依然として簡単に架橋できない深淵が穿たれていることも事実である。

トピカが先行することで、クリティカにあらかじめ制約されない真理発見に固有の能力が確保されねばならない。これがまずはヴィーコとデカルトとを分かつ地点である。ではこの固有の能力とは何か。インゲニウムがそれだ。

☆11　前に触れたように、デカルトが「真偽の判断力」を先行させて、真理の発見のプロセスを見なかったと批判することは不可能ではない。しかしデカルトは「真偽の判断力」という言葉で、すでに発見されたものについて真偽を判断するのみならず、真なるものを発見する能力も含めて考えていたともとれないことはない。両者に違いがあるとすれば、前者は万人に平等に配分されているのに対して、後者は不平等にしか配分されていない点である（エリザベット宛・一六四五年八月十八日付書簡、参照〔『デカルト著作集3』竹田篤司他訳、白水社、一九七三年、三二三頁〕）。

……発見と判断の分裂がギリシアの人びとのあいだで生じたのは、かれらが人間に固有の知る能力に着目しなかったからにほかならない。つまりは、それによって人間が類似物を見つけ、かつまた作りだすことができるようになるところの能力であるインゲニウムがそれである。……〈arguti〉〔鋭敏な人びと〕とは、互いに遠く離れた異なった事物のあいだにそれらを結びつけているなんらかの類似関係を見つけだし、自分の足下にあるものを飛び越えて、遠く隔たった場所から自分の扱っていることがらに適した論拠を探しだしてくる人びとのことである。これこそはインゲニウムに富んでいることの証拠であり、〈acumen〉〔鋭敏〕と呼ばれるものなのである。☆12

先に引いた一節で、ヴィーコが「ことがらのうちに内在し……備わっているもののすべてを探りだ」す必要を口にしたときに、かれが言わんとしたことを理解するには、右の一節と照らし合わせるのが近道である。ヴィーコにとって、あることがらについて「自分の足下にあるもの」をあれこれ集めただけでは、とうていすべてを探りだしたことにはならない。むしろ「足下にあるものを飛び越えて、遠く隔たった場所から自分の扱っていることがらに適した論拠を探しだし」、新しい発見を積み重ねる努力がなければ、「すべてを探りだ」したと言うことはできない。「自分の足下にあるもの」を超えること、この超越こそ決定的である。「提示されたことがらについて立てることのできる問いのすべてを吟味」できるのも、こうした新しい発見の蓄積がなければ吟味と言うに値しない。

☆12 ***De antiquissima***, *S.* 134/135. 訳一二八―一三〇頁。

ではヴィーコ自身がそうした超越の試みに着手した例はあったろうか。インゲニウムの力能にこれほどの学問論的な意義を見る以上、ヴィーコみずからそれを発揮しない法はない。『新しい学』の試みこそそれだというのが、ここで立てたい仮説である。ヴィーコが探った「最初の人間たち」の世界は、かれにとって何よりも自身の足下を飛び越えて赴いた「場所《トポス》」だった。歴史の当事者による〈作る〉ことと〈知る〉ことを観察者が〈認識〉することは、自分の足下にあるものを飛び越えて遠く隔たった場所に赴き、ことがらに適した論拠を探りだすインゲニウムに支えられていた。それは通常の分析ではとうてい歯が立たない代物で、文字通りの発見術がどうしても必要とされた世界である。が、この点はのちに立ち入ることにして、ここではトピカとクリティカの関連で、もう一点だけ『学問の方法』と異なる見解に触れておきたい。

先に引いた一節で注目してよいもう一つの論点は、彼が第三の術として「メトドゥス」を挙げていたことだ。「人間は知覚し、判断し、推理する」。知覚の能力を導くのがトピカ、判断の能力を導くのがクリティカならば、推理の能力を指導するのはメトドゥスである。このメトドゥス（つまり「方法」）の技法について、ヴィーコがトピカ、クリティカとの関連で語ったのは、『形而上学書』のこの箇所と、同書への批評にヴィーコが応じた文章ぐらいだろう。[☆13] そのせいか、ヴィーコ研究の脈絡でも、トピカとクリティカが対の技法として広く知られてきたわりには、この「知性の第三の術」たるメトドゥスに注目するものはさほど多くない。数少ないなかで、この「方法」概念のいささか過分なまでの意義を説いてヴィーコ解釈に一石を投じた

☆13 G. B. Vico, *Risposte* (1712), in: *De antiquissima*, S. 253/254.

ものに、シュテファン・オットーがいる。[☆14]

オットーの解釈は、『新しい学』でヴィーコが「学」は「幾何学と同様の行き方をする」と語ったさいの学問的な「行き方」と、『形而上学書』における「メトドゥス」の概念を同じものと捉え、この「幾何学的方法」を超越論的方法と解したところにある。当面の脈絡との関連で言えば、「メトドゥス」をトピカとクリティカを綜合するものだと解釈したことである。ヴィーコはトピカとクリティカを個々に問題にしているわけでもなければ、両者の差異や対立を強調していたわけでもない。「知覚」することと「判断」することを統一する知性の働きが「推理」することであり、メトドゥスという知性の技法は、トピカとクリティカを綜合する働きにその核心がある。これはヴィーコの方法がデカルトのそれと決定的に袂を分かつ地点でもある。デカルト派の幾何学的方法が、知覚された物を論理的構成要素に分解する分析的な技法であるのに対し、ヴィーコのそれは、トピカ的な発見と結びついて綜合的な手続きをとる技法だからである。

もっともオットーは、「幾何学的方法」を機縁にして超越論的な解釈の線にヴィーコを載せようとするあまり、ヴィーコがメトドゥスの概念で強調しようとした肝腎な面の影を薄くしている。ヴィーコがトピカとクリティカの密接な結びつきを重視したのは事実だが、これがメトドゥス固有の地平になるかといえば、そう言い切るのは難しい。ヴィーコはこれとはもう少し違ったところにメトドゥスの意義を置いていた。

☆14 Stephan Otto, Die transzendentalphilosophische Relevanz des Axioms verum et factum convertuntur, Überlegungen zu Giambattista Vico's Liber metaphysicus, in: *Materialien zur Theorie der Geistesgeschichte*, München: Wilhelm Fink Verlag, 1979, S. 174-196.

方法 metodo は提示される素材が質的および量的に相違し増大するに応じて相違し増大する。たとえば、訴訟においては弁論法が、物語においては詩作法が、歴史においては歴史記述法が、幾何学においては幾何学的な方法が、弁証法においては弁証術的な方法が、論拠を正しく展開する術として、支配している。☆15

ヴィーコは、メトドゥスにおいてまず、対象の素材の違いに応じた方法の多様性を強調している。メトドゥスが綜合的なのは、それが素材の多様な質と量を確保できるからだ。方法《メトドゥス》には、対象の素材の如何にかかわらず一律に当てはまる方法はない。対象の相違を無視して、ある分野に妥当する方法を他分野にも適用し、たとえば「幾何学的方法によって公共の場における弁論を秩序づけようとすることは、弁論のなかになにひとつ鋭いものを取り入れることをせず、ただすぐ足下にあるものをしか提示しないというのと同じである」☆16——すくなくとも『形而上学書』のこの見解を文字通りに受け取るならば、かりにヴィーコが「新しい学」は「幾何学と同様の行き方をする」と語ったにしても、この学の方法《メトドゥス》をそれゆえに「幾何学的方法」だと言うのは、たんなる比喩以上の意味をもちえないだろう。方法《メトドゥス》が対象の相違に応じて異なるなら、歴史的世界の方法を安易に幾何学的方法に擬するのは誤解のもとになるだけだ。何より恐れてよいのは、この幾何学的方法を形而上学的点の思想と関連づけて、歴史の諸学より幾何学を学問論的に優先させる考えである。肝腎なのは、どの対象にも適用可能な「幾何学的方法」を超越論的次元として設定するのではなく、対象の固有性と素材の多様性に応じたメトド

☆15 G. B. Vico, *op. cit.*, in: *De antiquissima*, S. 255.

☆16 *De antiquissima*, S. 130/131. 訳一二二頁。

ゥスの内在論的技法を模索することである。

トピカ、クリティカとは違ったメトドゥス固有の特性として念頭に置くべきなのは、対象の特性から生じるあり方が方法を左右する事実である。もしメトドゥスがトピカやクリティカに影響を及ぼすというのならば、この特性を抜きにして考えることはできない。たとえばオットーがトピカの個別的で不確実な特徴を強調するのも、むしろこの脈絡で理解すべきだろう。かれによれば、トピカは個々のもの・多様なもの・不確実なものに目を注ぐ。それも普遍概念によっては、その真理と確実性を手に入れることのできない個別的で多様な不確実なるものに目を向ける。ただし個々のものが個々のものとして認識可能になるのは、それらが普遍的なものや一般的な概念に還元されるからではなく、他の個別なるものとの比較が相違の稜線を浮き彫りにし、他の個別との区別がその輪郭を隈取るからである。といっても他との比較は他との類似関係を認識可能にもする。そして個々の特殊なものの真理は、「互いに遠く離れた異なった事物のあいだでそれらを結びつけているなんらかの類似関係 similis ratio」を見いだすことで解明される。「真らしきもの vero-simile」とは、オットーに言わせれば、この意味での新しい真理概念である。

では『新しい学』が用いた方法《メトドゥス》とはいかなるものだったろうか。当然ながらそれは対象となった「政治的世界 mondo civile」の特性に見合った方法でなければならない。『新しい学』のヴィーコはそれを「新しい批判術 una nuova arte critica」(SN 7, 143) と呼んでいた。この「いまだかつてない新しい批判術」をもって「哲学」の手でなされるのが「文献学」的吟味である。つまり「新しい学」の方法《メトドゥス》とは、哲学 filosofi と文献学 filologi とを結合させる技法、それもこれまでになかった技法のことにほかならない。

> 「哲学は道理〔理性〕を観照して、そこに真なるものについての知識が生まれる。文献学は人間の選択意志の所産である権威を観察し、そこから確実なるものについての意識が生まれる」(SN 138)。しかしながら「哲学者は自らの観照する道理を文献学者の権威によって確実なものにするのを怠り、文献学者は自らの観察する権威を哲学者の道理によって真なるものにするのを怠ってきた。もしこのことをおこなってさえいれば、かれらは国家にとってもっと有益な存在になっただろう」(SN 140)。

真なるものを確実なものにする技法を手に入れるには、哲学と文献学の現状に批判的でなければならない。それは「学者たちの自惚れ」と「国民たちの自惚れ」との双方から距離をとることに通じている。わたしは新しい学の方法が「批判的」と形容されたのをこの意味に理解したい。真理の発見術としてのトピカも、真偽の判断術としてのクリティカも、単独では獲得した真実を確実なものにすることはできない。「判断をともなわない発見も、発見をともなわない判断も、ともに確実ではありえない」。だがトピカとクリティカを真に綜合する力は、二つの術それぞれに内在しているのではなく、対象の特性に見合ったメトドゥスの術を見いだすことにかかるのであって、それは哲学と文献学をいかに批判的に結合するかに左右されるのである。とすれば歴史の当事者による〈作る〉ことと〈知る〉ことを観察者が〈認識〉することは、ヴィーコにとって、メトドゥスの技法によって哲学と文献学を批判的に結合しつつ、真実を確実なものにすることを意味したはずである。

一方でトピカとクリティカの補完関係がインゲニウムの力を介して強化され、他方で真理と確実性の結合がメトドゥスの地平で実現される——この技法論的な組み立ては、人間の真理を神の真理に似せようとした形而上学的点の思想とは切れたかたちで、人間の真理にかんする別の考察を可能にしている。しかもヴィーコは、メトドゥスによって彼に身近な哲学と文献学とから批判的に距離をとり、インゲニウムによって遠く隔たった場所に赴くことを求めた。自分の足下を超えること——これがヴィーコの歴史認識を可能にした条件である。ではそれはどのような歴史の認識を可能にしたのか、わたしたちはここであらためてヴィーコの歴史認識をめぐる議論に立ち入ることになる。

第二節　哲学的文献学の地平

1

ヴィーコのいう「文献学」は、たんに文献資料にもとづく言語の史的研究だけを意味しない。『新しい学』には「人間の選択意志に依存することがらすべてにかんする学問で、たとえば諸民族の言語、習俗、平時および戦時における事跡についての歴史のすべてを含むもの」(SN 7)が文献学だとの規定がある。文献学者とは、したがって「言語および……諸国民の事跡の認識にたずさわっている、文法学者、歴史家、批評家のすべて」(SN 139) を含む。だがそれにしても、なぜかれはこれを「文献学 filologia」の名で呼んだのだろう。理由を知る手がかりは、右の規定で「言語」という言葉が眼に止まることだ。[☆17]『普遍法』には、この「言語」が眼につく所以を語った文献学の定義がある。[☆18]「文献学とは何か」との問いを立てたあとに、ヴィーコは文献学に「言葉の歴史」と「事物の歴史」の二つの部門があることを指摘して次のように言う。文献学はいずれにせよ言語の研究である。言葉の由来と来歴を探り、時代の変化に沿って言葉を分類する――この意味の「言葉の歴史」を知ることが文献学の課題になる。ヴィーコは誰にもわかる文献学の意味を、そのままなぞるように話を進める。違うのは、続いて、特定の言葉には特定の事物の観念が結びついている以上、「事物の歴史」を知ることも文献学の任務の一つだと語りだすところ、また文献学の補助分野として碑文・碑銘、貨幣・古銭の研究、年代学を挙げるところにある。国の統治、習俗、法律、制度、規律など国民が作ったものの注釈をおこなうことも、文献学者の研究の範囲に加わる。またさらに、狭義の言語のみならずシンボルや記号を含む広義の言語(『新しい学』の三種の言語)が文献学の対象になることを、碑文・碑銘や貨幣・古銭の研究が示唆しているという。

『自叙伝』で、文献学は言葉の歴史と事物の歴史の双方に「学問が有する必然性を導入」し「事物の歴史から言語の歴史を確証する」[☆19]ものだとヴィーコが語った意味も、『普遍法』での定義から明らかだろう(ちなみにいま「確証する」と訳した動詞の不定法 accertare は、「確実なもの certo」にするという意味で、「真なるもの vero」にするという語 avverare と対にして

☆17 『自叙伝』の次の規定を参照。*Autobiografia*, p. 51. 福鎌訳一一三頁/西本訳七四頁。

☆18 Giambattista Vico, *Universal Right*, translated from Latin and edited by G. Pinton and M. Diehl, Amsterdam: Editions Rodopi B. V., 2000, p. 329

☆19 *Autobiografia*, p. 50. 福鎌訳一一二頁/西本訳七二頁。

用いられる言葉である）。ヴィーコが事物・観念・言葉の間に密接な関連を見ていたことは察しがつく。[☆20]『新しい学・初版』の第二書は「観念にかんするこの学の原理」、第三書は「言語にかんするこの学の原理」とされ、[☆21]この構成の序列が、事物・観念・言語という連関と文献学の占める身分との結びつきを語っている。文献学は、（事物・観念との関連で）考察対象の言語性に着目する視点が働いていたことを告げているわけである。しかし話がこれで終わるなら、ヴィーコのヴィーコたる所以は本当のところ見えてこない。ヴィーコの思索が今日でもアクチュアルなのは、一見して整然としたこの構えを、自らの手で壊しにかかったところにある。

ただしこの点に立ち入る前に、ヴィーコが言葉と事物の歴史という二重の構成で文献学を考えていた意義について一言だけコメントしておきたい。この二重の構成で歴史を見るとは、歴史的世界を人びとが作った事物からなると見るのみならず、人びとが語った言葉からなると見ることでもある。文献学の資料には、人間が作った事物のみならず、人間が作った事物について語った記録も含まれる。これはヴィーコのキー概念に現われる特徴とも平行している。たとえば詩的知恵 **sapienza poetica** とは、人間の手で制作《ポイエーシス》された知恵であるのみならず詩的に表現された知恵であり、「神学詩人」と訳される **poeti teologi** は「神を創った者たち」であると同時に創った「神について語る詩人たち」である。ユルゲン・トラバントが指摘したように、「諸国民」の **auctor**（**autor**）とは、「社会の創始者であると同時に記述者、すなわち始まりの神話的記号の発明者」でもある。[☆22]人間たちが政治的世界 **mondo civile** を創造したとは、当の世界にかんする言語的な語りの空間を創造したことでもある。

☆20 「言葉が観念の象徴であり記号であるように、観念は事物の象徴であり記号である」（*De antiquissima*, S. 34/35. 訳三三頁）。

☆21 Giambattista Vico, *La Scienza nuova prima: con la polemica contro gli "Atti degli eruditi" di Lipsia*, a cura di Fausto Nicolini, Bari: Laterza & Figli, 1968, pp. 35, 143.

☆22 Jürgen Trabant, *Neue Wissenschaft von alten Zeichen: Vicos Sematologie*, Frankfurt am Main: Suhrkamp Verlag, 1994, S. 37.

してみれば、歴史を作ったのは人間だから人間は歴史を知ることができるのだというヴィーコのテーゼの前提には、まずこの歴史の当事者たち自身による〈作ること〉と〈語ること〉との二重の関係が置かれていたことになろう。だがもしこの二重構造に応分の重きを置くならば、太古から伝えられた言語や記号の痕跡を「事物の歴史」に還元して、他の事物と同列の観察の対象とするわけにはいかない。事物の歴史と言葉の歴史を区別するとは、事物の成立の客観的な説明とは違った態度が、言語や記号の理解に求められることでもある。それは太古の人びとが作ったことを、彼らの言語・記号で語ったこととして、彼らとともに理解しあう場面に参与することである。最初の人間たちがなんらかの「真実」を語ろうとしたテキストとして神話という表現的世界を読みとることである。ジュゼッペ・カッチャトーレがE・ベッティの解釈によりながら指摘したように[☆23]、ヴィーコの解釈の技法は、いわば歴史的・発生論的方法を解釈学的方法へ転回したところに意味がある。太古の人びとはここでは説明すべき対象ではなくその対象について共同で理解すべき相手になる。ヴィーコの文献学が、たとえばガーダマーの解釈学と類似の地平にいたと見ることも、このかぎりでは決して不当ではない。いずれにおいても肝腎なのは、書き手が綴ったことがらの理解にともに関わることだからである[☆24]。

だが話がこれで収まるならば、ヴィーコの文献学と哲学の新たな結合について、ことあらためて取り上げるには及ばなかっただろう。『新しい学』でヴィーコは、最初の人間たちのメンタリティを捉えることが、かれにとっていかに困難であったかを語っている。近代の人間から見れば、「最初の人間たちの……詩的＝制作的なあり方は、それを心のなかで具体的に想像す

☆23 Giuseppe Cacciatore, *Metaphysik, Poesie und Geschichte: Über Philosophie von Giambattista Vico*, Berlin: Akademie Verlag, S. 82.
☆24 Hans-Georg Gadamer, *Wahrheit und Methode: Grundzüge einer philosophischen Hermeneutik*, 4. Auflage, Tübingen: J. C. B. Mohr, 1975, S. 278.

ることはまったく不可能で、ただ辛うじて頭で理解することが許されているにすぎない」（SN 34）。想像を絶した理解することすら困難なもの――ヴィーコは『新しい学』でこれに似た表現を何度か繰り返している（SN 378, 700）。これはヴィーコが発見するのに二〇年以上費やしたとも語ったもので、詩的知恵と想像的普遍は、その基軸となった概念である。言ってみれば、この想像不可能なものを想像し、理解不可能なものを理解する試みが、「諸国民の始祖たちに究明をすすめていく」ヴィーコの「形而上学的な批判術」（SN 348）の核心にあった。もちろん哲学的解釈学にとっても、理解の対象とされるテキストはなんらかの意味で通例の理解を阻まれた対象である。だが理解の障壁にかんする経験について、ヴィーコの哲学的文献学とガーダマーの哲学的解釈学とでは、やはり閉じようのない開きがある。

　ディルタイは、「解釈は、もし生の表現がまったく疎遠なものであるとすれば、不可能である。解釈は、もしその表現のうちに何も疎遠なものがないとすれば、不必要である。それゆえ、これら両極のあいだに解釈学が存在する」[☆25]と言った。ある「生の表現」が熟知の伝統に属するのなら、あえて「理解」の労をとる必要はない。伝統との親しさを失って疎遠であることが、理解を必要とする条件である。この「時代の隔たり」が伝承されたものに対する「批判的な問い」の前提になり、「個別的性質をもったもろもろの先入見を死滅せしめるだけでなく、事実の理解を導くような先入見をもまた、そのようなものとして出現」させる[☆26]。といっても伝統がはるかに遠のいて親しさがことごとく失われると、理解そのものが不可能になる。解釈学にしてみれば、わずかでも伝統との繋がり（伝統への帰属可能性）を維持していることが、理

☆25　Wilhelm Dilthey, *Gesammelte Schriften*, Bd. VII, *Der Aufbau der geschichtlichen Welt in den Geisteswissenschaften*, Stuttgart: Teubner, 1973, S. 225.

☆26　Gadamer, *op. cit.*, S. 282.

解を可能にする条件である。解釈学のこの「あいだ」の地位は、ガーダマーの哲学的解釈学でも見逃せない。

> ……伝統がなんの断絶もなく生きつづけているのなら、解釈学的意識と伝承が語る事柄とは、疑いもなく当然一致するとして結びつくことになるだろう。しかし実際にはそういかない。つまり実際の歴史には、親密さと疎遠さという両極が存在している。……伝承はわれわれにとっては、疎遠であることと親密であることとの中間に位置している。その位置は、……伝統に対する隔たりある対象性と伝統への帰属性とのあいだにある位置である。このあいだにこそ解釈学の真の場所がある。☆27

解釈学的な理解が有効に働くには、理解の対象は近さと遠さのほどよい射程内に収まっていなければならない。理解が遂行されるなかで伝承にたいする自己反省が芽生え、過去と現代との地平融合を生むとしても、それはあくまでこの遠近の射程内での出来事にとどまる。ではヴィーコが太古の表現的世界を前にしたときの理解も、これと同類の解釈学的経験に属していたと解してよかろうか。結果からみれば、かれにとって太古の世界は理解することが必要で、しかも可能なものだったろう。しかし解釈に着手した当初のかれにとっては、それはほとんど理解不能なまでに「想像することがまったく不可能なもの」だった。理解が必要かどうかは別にして、ディルタイの言い方を借りれば、「まったく疎遠な」「生の表現」をあえて「理解」しよ

☆27 Gadamer, *op. cit.*, S. 279.

うとする刻苦にヴィーコは歳月を費やしたことになる。歴史の担い手たちによる〈作る〉ことと〈知る〉ことを歴史の語り手が〈認識〉することは、当事者たちが語った想像不可能なものを理解する哲学的文献学になる。

2

しかしそもそも想像不可能だとは何を意味するのだろうか。想像不可能なものを理解することは、文字通りには不可能である。もし本当に想像不可能ならば、それを想像し理解しようとしたところで、所詮は妄想や曲解に終わるのが落ちだろう。が、それでもわたしたちは、理解不能なものを前にしてあれこれ思索を重ね、理解の手がかりを探る。ヴィーコとても想像すら不可能だったとはいえ、営々たる研鑽の末に、理解可能な地点に達した。すくなくとも達したと確信できるところまで行った。ならば想像不可能なものが、いかなる意味でも理解を阻まれたわけではない――ヴィーコはこう信じる道を選んだ。

　理解することが困難な歴史的対象とは、たとえば文化上の隔たりがあまりに大きすぎて、伝統に照らしては理解することができない社会的・文化的現象である。それぞれの社会や時代には、それぞれに共有された表象や観念がある。隔たりが大きくなると他の社会や時代の人間にはそれを理解するのが難しい。たとえばヴィーコが反省なき判断から生ずると考えた共通感覚も、時代や社会の違いが大きくなれば理解困難になる。人間の選択意志によって生まれる共通感覚は、ヴィーコによれば「ある階級の全体、ある都市民の全体、ある国民の全体、ある人類の全体」などさまざまなレベルで成立しうるが、いずれも歴史的に可変的で時・所に応じて異なる。こうした共通感覚は、あらゆる社会・あらゆる時代に共通するというより、むしろある時代・ある社会だけに共通する共同体感覚《コミュニティ・センス》である。共通感覚は時代・社会の相違を超えた共通の信念ではない。

だがもしそうした相違を超えて類似する何かが把握されなければ、ある時代や社会の文化表象は他の社会や時代の人間にとっては理解不可能になる。ヴィーコは一方で、多様な共通感覚とその相違を知りながら、他方で、それでも「互いに相手のことを知らない諸民族すべての間に生まれた一様な観念」（SN 144）があることを主張している。たとえば異教諸国民の共通感覚はその自然法にたいする確実さを増すのに設けられた基準である。国民が違えば自然法も違う。諸国民の自然法は没交渉の人びとが個々別々に生みだしたものだ。しかしそれらは「のちに戦争、講和交渉、同盟、通商などの機会を得て、人類全体に共通のものであることが承認されるにいたった」（SN 146）。といってもそれは戦争や通商などの結果、相互交流や影響関係が生じて文化的に共通の要因を形成したというのではない。没交渉の人びとはそれぞれに共通感覚をそなえている。それらは互いに異なる。異なるものであれ共通感覚を生みだしたという点で類似している。「人類全体に共通のものである」のはこの類似していると推理できる何かだ。このあとの意味での類似性は、「諸国民の共通の自然本性」、「あらゆる諸国民に共通するあるひとつの知性の内なる言語」（SN 161）など脈絡に応じて変わるものの云わんとすることはほぼ同様で、これこそヴィーコが「原理」の名で語ったものにほかならない。

たとえば婚姻という習俗を例にとってみよう。人類史のなかで婚姻をめぐる多様な制度・慣習が形成されてきたことは、人類学の知見を引くまでもない。婚姻にかんする共通した表象や儀式は、部族、民族、地域、時代によって異なり、その違いに応じて婚姻にかんする共通感覚もそれぞれに確立してきた。だが戦争や通商、征服、探検、調査などを通じて、形式・内容に違いはあるものの、婚姻の制度あるいはそれに似た習俗があることを人びとは知る。むろん類似した習俗は婚姻だけにかぎらない。歴史の当事者たちの知見をもとに、歴史の観察者たるヴィーコは、没交渉の諸国民のあいだにも共通に見られるものが、すくなくとも三つあると考えた。婚姻と埋葬と宗教である。共通感覚が時・所に応じて変わるといっても、それはこの三つを共通の原理にして生まれたのである。

ポンパは、地域や時代の違いに応じて異なる共通感覚を「相対的な」共通感覚と呼び、そうした共通感覚の内容の違いを超えて共通する類似の習俗を「絶対的な」共通感覚と呼んでいる。☆28 ある集団、ある時代に共通して見受けられる信念が前者で、どの時代、どの集団にも類似して見いだされる習俗が後者である。前者が特定の国民、特定の時代の人びとに共有される「反省なき判断」であるとすれば、後者は、歴史上のどの社会にとっても必要・有益で、人間の本性として与えられた「普遍的かつ永遠の諸原理」(SN 332)である。共通感覚がヴィーコにおける歴史認識のキー概念になるのは、この両義性をもつからである。だがこの区別で注目してみたいのは、時・所の違いに応じた共通感覚の多様性とそれを超えたその共通性の相違(前者の差異性と後者の同一性の差異)よりも、相対的な共通感覚として内部で共有されることと

☆28 Leon Pompa, *Vico: a study of the "New Science"*, Cambridge, New York: Cambridge University Press, 1990 (1975), p. 34f. ポンパのいう「絶対的な共通感覚」と同じ意味で、ヴィーコが「人類の三つの共通感覚 tre sensi comuni del genere umano」について語った例は、『新しい学・初版』の次の箇所に見受けられる。G. B. Vico, *La Scienza nuova prima*, 1968, p. 10 (§ 10)。

絶対的な共通感覚として互いに類似していることとの相違（前者の共通性と後者の類似性との差異）のほうである。あとの方の差異に注目することが、想像不可能なものを理解するとはいかなることかを探るもっと良い手だてになるからだ。

なるほど絶対的な共通感覚の類似性を強調しすぎるのも禁物だろう。ギアーツが警告したように、いくつかの慣習を「世界の文化の混乱した集積のなかから、いかなる地域的差異にもかかわらず共通なものとして抽出」し、そこから「コンセンスス・ゲンスィウム（全人類の一致）」という考えを取りだすのは、ややもすると後代の人類学ですらおちいった啓蒙主義以来の陥穽に引き込まれかねない。[☆29] ヴィーコがこの種の陥穽からまったく自由だったと言うつもりはないが、ただ『新しい学』での主な論敵が、ほかでもない前期啓蒙で知られるピエール・ベールだったことを思えば、同じく「コンセンスス・ゲンスィウム」の思想だとはいっても、そこにはっきりした相違のあったことは見逃せない。

人類にとって必要なもの有益なものにかんする共通感覚は、ヴィーコによれば人間の不確実な選択意志を「確実なもの」にする。共通感覚は、何よりもまず都市民のすべてや国民のすべてなど共同社会の成員によって共有された感覚であり、選択意志にとっての確実性の基盤である。他方、宗教・婚姻・埋葬は、文明世界のいずれの国民にも存在するものとしてヴィーコ自身が発見した類似の習俗である。なるほど、ヴィーコも指摘していたように、人びとは戦争や通商を介して没交渉だった民族とのあいだに類似した習俗を見いだしたのかもしれない。が、かりにそうだったとしても、三つの習俗を新しい学の原理として規定したのは、あくまでヴィ

☆29 Clifford Geertz, *The Interpretation of Cultures*, New York: Basic Books, Inc., 1973, p. 38.（クリフォード・ギアーツ『文化の解釈学・I』吉田禎吾・柳川啓一・中牧弘允・板橋作美訳、岩波書店、一九八七年、六七頁）

ーコそのひとの発見による。しかもそうした「一様な観念には、あるひとつの共通の真理動機が含まれているにちがいない」とヴィーコは考えた（SN 144）。いわゆる共通感覚が人びとの選択意志にとって確実性の基盤をなしたのに対し、一様な観念は、ヴィーコの新しい学にとって真理の契機になる。前者が歴史の当事者の実践によって共有された確実性の基盤であるならば、後者は歴史の観察者の認識によって類似だと発見された真理の契機である。もちろん前者の確実性がなければ後者の真理は成立しない。しかし後者こそ前者の意識を知識（学）にまで高めるのを可能にするのである。

ところで太古の神話的世界は、もっぱらファンタジア・インゲニウム・メモリアという「知性の第一の作用」によって「生活に必要なものや有益なもののいっさいを発見すること」（SN 699）がおこなわれた。必要性と有益性にかんする共通感覚は、こうした発見がおこなわれるさいの基準ともなれば、新たなその発見によって構築され再構築される基準となるものでもある。ならば神々の姿をとって登場する想像的普遍は、何が必要で何が有益かにかんする共通感覚を詩的記号によって表現したものだとも言えよう。人びとの手で作られた歴史的世界は、こうして同時に太古の人びとの「言語」を通じて表現され記憶される。この記憶として働く「知性の第一の作用」もヴィーコではファンタジア・インゲニウム・メモリアからなる。それは太古の人びとの集団的《コレクティヴ》な記憶である。否、もし記憶というものが記憶されたものを新たな時・所に応じて再生し更新させる試みだとすれば、ヴェリーンが指摘するように、とりわけそれはコレクティヴなファンタジア（想像力）からなるといってもよい。歴史の当事主体による〈作る〉ことと〈知る〉ことは、共通感覚の形成にもとづいて、かれらの意志と意識を確実にするプロセスのうちに現われる。しかしその共通感覚に支えられ、また共通感覚を見いだしもするのは、歴史の当事者たる太古の人びとのコレクティヴなファンタジアである。

ヴィーコの「新しい学」は、言葉と事物の歴史として結晶したコレクティヴなファンタジアの営みと産物を、かれが解釈する試み、とりわけ記憶されたものをいま一度、かれ自身の新たな状況で反復するファンタジアのメタレベルでの試みである。ヴェリーンはこれをリコレクティヴなファンタジアと呼んだ。[☆30] もっともヴィーコが取り上げた異教諸国民には、互いに没交渉でかれ自身にとっても遠く離れた世界に生きた人びとがいる。そうした世界に眼を向けることは、「互いに遠く離れた異なった事物のあいだにそれらを結びつけているなんらかの類似関係を見つけだし、自分の足下にあるものを飛び越えて、遠く隔たった場所から自分の扱っていることがらに適した論拠を探しだしてくる」試み、つまり自らのインゲニウムを作動させる試みにほかならない。とすればヴィーコがかれ特有の語源学的な手法を駆使しつつ、「なんらかの類似関係を見つけ」だす試みは、リコレクティヴなファンタジアをインゲニウムと結びつける知性の営みだといってよい。歴史の当事主体によって創造され記憶された世界を、歴史の観察主体が〈認識〉することは、さまざまな共通感覚から類似性として読み取れる習俗を真理の要因として解釈し、確実な意識を学の真理にとっての文献学的な素材として再構成するプロセスのうちに現われてくる。しかしそうした習俗の類似性を真理の契機として見いだすのは、歴史の解釈者たるヴィーコのリコレクティヴなファンタジアなのである。

☆30 Verene, *op. cit.*, p. 99f. ちなみにトラバントは、ヴェリーンのいう「リコレクティヴなファンタジア」に当たるものを、「ディコンストラクティブなメモリア」だと言っている(Trabant, *op. cit.*, S. 182)。

第三節　家族的類似性とメタ表象能力

1

このようにすでに不在となった他者たちによる記号・シンボルの痕跡から、かれらの想像力のプロセスを新たな状況下で反復し、そこになんらかの類似関係を見いだすファンタジアとインゲニウム、さらにはメモリアの作用（右の例では、コレクティヴなファンタジアにたいするリコレクティヴなファンタジア）を、ここではメタ構想力と呼んでおきたい。他者の構想力に対して自己の記憶や想像、創意を働かせる能力、表象を表象する能力——この意味でメタ次元にある構想力である。そこでは記号の痕跡の解釈にさいして、他者と自己とのコミュニカティヴな関係が成立しているが、他者といってもすでに不在の他者、あるいは不在で未知の（ときに想像不可能な）他者とのコミュニケーションであってコミュニカティヴな関係といっても、眼前に存在している他者との直接の〈語る－聞く〉関係ではなく、言語・記号からなる表現的世界を介した間接の〈書く－読む〉関係である。時空間の共有を前提にした場合の〈語る－聞く〉関係とはおよそ異なり、〈書く－読む〉関係では、書き手と読み手との間で時空間上の乖離が起こる。それもヴィーコが眼を向けた異教世界は、この乖離が大きく開いた状態にある。

ところでここにそうした大きな乖離が存在する場合、歴史を解釈するヴィーコは、習俗の類似性として現われる「一様な観念」の解釈に必要とされる概念を、いったいどこから手に入れてくるのだろうか。手がかりの一つとして考えられるものに、プラトン的な政治哲学がある

(SN 130)。キリスト教信仰と矛盾しないプラトン哲学を志していた彼にしてみればこれはごく自然な選択だったかもしれない。たしかにかれの言う一様な観念に、ネオ・プラトニズム的なイデア概念の色調が残存していたことは否定できない。だがヴィーコにとってキリスト教世界と大きく乖離した歴史的世界を理解するのに、自身が学者として親しんだ概念や理念に依拠するのは、はたして適切な方法的措置だったろうか。これではヴィーコ自身が「学者たちの自惚れ **la boria de' dotti**」(SN 127)の名で批判した流儀をそのまま地でいくことにならなかっただろうか。たとえば古代人は測り知れない知恵を蔵していて、それは自分たち学者が手にしている「深遠な知恵」と同じものだと学者は考えたがる(SN 127, 128)。だが実のところそれは、神話的世界に生きた人びとの「通俗的知恵」を、自身の「深遠な知恵」に合わせて裁断しようとするに等しい。これでは詩的知恵における想像的普遍を、結局、高尚な哲学者たちの悟性的普遍と混同することにもなりかねない。ではヴィーコは一様な観念にかんする自らの立場を明らかにするうえで、この点にどれだけ自覚的だったろうか。おそらくこれにまつわる難点を克服することが、ヴィーコの次のような自己批判に導いたように思う。

『普遍法』の諸巻はヴィーコには気に入らなかった〔ヴィーコは自伝を三人称で書いている――引用者〕。というのも、そこでは、プラトン及びその他の高名な哲学者たちの知性から異教諸国民の創始者たちの愚昧で単純な知性へ下降して行くことを試みたからだ。これはまったく逆の道をとるべきだったのにそうしている。だからまた、かれは若干の点で誤りを犯すことにもなった。『新しい学・初版』では、主題において誤りはなかったとしても、全体の順序についてたしかに誤りがあった。なぜなら観念の原理を言語の原理から切り離して論じたからである。この両原理は本来、相互に不可分の関係にある。[☆31]

哲学者たちの知識から異教諸国民たちの知恵に下降するのではなく、これと逆の道をたどること、つまり太古の人びとの通俗的知恵から習俗の類似性の根拠を引きだしてくること――ヴィーコはここに自己批判を介した方法論的な転回が必要だったことをかなり率直に認めている。しかもその転回は「言語の原理」と「観念の原理」の論じ方の変更を伴った転回である。[☆32]トラバントは、ヴィーコがこの自己批判を通じて記号のシニフィアンとシニフィエの分かちがたい結びつきに気づき、（確実な）認識の可能性の条件にたいするヴィーコの問題設定が「超越論的記号論」の形式を取ることになったと解釈している。[☆33]超越論的だったかどうかは別にして、この転回のもつ意味は小さくない。たとえばヴィーコが「この政治的世界はたしかに人間たちによってつくられたものであるから、その諸原理はわたしたち人間の知性自体の諸様態のなかに求めることができ、また求められるべきものだ」（SN 331）と語ったさいの「知性の諸様態」も、後代の哲学者たちの深遠な知恵ではなく、まずは太古の異教世界における通俗的知恵に探るべきものだったことになろう。「知性の様態 modificatione della mente」という概念は、もともとマルブランシュの定義から借りてきたものだが、マルブランシュにおける「知性の様態」とは、「純粋知覚」から区別された「感性的知覚」を言い換えたものである。[☆34]言語と観念

☆31 ***Autobiografia*, p. 87.** 福鎌訳一六三頁／西本訳一三四頁。
☆32 この点の詳細な研究としてはとくに次の第二章、三章を参照。上村忠男『バロック人ヴィーコ』みすず書房、一九九八年。
☆33 **Trabant, *op. cit.*, S. 37.**
☆34 上村、前掲書、一五一頁。

の原理が本性上相互に結びついているのならば、言語と分かちがたく結びついた観念も、まずは感性的知覚のシンボル的表現となって現われる。ここでヴィーコは、文献学と哲学とのこれまでにない綜合を試みるなかで、当のマルブランシュがその流れに棹さすキリスト教的プラトニズムを反転させたことになる。[☆35]共通の諸原理を探るうえでの手がかりとなるのは、「今日の学者たち」の「悟性によって推理される抽象的な形而上学」ではなく、「最初の人間たち」の「感覚にもとづき形象によって表現された形而上学」でなければならない。ヴィーコのこの「通俗的形而上学」は、ある意味で若きニーチェの「芸術家形而上学」よりもはるか以前に「プラトン主義の転倒」を実地に試みた一つだったと言えるかもしれない。

だがもしこうした方法論的な転回が遂行されたとすれば、習俗の類似性と意味を探るうえで、ヴィーコはある困難に逢着したはずである。習俗の類似性や「一様な観念」を探るには、「哲学者の知性」ではなく異教諸国民たちの「単純な知性」が作りだしたもの、つまりヴィーコが神話的世界に見いだした想像的普遍が鍵となる役割を果たさなければなるまい。異教諸国民たちの神話的世界は、具体的な名をもった神々、国民ごと地域ごとに異質な文化からなる社会である。前章でも触れたように想像的普遍は、普遍の名がついたからといって、この意味での固有名の具体性を超えることはない。したがってそこからなんらかの共通の観念を手にいれようとするなら、多数の神話群から多種多様な想像的普遍を収集し、それを手がかりにしたなんらかの帰納的一般化によるほか、それを手にすることはできないだろう。だがかりに帰納的な推論によるとしても、[☆36]太古の神話的世界が時代的に隔たった時点にある以上、それは「遠く

☆35 この解釈については、上村、同書に負っている。
☆36 *De antiquissima*, S. 136/137. 訳一三〇頁。

隔たった場所から自分の扱っていることがらに適した論拠」を探しだすという作業がともなう（ちなみにヴィーコのいう「論拠 argomento」とは、三段論法で大前提と小前提に同じく一つずつ使われて結論への推論に導く中名辞のことをいう）[☆37]。つまりそれは飛躍をともなったトピカ的な推論である。「一様な観念」や習俗の類似性は、この〈飛躍〉を内包した一般化から得られる。では飛躍を内に含んだ類似性は、ヴィーコの場合どのようにして成り立つのだろうか。

2

アッティラ・ファイは、科学哲学の観点からみて、「メタバーシス」こそヴィーコが従っていた学問的方法の主な特徴だと言っている[☆38]。アリストテレスによれば、メタバーシスとは、推論のプロセスにおいて、問題とされていることがらをそれが属していない他の類に移行させることを言う。たとえば色という同じ類のなかで黒い色が白い色に変わったということも、形という同じ類で丸い形が四角い形に転じたということも、論理的に可能な推論である。だが黒が四角に、丸い形が白になったなどと言えば、論理的に誤った推論になる。つまり論理的に正しい移行は色という同じ類、形という同じ類のなかで生じる。アリストテレスは、論証や推論を進めるプロセスで、ある学問領域から他の領域に飛躍する大方の例は、不正なメタバーシスだと考えた。アリストテレスとてもある種のメタバーシスを許容してはいたものの、論理的なメタバーシスが認められる条件を吟味するところまではいっていない。ファイは、『新しい学』に

☆37 G. B. Vico, *Risposte* 1711, in: *De aniquissima*, S. 250/251.

☆38 Attila Fáj, Vico as Philosopher of Metabasis, in: Giorgio Tagliacozzo and Donald Phillip Verene (eds.), *Giambattista Vico's Science of Humanity*, Baltimore and London: The John Hopkins University Press, 1976, p. 87.

見られるヴィーコの思考法や推論の手法には、アリストテレスの演繹論理から見れば不正としか言いようのないこの種のメタバーシスが、随所に顔を出すと言う。

『新しい学』を手にした読者なら、ヴィーコが自ら発見したと称する原理を立証しようとして、独特の語源学的考察や歴史解釈を披露するおびただしい例に遭遇するだろう。今日からみればその恣意性が陽を見るより明らかなものも少なくない。ファイがメタバーシスと解するものも、多くこのなかに含まれる。ただし論理学の伝統では誤った推論とされてきたメタバーシスも、扱い方さえ心得ていれば十分に創造的な面を具えており、ヴィーコにはそうした優れた面も読み取れる。ファイが注目するのはこの面である。

ファイ自身があげているヴィーコ的なメタバーシスの例を一つだけ引いておこう。[☆39]ヴィーコの見解にほぼ合致する内容で、「人間の自然本性 human nature」を中名辞にもつ三段論法の例をあげてみる。たとえば同じく「人間の自然本性」といっても、道徳的な成熟段階にある「文明化された人間」と半野獣状態にある「道徳的抑制のない人間」とでは、その意味にかなり違いがある。前者なら「自然法はその人間の自然本性に合致する」が、後者なら「その人間の自然本性はどのような種類の法とも対立する」といえるほど、その開きは大きい。ところでいまこの違いをしばらく措くことにして、むしろ両者に「人間の自然本性」という言葉が共通していることに着目しながら演繹的推論の形式でこの二つの命題を結びつけ、前者を大前提、後者を小前提と見立てて組み合わせれば、次のような結論が導き出せる。

☆39 Fáj, ibid., p. 91.

自然法は人間の自然本性に合致する（大前提）。
人間の自然本性はあらゆる種類の法と対立する（小前提）。
自然法はあらゆる種類の法と対立する人間の自然本性と一致する（結論）。

この結論は言うまでもなくパラドクスである。パラドクスが生じたのは、大前提と小前提の双方に中名辞として同じように一度だけ顔を出す「人間の自然本性」に、意味上の飛躍、つまりメタバーシス（「文明化された」人間の自然本性から「道徳的抑制のない」人間の自然本性への移行）が起こったためである。だがいまこの意味上の飛躍を認めながら、しかも正しい推論となるように各命題を修正・限定してみよう。

『新しい学』のヴィーコは、時代の違いに応じて人間の自然本性が異なり（SN 916-918）、その自然本性の違いに平行して、自然法にも相違が生まれることを語っている（SN 922-924）。いまかりに「自然法は人間の自然本性に合致する」という大前提をヴィーコの考えに合わせて認めるなら、これは厳密には「各時代の自然法は各時代の人間の自然本性に合致する」ことを意味する。ヴィーコの場合、神々の時代・英雄の時代・人間の時代の三つから成るから、たとえば人間の時代の自然法は文明化された人間の自然本性に一致する（大前提）。これが真ならば、神々の時代や英雄の時代の人間の自然本性は、文明化された時代のあらゆる種類の法と対立する（小前提）。したがって神々と英雄の時代の自然法は、文明化されたあらゆる法と対立する人間の自然本性に合致する（結論）。ファイは、ヴィーコの推論に一見して見うけられるパラドクスの謎をほぼこのように解いてみせる。ファイのこの例はすくなくともかれがヴィーコに典型的なものと考えたメタバーシス的な帰納的推論ではなく、形式としては一種の演繹的推論にすぎない。が、当面のコンテクストにかぎれば話はこれで足りる。なぜならここで注目したいのは、メタバーシスの舞台となる概念が「人間の自然本性」という中名辞で、この中名辞の特性が話の主眼に置かれるからである。

「人間の自然本性」などといえば一般に人間の不変の本質のようなものを考える。だがヴィーコにとって「事物の自然本性 natura di cose とは、それらの事物が一定の時に一定の様式で生じるということにほかならない」(SN 147)。したがってその特質も「事物が生じるさいの様態または様式から生みだされてくる」(SN 148)。ヴィーコは「人間の自然本性」を一貫して生成と変化の相で捉えていた。じつはこれは「人間の自然本性」にかぎらない。共通の原理や類似の習俗の名で語った概念についても、その「事象の自然本性」が問題になるかぎり、かれは意味の変化や多様性を主題にするかたちで議論を進める。これは『新しい学』や『形而上学書』でのヴィーコが、かれ一流の語源学(つまり「言葉の歴史」)を方法的に駆使していることとも無関係ではない。ある言葉の語源を探るなかで、その言葉が語る事象の由来(つまり「事物の歴史」)を訪ねる手法は、その言葉自身が現に意味しているものとは違った意味に転じた痕跡をたどる試みでもある。相対的な意味での共通感覚との関連では「一様な原理」が時代的・地域的に多様な共通感覚を含んでいたのに対し、ここでは「人間の自然本性」が時代的に変化する複数の様態を包含している。哲学者たちの知性的普遍から下降するのではなく、逆に異教世界の創始者たちによる想像的普遍を出発点にして、そこから哲学的反省に上りつめるのは、こうした意味の多数性と変化において「一様な原理」や「人間の自然本性」を解釈することでもある。

ところで中名辞として用いられた「人間の自然本性」は、時代的・地理的に隔たった人間同士に見いだされる類似性である。この類似性として発見される「人間の自然本性」は、メタバーシスのせいで大きくかけ離れた二つの意味を含んでいて、一義的な共通の特徴で定義することは不可能に近いかもしれない。「人間の自然本性」が時代ごと地域ごとに異なった性質をもつもので、歴史が今後も人間の手で新たに作り変えられていくとすれば、まったく別の意味の自然本性が芽生える可能性すら考えられる。メタバーシス的な推論におけるこの中名辞は、異なった「人間の自然本性」の間でいくぶんは重なりあう性質を見いだすことができたとしても、「人間の自然本性」という集合の全要素に共有された一義的な属性など一つとしてないかもしれない。

3

「人間の自然本性」概念のこの特質の意義を考えるには、ヴィーコのコンテクストから多少離れた考察が要る。たとえばロドニー・ニーダムがウィトゲンシュタインの見解から得た多配合的 polythetic 分類（とりわけ単配合的 monothetic 分類《クラス》とは区別されたそれ）の考え方を引いて、この意味を探ってみるのも無駄ではない。集合の伝統的な定義では、「ある集合の全要素はすくなくとも一つの特徴を共有し」、この一義的な共通の特徴によって各要素がその集合に属するとされている。[☆40] このような分類の仕方をニーダムは単配合的分類と呼んだ。だが社会的事実には、一つの集合の全構成要素に共通の一義的な特性をもたず、むしろ家族的類似性によってしか分類できない場合がある。ここでは、ある事象がある集合に分類されるには、なんらかの特徴によるものの、そのどの特徴も分類に必要な絶対条件ではない。ただそれ相応の数の諸特徴にその事象が適合すれば分類には十分とみなされる。[☆41] これが多配合的分類である。「人間の自然本性」にかぎらず「一様な原理」といった概念も多配合的分類に属すると見た方がよい。つまりこれら概念の普遍性は、種別的特徴 specific features にもとづいて一義的に共通する点にあるのではなく、個別的特徴 characteristic features にもとづいて家族的に類似する点にある。多様な現象をなんらかのカテゴリーに分類する場合、その現象が比較的よく知られた対象で種別的特徴で共通の一義的な属性を容易に探ることができるなら、さして問題はない。しかしこれまで遭遇したことのない未知の現象には、往々にして分類や定義に苦しむ対象がある。理解困難な対象はしばしばこうした対象に数えられる。遠く隔たったものの間に明確な共通点を見いだすことが困難な場合、曖昧な類似点によって当の事象を識別するほかない。個別的特徴の重合によって家族的類似性を造形する必要がでてくるのは、この時である。

　こうした類似性の認識に努めるのは、いうまでもなく歴史を解釈する立場にある者である。もっともヴィーコは、戦争や通商、探検などを通じて、互いに類似の習俗が存在するのを人びとが経験する事実に触れていた。内容がいかに異なろうと宗教・婚姻・埋葬といった制度をも

☆40 Rodney Needham, *Circumstantial Deliveries*, Berkeley, Los Angels, London: University of California Press, 1981, pp. 2-3. たとえば、ある集合に分類されるかどうかを決めるさいに、a、b、c、d、e、f、gという七つの特徴のうち、a、bという二つの特徴をかならず有する要素をその集合に属する基準にすれば、これは単配合的分類である。これに対し、七つの特徴のうち、どれでもよいがたとえばすくなくとも三つの特徴をもつ要素をその集合に属するものとすれば、これは多配合的分類である。後者の場合その集合に属する要素は、前者のようにaという共通の特徴（種別的特徴）をもたず、たとえばa、b、cという個別的特徴からなる要素とe、f、gという個別的特徴からなる要素とが、共通する特徴をもたないにもかかわらず、同じ集

つ点で類似することに、歴史の当事者たち自身が気づくとき、その当事者の視点からみた歴史の記録は習俗の家族的類似性を発見する手がかりになるだろう。観察者の視点から歴史を解釈する者は、そうした当事者たちが創造した事象とかれらが記録した言語に関わるとき、同時にかれは、当事者たちが不完全ながら知ることとなった家族的類似性にも関わる。とすれば歴史の解釈者は、歴史の当事者が発見した類似性を手がかりにしながら、それとは別次元の類似性を発見する。スペルベルが人類学者の専門用語についておこなった区別を援用すれば、歴史の当事者たちが発見する類似性は、「同一の用語によって記述された事象の間の類似性」である。これに対し歴史の解釈者が発見することになる類似性は、その「用語が指示する事象の間の類似性ではなく、それらの用語によって解釈されるあらゆる観念の間にある意味上の類似性」である。スペルベルは前者を「記述的類似性 descriptive resemblance」、後者を「解釈的類似性 interpretive resemblance」と名づけている。[☆42] もっとも観察者は、たんに当事者の記述的類似性を手がかりにして、解釈的類似性に洗練させれば話は終わるわけではない。ヴィーコの脈絡にいま少し戻った地点で考察を深めてみるならば、スペルベルのこの区別には、もっと別の意味を見いだすことができる。

　解釈的類似性における解釈とは、スペルベルによれば「内容の類似性によって表象を表象することである」[☆43]。かれはこの表象の表象を別の脈絡で「メタ表象 Metarepresentation」[☆44]と呼んでいる。これは、さきにわたしがメタ構想力と呼んだものの主要な一角を占める能力である。スペルベルはこのメタ表象能力に二つの機能を認めている。

合に属することがある。この場合、たとえばc、d、eという個別的特徴からなる要素が類似性を見いだす媒辞の役割を果たす。

☆41　スペルベル『表象は感染する』菅野盾樹訳、新曜社、二〇〇一（原書一九九六）年、三〇頁。

☆42　スペルベル、同書、三一頁。

☆43　スペルベル、同書、六〇頁。

☆44　スペルベル、同書、二一〇―二一二頁、二四七―二五四頁。

一つは、メタ表象能力が「何かを疑ったり積極的に信じない態度がとれる」[☆45]のを可能にすることである。そうした懐疑や不信の態度は、「ある表象を、ありそうもないことや偽として表象する」能力（つまりこの意味での表象を表象する能力）を必要としている。ある表象を表象するメタ表象能力は、ここではある表象を「偽なるもの」として表象する。つまり表象の表象は、その内部に「〜として構造」を内蔵させている。ただしこの「〜として」の表象は、「ありそうもないことや偽として」だけ表象するわけではない。ある表象を真か偽か、正か不正かなどとして表象するのが、メタ表象能力のここでの性能に属している。これはちょうどヴィーコが発見術にたいする判断術、トピカにたいするクリティカとして定式化したものに対応した機能である。

解釈的類似性が記述的類似性と関係する場合も、一部で判断術の機能が働くだろう。歴史の当事者たちが発見し記述した「事物の間の類似性」は、歴史の解釈者にとって「観念の間……の類似性」と照らし合わせながら、その真偽が問われねばならない。習俗の類似性の起源にかんするコンテクストでヴィーコは、とりわけ「国民たちの自惚れ **la boria delle nazioni**」から発する自民族中心史観に警戒していた。自国の歴史はどの民族・国民よりも古く創世の昔にまで遡ってその記憶を保存し、他の諸国に類似した習俗は、すべて歴史上もっとも旧い自国に由来するものだと自負する民族の自惚れである（SN 127）。「学者たちの自惚れ」が、解釈的類似性の次元において、根源的で恒常的な観念を領有していると慢心する解釈者の傲慢の現われだとすれば、「国民たちの自惚れ」は、記述的類似性の次元において、始原的で遍在的な歴史の記

☆45　スペルベル、同書、一二〇頁。

憶を保存していると誇示する当事者の独善の現われである（SN 53）。戦争や講和交渉、同盟、通商、征服、探検、調査などの機会をつうじて没交渉だった民族・国民間の交流がおこなわれ、互いに類似した習俗や観念があることに気がつく。しかし戦争、征服、探検の機会は、権力と暴力によって他を支配する好機でもある。記述的類似性には、そうした暴力や支配の痕跡が見え隠れしないともかぎらない。記述的類似性が「国民たちの自惚れ」に侵されていないかどうかが、その真偽を判断する基準をなしていたとすれば、それは記述的類似性のテクストにそうした痕跡が読み取れるかどうかにかかっているということでもある。

もちろんヴィーコが異教諸国民の世界とヘブライ人の聖史とを峻別し（SN 13, 54）、「真理であるわれわれのキリスト教と虚偽である他の国民の他の宗教」（SN 1110）とを対置して、摂理の名で後者に特権的な地位を与えたことは、いまとなれば「国民たちの自惚れ」に対する批判がヴィーコには徹底できていなかったとの嫌疑を免れないだろう。かれもまたサイードの言う「世俗的批評」を徹底できずに「宗教的批評」[☆46]に逃げ込んだ――こう非難する向きがあるかもしれない。しかしサイードも指摘したように、異端審問の恐怖にさらされながらキリスト教信仰を告白するほかなかった時代にあって「ヴィーコは、神が……高らかに賛美されるべきことを十分に理解していた」[☆47]と取るのが穏当なところだろう。

ところで解釈的類似性を可能にするメタ表象能力は、クリティカの次元だけに尽きるわけではない。スペルベルがもう一つの性能としてあげるのは「完全には理解していない情報……を、処理できる」ようにする機能である。これまでの脈絡で言えば、類似性にもとづいて理解

☆46 Edward W. Said, *The World, the Text and the Critic*, Cambridge, Massachusetts: Harvard University Press, 1983, pp. 1-30, 290-294.
☆47 Said, *ibid*., p. 291.

いる点である。

困難なものを理解する働きが、メタ表象能力のこの性能と関連している。ただしここで注目しておきたいのは、メタ表象能力には、理解されていない情報について完全な理解へ到達するだけではなく、むしろ「完全な理解へ到達するためにステップを途中に設ける」[☆48]機能が備わっている点である。

わたしたちが未知の理解できない表象や観念に出会ったとき、それらをなんとか理解しようとして別の表象や観念と関連づけたり、類比させたりする。その結果、何かがわかったとしても、その理解は中途半端で生半可、十全な理解とはとうてい言いがたい場合もある。だがそれでも「これは〜のようなものだ」といった比喩にもとづく理解も、理解の一つであることに変わりはない。そしてそこには幾分かでも真らしきものが含まれているはずだ。

しかし類似性にもとづいて「〜のようなもの」とみなすことは、じつは部分的に理解不可能なものを理解不可能なまま、いわば未決定のままに保持することである。記録によって記憶されたものを、解釈によって記憶する試み（つまり記憶の記憶）は、この場合、記憶されるものについて不決断と未決定の状態を保持することにもなる。解釈することは解釈できないものを経験することである。もちろんこの曖昧な未決定状態は、何かを未だ発見されていない状態におくこと、言いかえれば新たな発見の機縁を待つことでもある。

時代的・地理的に遠く隔たった社会や文化における習俗の類似性を発見することは、しばしば類似の習俗について、婚姻と婚姻ではないもの、宗教と宗教ではないもの、埋葬と埋葬ではないもの、これら習俗の境界線で思索することでもある。たとえば「その人間関係はその社会

☆48　スペルベル、前掲書、一二二頁。

の婚姻の形態だ」という発見は、発見者にとって正しくは「婚姻の一つである」のではなく「婚姻のようなものである」にすぎないかもしれない。つまりまったく未知の出来事について何ごとかを知ろうとする局面では、それが一定の厳密な概念によって同定できることなのか、何かの比喩によって類比できるだけなのか、どちらとも言いにくいケースがある。これは一種の未決定状態である。類比による認識は、比喩的類比のあいまいさゆえに、厳密な概念的同定と峻別されることもあれば、それと気づかれぬままに概念的同定に代わってある認識の機能を果たすこともあるのだ。

しかしこのような場合、「婚姻」という社会的現象のいずれもが具えているとみなされてきた一義的な共通性が揺らぎ、婚姻の一義的な定義とされたものの第一次性そのものが疑義の対象とされる可能性も起こりうる。つまりわたしたちがこれまで婚姻として通例だと思っていたものの自明性が疑われる。婚姻のようなものの方が、婚姻という習俗の真理を告げているかもしれない。初めて見知った人間関係について「それはその社会の婚姻の形態だ」と推理するのは、たんに概念的同定でも比喩的類比でもなく、隠喩的同定――いやむしろ婚姻にかんする新たな隠喩的発見となるかもしれない。神的真理ならいざ知らず、人間的真理には、真らしきもの、真理のようなものという類似性の魔圏がその周囲を淡くくま取っているのである。

第二部　マルクスと労働の由来

第四章　労働・意図・記号

第一節　ヴィーコとマルクス

1

トピカによる知の発見は、本書冒頭のマルクスの言葉を借りれば「社会的な生活状況」に根ざした「精神的諸表象」の生産過程に含まれる。トピカは新たな知の創造にかかわるかぎり、自然界・人間界のいずれでも働く。デカルト的な「クリティカ」は、政治的世界や実践知の独自の価値を見失うだけではない。そもそも知というものが発見される独自の相を忘却するところにこそ難がある。おのが分限を超えたときに見せる「抽象的でイデオロギー的な観念」は、「新しいクリティカ」の欠陥を証しているのである。

ところでヴィーコのこのトピカにたいする評価と「新しいクリティカ」にたいする批判とは、マルクスがテクノロジーにこめた積極的意味と「抽象的な自然科学的唯物論」にむけた否定的評価に平行しているのがわかる。「自然に対する人間の能動的な態度」を示すテクノロジーは、マルクスにとって、社会的な生活から生まれる「精神的表象」の造形をともなう。テクノロジーは、何よりも「現実の生活状況」の脈絡、いいかえれば生活世界の歴史的関係に根ざしている。テクノロジーの歴史は、この「現実の生活状況」にもとづいた「人類史」の一部である。唯物論を装った自然科学は、この歴史的基盤を忘却する。マルクスの眼で見れば、その「欠陥は、その提唱者たちが一歩自分の専門外に出たときに示す抽象的でイデオロギー的な諸観念からも見て取れる」[☆1]。

　もちろん一見して平行関係にある両者にも中身には明らかなズレがある。ヴィーコにおいて作ることは発見の営みとしてあくまで知性の作用に加えられる。マルクスにとってそれは生産の過程としてもっぱら労働の機能に数えられる。作るとは、前者においてはシンボルの造形、後者においてはモノの生産である。作ることに関わりながら、前者では詩的知恵の発見の文脈が、後者では技術的知識の適用の脈絡が現われる。ヴィーコにとって作られるものが神という仮構の記号的表象であるとすれば、マルクスにおいてそれは財という現実の労働生産物である。前者にとってその詩的創作の働きは人間性の創設による歴史の始まりを告げ、後者において物質的生産の過程は人間の支配による歴史の始まりを知らせる。未開世界の認識の情熱が創造の必要に迫られていたことを、さながら系譜学的に遡及するのがヴィーコなら[☆2]、近代社会の知への意志が支配の構造に根ざしていることを、いわば解剖学的に露呈させるのがマルクスである。

　だが視点を変えれば、こうしたヴィーコとマルクスの相違も、同じ地平における位相の違いにすぎないことがわかる。両者はいずれもなんらかのかたちで〈作ること〉のあり方にかかわりながら、表象としての知を生活世界の地平との結びつきで見ていた。そのさい、ヴィーコが

☆1　*Das Kapital*, Bd. 1, S. 392. 訳七頁。

☆2　Robert C. Miner, *Vico, Genealogist of Modernity*, Notre Dame, Ind.: Univerity of Notre Dame, 2002, pp. 73, 115.

それをシンボルの産出の位相において知の発見の脈絡に置くのに対し、マルクスはそれを物質的生産の位相に即して知の適用の脈絡から見る。知が根づく地盤となる同じ生活世界の地平にいながら、それぞれ知の異なった位相に着目している。その相違が〈作ること〉の内実の違い、ヴィーコの詩的創作とマルクスの物質的労働として現われていたわけである。しかしもし両者の差異がこうしたかたちの位相差ならば、両者の視点は相互に対立するというより相互に補完する関係にあると見たほうがよい。むろん補完の関係といっても、二つの位相を前後する別の段階と見るのか、同じプロセスの二側面と解するのかで、その意味も捉え方も異なる。マルクスの労働概念を、ヴィーコの詩的創作に秘められた発想から再構成してみることで、この補完関係にいずれかの実質を与えてみること――ここでの課題はこれにある。

なるほど、マルクスの労働といい、ヴィーコの詩的創作といい、含むところはいずれ劣らず多義的である。マルクスの労働概念は、脈絡に応じてしばしば人間の活動一般にまで広がる。ヴィーコの詩的創作（ポエージア）は、「制作（ポイエーシス）」というギリシア語の原義に沿って、かならずしも詩の創作に限らない。両者の思想上の難点は時としてこの言葉の曖昧さに由来している。といってもここにはたんに理論的な欠陥だけがあるわけではない。労働と詩的創作は、マルクスとヴィーコがそれぞれの視座から望見した「表現的世界」とでもいうべきものの錯綜した構成を予告しているからである。いってみれば両者は「表現的世界」という磁場の両極にほかならない。西田学派で流布した「表現的世界」の概念は、なるほどハイデガーが近代的世界像にみた〈表象しつつ－生産する人間〉の像を脱しえてはいない。もともと近代批判の意図を含ませていたこの言葉が、「近代の超克」においてかならずしも成功を見なかったのも、これと無縁ではあるまい。マルクスとヴィーコにおける〈知ること‐作ること〉の論理を、安易に表現的世界の枠組みで描こうとするならば、〈表象しつつ‐生産する〉人間像をおのずと忍び込ませることにもなりかねないだろう。労働の概念はこのような意味での「生産ないし制作 Herstellen」の枠に還元することはできない[☆3]。〈表現〉という概念にしても、ここで指針となるのは、どちらかと言えば次のようなプラグマティズムのそれに近い。

> ヘルダーが始めた類の表現主義は、その当初の出発点を、感情が身振りによって表現される時に内的なものが外的なものになるプロセスにあると理解している。……われわれは表現のプロセスというものを、もっと複雑で興味深いケースにそくして、内的なものを外的なものに転換することとして考えるのではなく、インプリシットなものをイクスプリシットなものにすることと考えてよいだろう。これは、われわれが当初はなすこと do しかできなかった何かを、言うこと say ができる何かに変えるというプラグマティズムの意味で理解することができる。つまりそれは、ある事柄をいかに遂行するかを知っていること（方法を知ること）を、その事を知っていること（内容を知ること）の形式で、コード化することである[☆4]。

たしかにマルクスとヴィーコの〈知ること‐作ること〉の論理を捉えようとしたとき、両者

☆3　今村仁司『労働のオントロギー』勁草書房、一九八一年、一九四―二六九頁。

☆4　Robert B. Broandom, *Articulating Reasons, an introduction to inferentialism*, Cambridge (Mass.), London: Havard University Press, 2000, p. 8.

はいずれも近代特有の経験を見据えていた点で共通していた。うわべの言辞をあげつらうなら、両者がこの経験にたいする考察を十分に深めていたといえるかどうか本当は定かではない。にもかかわらず両者ともそれぞれ独自の立場から近代にたいする批判的視点を貫いていたことはたしかだ。たとえば後期のマルクスは、〈内的なものの外的なものへの転換〉、〈自己の外に奪われたものの自己の内への回復〉という対象化と疎外の論理で労働を捉えていた発想から脱していた。ここでの試みは、〈表象しつつ－生産する〉過程を、むしろヴィーコに（そして可能性としてはマルクスに）現われた〈知ること－作ること〉の論理から捉えかえすことで、「表現的世界」の概念を刷新する端緒を探ってみること、表象主義 representatism とは区別されたブランダムの表現主義 expressionism の道を模索することにある。

といってもこれは「表象」という概念をどれもことごとく棄却し、代わりを「表現」の概念ですますそうというものではない。ブランダムのいう表現主義がとりわけ格別の意義を置くのは、インプリシットな知（方法の知 knowing how）をイクスプリシットな形（内容の知 knowing that）に転じる公的な場面である。「なすことしかできなかった何かを、言うことができる何かに変え」てコード化することに力点が置かれるのも、このためだ。しかし他方、公的表現とは区別される心的表象が存在するのも、とりわけ最近の認知科学が明らかにしてきた事実である。たとえばダン・スペルベルは信念・意図・選好を心的表象、信号・発言・テクスト・絵を公的表象として二種の表象を区別しながら、ある個人の心的表象が伝達者によって公的表象に変換され、さらに受け手によって心的表象に変換される表象の疫学的プロセスについて論じている。[☆5] わたしたちはスペルベルのいう「公的表象」がむしろ「公的表現」の形式をとることに力点を移すことで、ブランダムのプラグマティズム的な表現主義の契機をそこに導入したい。

なるほどブランダムのように「表象」か「表現」か、「心」か「言語」かの二者択一を迫ると、表象や心の概念を放棄することで、産湯と一緒に赤子を流すはめになる。他方、スペルベルのように「表象の疫学」だけで事を処理しようとすると、今度は「表現」の固有の意義（ノウイングザットとしてのコード化の意義）を十分に捉えきれなくなる。心的表象と公的表現という対の概念で狙いたいのは、こうした両者の欠点を克服する道でもある。

2

このような視角からまず眼にとまるのは、マルクスが労働の人間的な特性を次のようにその成果の表象の先取りに見ていたことだ。

たしかにクモも織匠と似た作業をこなし、ミツバチは大工の棟梁顔負けの巣を建設する。しかしどんなに下手な大工といえども、どんなに上手なミツバチよりはじめから優れている点がある。それは大工がロウで巣を作る場合には、それに先だって頭のなかでそれを作り上げているということである。労働過程の終わりに出現するのは、その開始時点にすでに労働者の表象のなかに、つまり観念として存在していたものにほかならない。労働者は

☆5 ダン・スペルベル『表象は感染する』菅野盾樹訳、新曜社、二〇〇一年、四三―四五頁。

自然に存在する物の形態を変化させるだけではない。かれは自然に存在する物のなかに自分の目的を実現する。☆6

マルクスがここで念頭に置いている労働は、あきらかにモノを制作する営みである。だがサービス労働一つでも思い浮かべればすぐわかるように、労働は物の制作 Herstellen にかぎらない。マルクスは他の動物との違いを浮き彫りにしようとするあまり、モノの制作を労働の範とみる羽目に陥っている。——ともあれ、マルクスが右の一節で、人間の労働の独自性を語るさいに、事実上、次の三点を認めていたことは指摘しておいてよい。第一に、労働の担い手はその成果を心的表象のかたちで観念的に先取りすること、第二に、頭のなかにこの心的表象を描く行為は、労働が他の動物の適応行動とは異なった人間独自の営為であること、第三に、労働は自然的なものにある変化をもたらすこと、この三つがそれである。この三つには、それぞれ精神的な表象と身体的な活動、人間と動物、自然的なものと人為的なものという二項対立の構図が自明のごとく置かれているとも読めよう。しかしながら労働概念を今日実りあるかたちで再構成するには、この自明性を懐疑し克服する地点で、その再考に取りかかることである。第二と第三については、五章と六章にゆずることにして、ここでは第一の論点にそくして、その練り直しに取り組んでみよう。

労働の成果が観念的な存在のうちに先取りされると、手元に控えた自然の環境と条件のある部分は、目標の達成に必要な対象として解釈される。眼前にない成果の観念的表象を〈作るこ

☆6 *Das Kapital*, Bd. 1, S. 193. 訳二六二頁。

と〉は、手元にある自然の事象を労働の対象として〈知ること〉ことと結びついて現われる。現在の知覚は不在の表象と不可分である。ところでもしマルクスが、労働の成果の表象にこのような意味を与えていたとすれば、かれはとりあえず、理念としての表象の自立性をそれなりに認めていたことになる。たしかにマルクスは、ここで表象を労働の現実のプロセスとの関連でみていた。表象は行為の実在的な脈絡にいわば「還元」される。不在の表象であれ現前の知覚であれ、〈知ること〉は〈なすこと〉と不可分である。エンゲルスにとってと同様、マルクスにとっても、知覚・表象・意識は、その原初には「人々の物質的な活動や物質的な交通、現実的生活の言語の中に編み込まれたものとして」☆7のみ真に現実的である。このことは精神労働と肉体労働との高度な分業が発達したあとでも、その基層において変わりない。といってもこれは、観念的な諸形象をなべて実在的なものに解消することを言いたいのではない。表象の作用は労働という行為の脈絡のうちにありながらなお相対的に自立した契機である。

一方、実在という契機も、理念的な表象と分離してそれ自体として存在するものでもなければ、単なる感覚的所与とみなされるべきものでもない。マルクスが実在的なものとしてまず念頭におくのは、われわれの行為のプロセスに内在する実在的関係であり、特定の活動に有意義な事物や素材との実際の関係である。実在的な諸事象の結びつきは、それ自身、諸個人の身体を介した活動の産物にほかならない。そしてこの活動は目の前にある対象の知覚と不在の完成物の表象をともなう。つまり知覚と表象による実在の意味的「構成」をつねにともなう。理念的なものを完全に独立した存在とみることが錯誤ならば、同じように、実在的なものを物自体

☆7　カール・マルクス／フリードリッヒ・エンゲルス『ドイツ・イデオロギー』廣松渉編訳、河出書房新社、一九七四年、二九頁。

のごとくみるのももう一つの錯誤である。

理念の契機を抜きとって実在的なものを感覚的所与として観察することも、理念を独立した真の実在として観照することもともに峻拒したところに、実在的なものと観念的なものとの関係が――そしてまた知覚と表象をともなった労働の概念が成り立っている。眼前にない成果の像を〈作ること〉で手元にある対象を感覚的に〈知り〉、識別された事物の連関を手元に引き寄せつつあらたなモノとモノ同士の結びつきを〈作りだす〉――労働はおよそこのようなプロセスからなる。ヴィーコにおける事象と観念の関係に似て、現実に対する知覚はつねに具体的なイメージをともなった表象によって刻まれ、さらにそうした表象の形成は、労働という身体的な活動のプロセスに枠づけられる。この意味でテクノロジーとは、「精神的表象」の造形によって生活に関わる物事のあり方を〈知ること〉と「自然にたいする能動的態度」によって生産物を〈作ること〉を統合させる知の複合体である。

もっとも理念と実在の単純な二分法を積極的に克服しようと望むなら、表象・観念・理念といったカテゴリーの枠内にいつまでもとどまるわけにはいかない。この種の用語法にこだわるかぎり、心的表象と身体的動作の心・身二元論にみる難点を巧く超えることはできない。労働における心的表象と身体的活動との関係を、従来の心・身二元論に還元しないかたちで考察するのはいかにして可能か――ここで探りたいのは、この考察のための道である。

第二節　心的表象と意図の概念

1

さてところで、先に引いたマルクスの一節は、労働のある特定部分、すなわちモノの制作を範にして労働を描いていた。これはハンナ・アーレントがあえて「労働《レイバー》」と区別して「制作《ワーク》」と呼んだものである。

制作の実際の仕事は、対象を作り上げる際に従うべきモデルに導かれて行われる。このモデルは、場合によっては、精神の眼によって見られるイメージでもあろうし、また場合によっては、イメージが仕事による物化をすでに実験的に表現している青写真でもあろう。☆8

こうしたイメージ形成をアーレントは労働《レイバー》にはない制作《ワーク》固有の特徴と見た。アーレントの区別にしたがって理解するなら、前の引用のマルクスは労働を「制作」の範囲で語っている。かれは労働を人間と自然との物質代謝だと言いながら、生命の維持と再生産を気づかう種類の労働を、資本主義的生産の分析で十分に考慮した様子があまりない。労働の多くはたしかに物を制作する「物質的労働」である。だがこれには収まらない「非物質的労働」が実際には労働のかなりの部分を占める。人間の生命や生活を気づかう活動は、すべてではないが多くがこの種の労働にふくまれる。子を養育し病人を看護し老人を世話するなどの労働は、生命の維持と再

☆8　H. Arendt, *The Human Condition*, 1989 (1958), Chicago: The University of Chicago Press, p. 140.（志水速雄訳『人間の条件』中央公論社、一九七三年、一六〇頁。）

生産にとって欠かせない労働であるにもかかわらず、この種の労働では、物質的な生産物の表象と同じかたちで労働の目標を想定することはできない。人間はモノを制作するようにヒトを世話することはない。マルクスの労働概念は、制作をめぐるモノへの配慮はとらえても、さまざまな世話をめぐるヒトへの顧慮を十分射程におさめてはいない。それは賃労働者による労働力再生産のプロセスがもっぱら個人的消費の過程とみなされていて、労働力の再生産のために必要とされる労働が考慮に入ってこないことからも察しがつく。むろん後者の労働でも目標を立てる行為はなされる。しかしそれはなんらかの生産物を作るという目標だけに限定されない。目的の幅がここでは長期の使用に耐える物の制作という枠をはみ出ているのである。もし労働の範囲をこうした場面にまで広げようとするならば、労働における目的の概念をこれとは違ったかたちで理解するほかない。

労働の成果をあらかじめ頭のなかに描くことを少し違った視点から捉えるなら、それは労働の目標を行為の意図として形成すること、その意味で労働の意図の語られざる表現となっていることがわかる。表象された目標が労働を通じて達成されるのは、労働者がその意図をもって行為すること、あるいはまたそうした意図的行為が遂行されることに等しい。むろんこの意図には、物質的な財のみならず非物質的な財を生産すること[☆9]、物を制作するにとどまらず人を世話すること、さらには財を生産するのみならずサービスを提供することなども数えることができる。労働の目標が意図としてあらかじめ形成されるかぎり、その成果は有形・無形いずれかを問わない。まずある労働をなすという行為の意図が形成され、しかるのちに意図的な行為が

☆9　たとえば以下にみる「非物質的労働」の概念を参照。A. Negri/M. Hardt, *Empire*, Cambridge, Mass.: Harvard University Press, 2001, p. 289ff.

遂行され、さらにそれがなんらかの別のさらなる意図をもった行為となる一連の流れが、ここで事実上、主題となるプロセスである。

　ここでは、意図と行為とが異なった形で結びつく諸局面（ある行為の意図の表現・意図的な行為・行為におけるなんらかの別の意図）が立ち現われる。G・E・M・アンスコムの『インテンション』には、こうした諸局面を念頭におきながら、意図 **intention** の概念に三つの異なった意味がふくまれていることを、次のように語った有名な一節がある[☆10]――ひとが「わたしはしかじかのことをしようとしている」と語るとき、大方の場合それは、意図を表現すること **expression of intention** を意味する。だがこれとは別に、ひとはなんらかのある行為が意図的である **intentional** と言ったり、あるいはまたなんらかの行為がいかなる意図をもって **with what intention** なされたのかなどと尋ねたりする。〈未来指向的な意図の形成〉、〈意図的な行為〉、〈ある意図をもって行為すること〉というこの三者は、アンスコムによれば、それぞれ意図の別の位相を表わす。労働にあてはめていえば、たとえばひとはまず家を建てようとの意図をもって、あれこれ構想を練る（未来指向的な意図の形成あるいは表現）。次にそのプランにしたがって意図的に労働を遂行する（意図的な行為）。さらにひとはこの労働を達成することで、建造された当の家屋に自身が住むのを意図することも、それを他人に販売するのを意図することもあれば、誰かに贈与するのを意図することもある（ある意図をもって行為すること）。マルクスが表象の先取りとして考えた労働の目標とはこのように複合した三つの意図の一位相、すなわち未来志向的な意図の形成という位相をなしているのである――心的表象と身体的

☆10 G. E. M. Anscombe, *Intention*, 2nd. Edition, Cambridge, Mass.: Harvard University Press, 1963 (1957), p. 1.（G・E・M・アンスコム『インテンション――実践知の考察』菅豊彦訳、産業図書、一九八四年、一頁。）

動作の対立は、これら三つの相から意図の形成と意図的な行為という二つだけを取りだして、精神と身体の分離と実体化に沿いながら、それぞれを意図と行為に抽象して、精神的な表象と身体的な動作として分離し、おのおのの特殊な一面を対立関係できわだたせた結果として出てきたものである。[☆11] 両者の違いは心と身、判断と行為といった二項の対立ではなく、もともと、意図と行為の結びつき方の違い、すなわち「ある行為を意図する」ことと「意図的に行為する」こととの違い、アンスコムがあげた（三つのなかの）二つの違いにすぎない。

2

では労働の概念にとって、この二つ以外に〈ある意図をもって行為すること〉という第三の位相を加えるのは、一般にどのような意味があるのだろうか。三つの位相のうち〈意図的な行為〉と〈ある意図をもって行為すること〉との区別と関連は、第三者的な見方をすれば、そのつどのコンテクストに応じて、多種多様に解釈できる。あるものは釘を打つという意図的な行為をすることで、二枚の板をつなぎ合わせるという意図をもって行為すると見ることできるが、より大きな計画からみれば同じ事態は、二つの板をつなぎ合わせることを意図しつつ行為する（意図的な行為をする）ことで、ドア板を作るというさらなる意図をもって行為しているとも解しうるし、またドアを作ることを意図しつつ行為することで、家を建てるというよりさらなる意図をもって行為しているとの観察も成り立つ。加えてまた家を建てることを意図しつつ行為することで、それを売って利益を得ようとの意図をもって行為していると説明すること

☆11 「意図」という現象が、「心の領域に属する」と同時に「身体的運動を基礎とする行為の現象を特徴づける」ものであることを指摘した次の論述を参照。門脇俊介『理由の空間の現象学』創文社、二〇〇二年、一〇七—一一一頁。

もできる。[☆12] 労働が一個のプロセスとしておこなわれる以上、同時にそのプロセスではこうした一連の事象的な目的系列が成り立っている。ただし観察者の視点からこう説明できる事態も、アンスコムのいう「観察にもとづかない知識」による当事者の視点から捉えなおせば、当の労働者がそのつどのコンテクストに応じて実際にどのような未来指向的な意図を意識的に形成していたかに応じて、ある労働のプロセスを特定の意図的行為と特定のなんらかの意図をもって行為することとのより明確な関連として規定することが可能である。[☆13]

ただし〈ある意図をもって行為すること〉は、右の類の目的系列だけに限られるわけではない。意図にはもっと違った種類がある。たとえばある優れた作品を製作することで、技能の秀逸を誇るのを価値あることとして意図したり、困難な無償の労働に従事することで、他人に奉仕する喜びを価値あることとして意図したりすることもできる。大雑把な言い方としてならこれらを先の目的の系列に加えることも不可能ではないが、こうした価値の視点は先の目的系列を支える「目的合理性」ではなく「価値合理性」にもとづく。この場合、意図的行為となんらかの意図をもって行為することとの間の関係は、狭い意味での目的‐手段関係にはおさまらない。意図的行為はある目標達成にたいする手段になるというより、なんらかの価値実現にたいする条件あるいは前提になる。ひとは意図的行為のなんらかの成果を生み出すことで、それを条件あるいは前提にして、その意図的行為にさらなる意図をなんらかの価値の実現として加えることができるのである。

ところで一連の目的系列という事象は、もともと労働という行為のあり方を決定する条件に

☆12 ブラットマンは「なんらかの意図をもって行為すること」を「さらなる意図をもって行為すること acting with a further intention」と「端的にある意図をもって行為すること acting with an intention (simpliciter)」に分けている（Michael E. Bratman, *Intention, Plans, and Practical Reason*, Cambridge, Mass: Havard University Press, 1987, p. 128.〔マイケル・E・ブラットマン『意図と行為——合理性、計画、実践的推論』門脇俊介・高橋久一郎訳、産業図書、一九九四年、二四六頁〕）たとえば前者は「わたしは窓をふくという意図をもってカーテンを開ける」場合、後者は「わたしは光を得ようという意図をもってカーテンを開ける」場合で、前者の場合は「窓をふく」というのちの時点での行為を含むのに対して、後者では目下の行為で

服している。『ドイツ・イデオロギー』の著者たちによれば、労働とは人間にとって生きていくのに必要な行為、つまり〈生の必要性〉に根ざした営みである。生活に必要な手段を生産するということ、この意味で生きるのに必要とされた行為だということこそ労働のあり方を規定する条件にほかならない。だが労働という行為が興味を引くのは、むしろこの〈生の必要性〉を条件あるいは前提にして、そこにさらなる意図を重ねることができる点にあり、この重なりによって〈生の必要性〉の次元とは違った脈絡に、それを位置づけうるところにある。労働という行為における別のさらなる意図に、右で指摘した弁別（目標達成と価値実現との区別）が必要となるのは、この必要性を超えた次元の意味を明らかにするためである。一連の目的系列が表現する事象は、この別の脈絡の諸事象を加えて複合性の度を増し、ここに労働の意味をめぐる問題圏が現われてくる。

意図にかんするこの事象次元上での複合性に注目してみれば、マルクスの労働概念には、すくなくとも三種のモデルの存在していたことがわかる。なんらかの労働のプロセスが終了したのちには、その結果、生産のなんらかの成果を手に入れ、その成果を享受・消費し、さらにその後に別の活動に向かうといった一連のプロセスが続く。さらなる意図をもってなされる行為（**acting with a further intention**）として労働を理解する場合、のちのどのプロセスでの「さらなる意図」を行為計画の主眼とみなすかによって、その意図された意味に違いが生まれる。生産の過程、消費の過程、（生産と消費からなる）再生産を超えた過程の三つがそれで、この三つのプロセスのどれに着目するかによって労働の三つのモデルが考えられる。

光を得るという目的を同時に達成することができる。だが実際には、ひとは端的にある意図をもって行為しつつ、同時にさらなる意図をもって行為しているのが普通である。ここで問題にしたいのは「さらなる意図をもって行為する」さいに、のちの時点での行為が考慮されるということ、つまりは意図の概念に時間的な次元を含んだ複合性が伴うという特徴である。

☆13　たとえば、観察者からみれば同じくドアを作るという目的合理的行為であっても、ある者は、当事者としては、二つの板を継ぎ合わせるという意図的行為を遂行することで、たんにドアを作るという意図をもって行為していると考えているかもしれないし、また別の者は、同じく二つの板を継ぎ合わせるという意図的行為で、もっと広くある家を建てるというさらなる意図をもって行為してい

たとえば労働は一定の意図的行為を遂行することで、同時により生産的になることを意図する場合がある。この場合、労働を「生産の鏡」に照らしながら、投下労働に比べて生産の終点でどれだけより多くの成果を得るかが、労働を計る基準になる。一定の目標を意図的に達成する労働は、ここでは「より生産的なものにする」とのさらなる意図をもって遂行され、〈意図的な行為〉と〈ある意図をもって行為すること〉の関連は、ここでは目標の達成が生産性の向上につながるかどうかに現われる。事象的次元としてみれば、これは生産の始点と終点に目を据えて、意図の意味を規定する労働モデルである。

労働は、当の意図的行為を、同時に労働する個人の自己実現とその成果や業績に対する他者からのよりよい評価の獲得を意図しておこなう場合もある。この場合、労働の意味は、自己実現への関与とその成果への評価の双方にたいする社会的な評価や判断にもとづいて理解され、仕事に専念する個人がいかに価値あるプロセスにコミットし、その成果がいかに優れた業績・評価として社会的に認められるかで理解される。☆14 労働における〈意図的な行為〉と〈ある意図をもって行為すること〉とは、ここでは労働における目的意識と自己実現や成果の評価といった価値判断との違いとなって現われる。事象的次元としてみれば、これは自己実現と他者による成果の評価を軸にして、労働のさらなる意図を規定する労働モデルである。

労働は、しかしまたその意図的行為が、労働とは異なった行為に向かうのを意図しておこなわれる場合もある。マルクスが労働時間とは区別して自由時間の名で括ったものに含まれるのが、この別の行為の可能性に当たる。労働は、この場合、「必然の領域」に属する行為として、

ると考えているかもしれない。観察者から見てドアを作る同じ行為だとしても、前者の場合、それはドア板として機能するものなら何でもよいということになるが、後者の場合は、機能やデザイン、サイズ等の上である特定の家に合ったドア板を作ることが同時に当事者の意図に含まれることになる。

☆14 『ミル〈第二〉評注』で、若きマルクスは労働する人間が、その生産において自己と他者とを「二重に肯定する」さまを描いている。第一に、かれは対象物の生産によってその「活動のさなかに個人的な生命発現を楽しみ」、第二に、かれは自分の生産物が他者の欲求を充足させることで、「他の人間的な本質の欲望に適合的な対象物を供給した」と知る喜びを味わう（K. Marx, Glossen zu James Mill, in: K. Marx, *Ökonomisch- Philoso-*

労働から解放された行為の「自由の領域」を可能にする条件となる。労働における〈意図的な行為〉と〈ある意図をもって行為すること〉は、ここでは必然の領域へのコミットと自由の領域へのコミットとの関係となって現われる。事象的次元としてみれば、これは労働時間から解放された自由時間の可能性を展望することで、労働の複合的な意図の意味を規定する労働モデルである。

　労働のこの三つのモデルのうち、第一と第三が中期・後期のマルクスに、第二のモデルが初期マルクスに顔を出す。初期と後期とでは異なったパラダイムを前提していたことが指摘できる以上、いうまでもなく両者を同等に扱うことはできない。しかし労働を「生の発現 Lebensaüßerug」と概念化した若きマルクスが、「内的なもの」の「外的なもの」への表出という疎外論の一典型をなしていたと同様に、のちの自由時間論も、「自由の領域」と「必然の領域」という二項対立の構図のせいで、じつはその理論的な潜在力を十分発揮できないままに終わっていた。二項対立の発想に問題が生じるのは、何かを対立の構図で考えること自体が誤っているわけではなく、そこに見るべき多元的な図柄が忘却され無意識のうちに抑圧や排除が働いてしまうためである。必然の領域と自由の領域の二元論でも、ある種の排除効果が働いていた。労働の右の三つのモデルに応分の考慮を払いながら、その時間的な複合性に注目してみるのは、この難点を克服する道に通じているからだ。

　自由の領域と必然の領域という二分法を、資本主義社会の現実に即したかたちで分解してみるなら「必要労働時間・過剰労働時間・自由時間・労働力再生産時間」の四つからなることが

phische Manuskripte, Leipzig: Verlag Philip Reclam 1970, S. 279.)。アクセル・ホネットによれば、ここでの「マルクスの思想は、人間主体が生産活動を営むなかで、みずからの個体的な能力を一歩一歩対象化することによって自己実現していくだけでなく、同時に相互行為のパートナーすべてを欲求をもった共同主体として想定するからこそ、情動的な承認についても同時に実現されていくのだと理解することができる」（アクセル・ホネット『承認をめぐる闘争』山本啓・直江清隆訳、法政大学出版局、二〇〇三〔一九九二〕年一九五頁）。つまりマルクスは、労働における自己実現（生命発現）と他者の欲求充足とを、ヘーゲルの相互承認モデルにそくして描いている。

わかる。[☆15]ちなみにマルクスが「必然の領域」について語るさいに主に考慮している労働には、家事（育児・介護）などいわゆる労働力（広くは人間）の再生産にかかわる労働は含まれていない。また「自由の領域」についても、そこでの自由が、個々人の私的自由を確保するにすぎないのか、それとも公的自由の新たな創出を模索することなのかも不問に付したままだ。これは言い換えれば、必然の領域において自由とは何かを問い、自由の領域において必要なもの（必然的なもの）とは何かを問うことに結びつくことだといってもよい。

ところで、労働の三つのモデルは、労働の「さらなる意図」を位置づけるさいに、それぞれ必要労働時間と剰余労働時間、生産時間と消費時間、労働時間と自由時間という異なった時間的区分を前提にしていた。これらは、事象的次元からみた労働の複合的意図という視点で捉え直すならば、それぞれ異なった時間区分を前提にした労働のモデルとみることが可能だろう。しかもそれらは互いに矛盾するわけでも対立するわけでもない。むしろ右に見た四つの時間的区分において、どの時点に着目するかにしたがって捉えられた労働の三つのモデルにすぎない。ただしこの三つのモデルが、近代の労働社会における労働の価値とイデオロギーの問題を照らし出すのに一役買っている点は、見逃せない。

労働は、ことと次第によっては、生産力主義、業績主義、私生活主義といった悪しき結果に導く恐れを蔵してもいるが、それぞれのモデルが優れた意味で実現されるならば、それぞれ豊かな富、善き生、公的自由といった価値と規範の問題に答える戦略的な橋頭堡になる。「労働社会」という名の近代社会によって生みだされたものが、悪しき結果を導いた種々のイデオロ

☆15　この解釈は次に依拠している。高橋洋児『経済認識論序説』国文社、一九八四年、七〇頁。

ギー的現象にほかならないことはいうまでもない。このポジティヴな理念とネガティヴな現実との違いを見逃してはならないが、しかしそれは富の豊かさ、善き生、公的自由の三者が互いに矛盾することを意味するわけではない。

第三節　労働の理由

1

〈意図的行為〉と〈ある意図をもって行為すること〉との違いを労働概念に援用して見えてくるのが、労働のこうした事象的次元での意図の複合性にほかならない。では〈未来志向的意図の形成〉というもう一つの契機は、労働においてどのような意味をもつのだろうか。

ちなみにこの第三の契機については、アンスコム自身の取り扱い方に、若干の問題があることをあらかじめ断っておきたい。意図の三位相の区分にもとづくアンスコムの考察は、「意図は決して心の内での行為ではない☆16」と考える姿勢を一貫させたことで、たしかに意図と行為の関係を心的表象と身体的動作の二項対立に還元する傾向から距離をとる道に通じていた。また、心身二元論を前提した内観法のみならず、それを批判した行動主義☆17と一線を画した点でも評価できる。といっても問題がないわけではない。すでにブラットマンの指摘したことだが、アンスコムは意図を心的状態の内部に閉じこめるのを忌避しようとしたあまり、〈未来指向的な意図の形成〉が〈意図的な行為〉や〈ある意図をもって行為すること〉にたいして相対的に固有の意義をそなえていることに十分な注意を向けていない☆18。むしろ〈意図的に行為するこ

☆16 Anscombe, *op. cit.*, p. 49. 訳九三頁。

☆17 ギルバート・ライル『心の概念』坂本百大・宮下治子・服部裕幸訳、みすず書房、一九八七年。

☆18 なるほど「アンスコムは意図に一種の弱い『自立性』を認めていた」と解釈することは可能だが（門脇、前掲書、一一二―一一七頁）、しかし「意図の強い自立性」を主張するようになったディヴィドソン（さらにそれを徹底させた）ブラットマンからみれば、その弱さは「純粋に意図すること」の相対的な固有性を明確にはできないままに終わっている。

と〉〈ある意図をもって行為すること〉を分析のうえで方法論的に先行させ[☆19]、行為することを意図すること（つまり未来指向的な意図の形成）ではなく行為のうちに現われる意図（すなわち意図的行為やある意図をもって行為することのうちに現われる意図）に主な考察を向ける。そのうえ、〈未来指向的な意図の形成〉にかんする考察は、この行為のうちに現われる意図の説明を拡張させるという戦略をとる。この結果、未来指向的な意図の形成はそれ固有の意義をうしない、そのせいで意図の三つの位相差が十分に明らかにされないままに終わっている[☆20]。労働を意図的行為と解するかぎり、マルクスの描いた労働成果の表象は、いうまでもなくこの〈未来指向的な意図の形成〉に当たる。しかもマルクスはこの表象形成の固有の意義を口にしていた。労働の視点から見るかぎり、〈行為することを意図する〉という位相の固有の意義こそ、もっと強調してしかるべきである。たしかに〈意図的な行為〉、〈ある意図をもって行為すること〉を軸に立てるかぎり、「意図は決して心の内の行為ではない」。〈未来指向的な意図の形成〉についても、労働に限って言えば、（たとえ心的状態という姿をとりうるとしても）これがたんに心的状態だけにとどまるわけではないことはのちに見る通りである。しかしそれは、〈未来指向的な意図の形成〉が、固有のしかも先行的な意義をもつという事実を無にするものであってはならない。とくにこの点は労働における成果の表象の意義を考えるうえで、欠かせない事実である。

　労働の成果の表象が、労働の意図的な行為にとって現実に有効で意義あるものとなるには、一方で労働の担い手がその成果を望み、あるいは少なくともその目標の追求に賛同の意を抱い

☆19　むろんこのことは、アンスコムが未来指向的な意図の形成や意図の表現についてなんら考察していないことを意味するわけではなく、また意図的行為やある意図をもった行為に先立って未来指向的な意図を論述していないことを意味するわけでもない。事実彼女は、未来指向的な意図の表現を意図的行為に先だって考察している（Anscombe, *op. cit.*, pp. 1-9. 訳二—一七頁）。むしろ問題は、彼女が意図の表現にかんする分析を早々に打ちきって「われわれが現に為している行為こそ第一に考察すべきものである」と主張した点にある。

☆20　以上の点についてはブラットマンの批判に負っている。Bratman, *op. cit.*, pp. 5-7. 訳一〇—一三頁。

ていること、他方で当の行為がそうした成果をもたらしうるとかれが信じていること――すくなくともこの二つの条件を充たさねばならない。ドナルド・デイヴィッドソンの概念を援用して、前者は行為の遂行にたいする行為者の「賛成的態度 pro-attitude」（欲求）を、後者は行為に関連した行為者の信念 belief を表わすといってもよい。[☆21] 目的の表象が有効で意義あるものとなるには、すくなくともそれが欲求‐信念という理由をなんらかのかたちで含みもつものでなければならない。欲求‐信念の理由にもとづいて、労働の目標が労働の担い手にとって有意義性と有効性をかねそなえるとき、その目標の追求はすくなくとも当事者個人にとって理に適ったものになる。労働のプロセスで、その担い手がその成果を欲し、成果の達成が可能だと信じていること――すくなくともこうした理由づけの二つの契機が見込まれているとき、有意義な目標のイデアルな表象が行為のリアルな脈絡で有効に働き、すくなくとも行為の担い手にとっていわば目的として合理的なものとなる。

　ただしこの欲求‐信念の理由がルーティンとなって労働の動機づけの一つとして働く場合、労働の担い手にとっては、労働のある成果を生みだすための生産の技術的な条件とはいかなるものかを、そのつど従うべき事実として認識し、労働の成果として何を望み何を欲することが認められているのかを、妥当な価値として理解できるなんらかの制度的な形式に関わらざるを得ない。ある欲求‐信念の理由は、社会的な意味を担った労働の脈絡では、その成果を生産できるのは技術的に可能かどうか、そしてその成果を欲するのは価値として認められるかどうかという問題にたいするいわば一対の解答案をなしている。それは（技術的規則と価値基準を体

☆21 Donald Davidson, *Essays on Actions and Events*, Oxford: Clarendon Press, 1980, p. 3f.（ドナルド・デイヴィドソン『行為と出来事』服部裕幸・柴田正良訳、勁草書房、一九九〇年、五頁。）

現した）技術的知識と価値意識という知の形式をとる。とはいってもこの欲求と信念が、つねにあらかじめ定められた価値的・技術的な基準の枠内でしか成立しないというわけではない。両者にはしばしばズレがある。たとえば新たな未知の欲求－信念の理由が、既存の価値意識や技術的規則に反したり、新たな価値や技術の根拠を生む行為の原因になることもある。その意味で欲求－信念の理由は、価値的ないし技術的な根拠 Grund による正当化の枠を超えて、新しい価値の形成や技術的発見の原因 Ursache ☆22 としても働きうる。

もっとも労働が、なんらかのルーティンのなかで遂行されている事実を考えれば、この点を指摘するだけでは理由として不十分である。それは、労働が生活に必要で有益な行為としてある程度安定したプロセスを確立している事実や、マルクスのいう労働成果の表象にみるような、成果にいたるまでのある種の計画的な予期、さらにまた実際の労働にたいする規定力をまで語りうる形式の理由にはなっていない。

マイケル・E・ブラットマンは、ほぼこうした点を考慮にいれながら、「意図にもとづく理由 intention-based reasons」を「欲求－信念の理由 desire-belief reasons」のうえに加わるもう一つ別の行為の理由とみて両者を区別し、意図とたんなる欲求との違いを次のように描いている。第一に、たんなる欲求があくまで「行為に潜在的に影響するだけ」にとどまるのに対し、意図は「行動を支配する」。また第二に、たんなる欲求とは違って、一度すると決めた意図は、安易な見直しや変更を受けつけない。意図には、そのような再考慮に抵抗する「特有の安定性あるいは慣性」が備わっている。さらに第三に、意図は「保持された意図からさらなる

☆22　これを理由・根拠ではなく原因と呼ぶのは、発見のプロセスでは、発見する個人に気づかれない想わぬ要因によって何か新たなものが経験されるからである。それは通例の目的合理的行為には還元できない手段の選択がある。発見がなされる場合には手段やプロセスの選択が意図されぬまま、理由がわからぬままにおこなわれることがある。本人はのちになってどうしてそのような思わぬ結果が出てきたのかを推論し、その原因を特定することがある。それは動機・理由ではなく原因である。

意図へと推論し、さらにこの意図に照らして他の意図を制約するという傾向性」を有する点でも、たんなる欲求とは異なる。この三点での違いは、デイヴィドソンのいう「欲求に対応する種類の判断」すなわち「いちおうの prima facie 判断」と「意図的行為に対応しうる種類の判断」すなわち「全面的な all-out、あるいはまた無条件的な判断」とほぼ平行しているが[☆23]、それはまた、欲求‐信念にはない意図に固有のコミットメントを表わしてもいる。第一の特徴はコミットメントの意欲的次元、第二と第三はコミットメントの推論の核となる次元である。とくにこの後者のコミットメントが、意図を「より大きな計画の部品」とみるブラットマンの理論の独自な視点になる[☆24]。

ブラットマンのこの意図の理論は、たしかに労働のあり方を捉え直すうえでも、有益な視点になる。たとえばマルクスが労働の担い手は成果を「頭のなかに」築いていると指摘したように、労働の場合には通例でもかなり高い計画性をともなう。しかも、その見通しはたんに漠然とした願望や欲求のように行動にある影響をおよぼすにとどまらず、実際に労働の遂行を規定し支配する。マルクスの口吻を借りれば、労働者は「この目的を知っており、この目的は法・掟のようにかれの行為のあり方を決定し、かれはこの目的に自分の意志を従属させなければならない[☆25]」。さらにまた目的のこうした規定力には、生活していくうえで不可欠の活動として、目的そのものの安易な変更や見直しに抵抗する慣性力のようなものが働く。目標として定められたものは、あれこれの欲求‐信念の理由の一つというより、なんらかの考慮にもとづいて選択された動機となるべきもので、意識して選択されただけの持続的で固定した慣性力を備えて

☆23 Davidson, *op. cit.*, p. 40, 98. 訳五七、一一九頁。

☆24 Bratman, *op. cit.*, p. 22. 訳四〇頁。たとえば「お腹が空いたから何か食べたい」というたんなる欲求をいだくことと、「朝起きたところでお腹も空いているから朝食にしよう」という意図をもつこととは異なる。第一に、前者の場合、その欲求は「食べる」という行動にいたるとはかぎらず、ただそうした欲求が次の行動になんらかの影響をおよぼすが（「食事をしたいので、仕事が気乗りしない」、「空腹でも昼食までがまんしよう」など）、後者の場合、その意図が「食事をする」という行動に直接つながったり、食事のために仕事をやめるといったぐあいに、次の行動を支配することになる。第二に、「食事をしたい」というたんなる欲求では、「時間がない」「急ぎの仕事が

いるのである。

2

もちろん労働という行為類型には、たんに意図をともなった行為一般に還元できない固有の性格があることはいうまでもない。何より第一に、日常どこででも眼にする目的合理的な行為でも、その意図にはある程度の計画性が含まれているものだが、労働では計画としての見通しや完結度がはるかに高い。[☆26] ブラットマンは、意図を計画という面から捉えたさいに、その計画が「典型的には部分的」[☆27]であることを特徴の一つに挙げる。通例の目的合理的行為ならば、当面の意図によって、目的実現のために計画の全体を一挙に決定するわけではなく、必要なかぎりで部分的な計画をなすにとどまる。たとえば今夜コンサートに行くという目的を立てたとしても、今朝の時点では、どこに行くのか、切符をどうして手に入れるのか、また他の計画とどのように整合させるのかに関する細かい考慮は後回しにしたりする。計画のこの部分性ないし不完全性が労働でも依然として存在しはするものの、労働の場合、計画の立案は、技能・熟練等をつうじてルーティン化され、限定的な範囲内でしばしば高い完結度を誇る。通例の目的合理的行為と比較して言えば、意識的であれ習慣としてであれ計画の部分性を超えたより全体的な計画化への見通しが、労働にはしばしばともなうのである。

第二に、たんなる欲求と比べると、意図は一度すると決めたら見直しや変更を安易に受けつけない抵抗力と慣性力を具えているが、この事実に対しても、労働には通例の目的合理的行為

ある」「もう少しで昼食の時刻だ」といった事情でより容易に再考慮の対象になるが、「食事をしよう」という意図では、「時間はないが数分でなんとか食事を済まそう」、「急ぎの仕事はあるが仕事をしながら食事しよう」、「昼食の時刻まで待たずにもう食事にしよう」といったぐあいに、一度決めた意図の「慣性」が働く。第三に、「食事をしよう」という意図は、「近くのレストランでいつもの定食を食べよう」というさらなる意図の推論を呼び、食事をするから面談の時間は、その後にしようという別の意図の制約にもなる。なお簡単な解説としては次を参照。菅豊彦『心を世界に繋ぎとめる』勁草書房、一九九八年、一五〇―一五三頁。

☆25 *Das Kapital*, Bd. 1, S. 193. 訳二六四頁。

☆26 厳密な行為概念としては、いわゆる「目的合

にはない特有の理由がある。一般の意図的行為とは違い、労働はともかくも個々人が生きていくうえで欠かすことのできない営みである。労働の内実や形態、あるいは労働の個々の目的や意図を変更することは可能だとしても、労働の意図そのものを廃したり、それ以外の目的合理的行為に簡単に意図を転じたりすることは、そうたやすい業ではない。この事実が、他の意図的行為と比べて労働の意図を安易に見直そうとしたり取りやめようとしたりする再考慮へのより強い歯止めとなる。労働のすべてではないにしても、たしかに労働の大方の部分は直接間接を問わず確実に〈生の必要〉に根ざした活動でなければならない。労働は永遠の自然必然性であるとマルクスは言った。この生の事実としての必然性にもとづいて、労働は生活時間のなかでかならず一定の部位を占めなくてはならない。その意味で社会形態のいかんにかかわらず日常でのルーティン化がかならず求められる行為である。労働の意図は、他の意図と比較してもそれを簡単に変えたり取りやめたりする再考慮に抵抗する性格をもつが、それはこの生の必然性、生きる必要に根差しているからである。

第三に、ブラットマンのいう意欲的コミットメントの次元についても、労働のあり方から明らかになる点がある。人が実際に一定の労働をする動機づけには、目標の追求と計画性を軸にした意図の概念ではつきない面がある。ある個人が決まった時間に労働をするのは、雇用者と以前に労働契約で勤務時間を取り決めたため、主人と奴隷、領主と農奴など人格的な支配―服従関係に拘束されているため、共同で仲間と仕事をする約束をしたため、あるいは日常の習慣や伝統的な慣習によるためなど、過去の経験や習慣、慣行、法律に発した理由を動機づけにし

理的行為」と「労働」とはもちろん別の概念である。労働はどれも目的合理的行為だが、労働ではない目的合理的行為は数えられないほどある。その意味では、労働は目的合理的行為のなかに含まれる。しかしここで明らかにしたいのは、労働が、目的合理的行為として遂行されながら、その複合的な意図のコンテクスト次第で、意味を変えるということである。

☆27 Bratman, *op. cit.*, p. 29. 訳五五頁。

た例がすくなくない。これは通例の意図的行為一般にもあてはまることだが、すでにアンスコムが「行為の意図」と「行為の動機」とを区別し、前者より後者がより広い範囲を占めていると指摘したように、目的の追求と計画性を軸にした意図の概念だけが、行為における意欲の次元を規定しているわけではない。アンスコムの言う「動機一般」のみならず、たとえば「過去視向型の動機 back-looking motives」というものがある。アルフレート・シュッツの表現を借りるなら、人は「未来完了時制的に経過したとして投企される」目的動機 Um-zu Motiv のみならず「過去完了的諸経験から投企そのものの構成過程を説明する」理由動機 Weil-Motive のゆえに労働する。☆28「意欲の次元」は、片方の足を目標追求という未来指向的な意図にかけながら、過去指向的な動機などそれ以外の行為の動機にももう片方の足をかけている。意図は高い複合性を、それも過去・現在・未来の志向性をもった時間的な次元の複合性を備えており、だからこそ錯綜したもろもろの意図の調整が必要となるのである。

　第一により全体的な計画化への傾向性、第二に生の事実としての必然性にもとづく労働の目標の安定性、第三に意図の時間的次元でのより高い複合性――推論の核となるコミットメントと意欲的コミットメントの各次元に沿ったかたちで言えば、労働の意図にはこうした特徴がある。もっともこのうち第三のものは、かならずしも労働だけに固有の特徴というわけではない。ただこの第三の性格は、労働の場合、前二者の特性ゆえに独特の規定を受ける。より全体的な計画化への傾向性が複合性の度を量的・質的に拡大するだろうことは想像にかたくない。それが意図の時間的な複合性を内的に画定している。それよりも重要なのは、そうした複合的

☆28 Alfred Schütz, Der sinnhafte Aufbau der sozialen Welt, Eine Einleitung in die verstehende Soziologie, Frankfurt am Main: Suhrkamp Verlag, 1981 (1932), S. 115.（アルフレート・シュッツ『社会的世界の意味構成――ヴェーバー社会学の現象学的分析』佐藤嘉一訳、木鐸社、一九八二年、一二〇頁、一二六頁。）

な意図の慣性が、労働の場合、「生活の必要性」（生の必然性）という事象的次元の枠で規定されていることだ。ひとはいずれにしても生きていく必要から労働をしなければならず、そのために生活のある一定時間を労働に投じなければならない。したがって労働の意図の複合性は、同時に労働の意図とそれ以外の行為の意図とのあいだの外的な画定をもともなう。この生活の必要事を人間はともかくも一日のある時間、日常的に反復するほかない。労働の自由をいかに語ろうとも、この反復をすくなくとも必要条件にせざるをえない。労働の意図の時間的な複合性から推察できるのは、事実としての生の必然性という様相を伴ったこの労働の意味の事象的次元である。

とはいっても労働を条件づけるのは、生きる必要性からくる制約ばかりではない。この必然性のもとでの〈労働における自由〉というものもある。さしあたって指摘できるのは、労働の意図との関連で語りうる自由の可能性の条件である。先に引いたブラットマンは「意図にもとづく理由」を、「欲求－信念の理由」に代わるべき理由ではなく、むしろこれに加わるべきもう一つの理由としてあげていた。かれは意図的行為の合理性の評価に触れて、この二種類の理由を次のような二つの視点として区別している。

……意図的行為の合理性を評価する二つの視点を区別する必要がある。第一に、熟慮する行為者の内的な視点というものがある。選択肢として関連するものはどれか、またどのような選択肢が許容可能かの基準を与える上で、行為者のあらかじめの意図と計画がその役割を果たすのは、まさにこの視点からである。この内的視点は、計画に制約された、合理性にかんするパースペクティヴである。第二に、外的な視点というものがある。この外的視点では、行為者のあらかじめの意図の影響がカッコに入れられる。そして、行為者が可能であると信じている選択肢の中でどの選択肢が行為者の関連する欲求－信念の理由によって最もよく支持されるかを、われわれは決定しようとする。これは、計画に制約されていない、合理性にかんするパースペクティヴである。☆29

意図にもとづく理由と欲求－信念の理由とは、現実の意図的行為からみれば、理由における現実性と可能性の二つの地平を示している。労働をする当事者がこの内的な視点から外的な視点への視座転換をどの程度に柔軟かつ自在になしうるか、あるいはそれがいかに制度的に保証できるかが、労働の意図を軸にした〈労働における自由〉の試金石の一つである。もっともこれらをあらかじめ「意図的行為の合理性を評価する二つの視点」と言うには、若干の批判的コメントが要る。

ブラットマンは外的な視点を「合理性にかんするパースペクティヴ」だと言っている。つまり外的視点とは、行為者が「どの行為が合理的であるかを計画に制約されていない仕方で問うことができる」☆30パースペクティヴのことである。しかし「行為者が可能であると信じている選択肢のなかで」欲求－信念の理由によってどれが最もよく支持されるかを、「外的な視点」からしかも「計画に制約されない」かたちで考慮する場合、かれは合理的なものとそうでないも

☆29 Bratman, *op. cit.*, p. 45. 訳八五―八六頁。
☆30 Bratman, *ibid.*, p. 44. 訳八三頁。

のとをどうすればあらかじめ区別できるだろうか。むしろ行為者が外の視点をとるなかには、これまで知られていた合理性の規準からみれば非合理とも見えるものが、行為者本人には、望ましい欲求、可能な信念（つまり一般からみれば非合理でも本人にしてみれば理に適った欲求、信念）と思われるケースもありうるだろう。

デイヴィッドソンのいう行為を伴わない「純粋な意図」に退くかぎり、一個の私的な心的表象のうちでひとは誰でも時に不当な欲求やいかがわしい願望、無謀な信念を好き勝手に抱くことができる。しかしそれは新たな欲求や信念が開かれる心的状態でもある。勝手な妄想でなければ自由な想像とでもいうべきこの心的な状態も、外的視点への視座転換では排除できない。ただこれは合理性いかんが公には問われないケースである。他方、この心的表象による侵犯行為には、内容のいかんにかかわらず、行為者自身のなんらかの欲求や信念がかれの意見ないし意志のかたちで言語・記号・シンボル等によって公に表現されるケースもある。そこではなんらかの内容をもった欲求ないし信念が、新たな試みや構想（企投 Entwurf）の可能性として提示され、行為の妥当なあるいは価値ある欲求－信念の理由として主張され、時に承認される。その内容はともあれ、こうした主張が遂行され承認されるかぎり、それは表現的－実践的な意味での合理性[☆31]と両立しうる構想力の営みである。労働の場合に即していうならば、そこには現実の労働の経験に根ざしたインプリシットで非推論的な「方法の知 Knowing how」を、推論的な「内容の知 Knowing that」としてイクスプリシットにする場合が含まれる。ここにわたしは生活世界の地平で新たな欲求や信念を発見する可能性、つまり発見術的な推論を労働の世

☆31　「表現的－実践的合理性 expressive-praktische Rationalität」は、いうまでもなくハーバーマスが「コミュニケーション的合理性」に含まれる契機として用いたカテゴリーだが、ここではハーバーマスとは少し違った意味で用いている。構想力は内実のいかんにかかわらず、基本的には狭い意味での理性とは別のもの、「理性の他者」である。ただ理性の他者はかならずしも理性の敵ではない。合理性の内容を組み換えれば、この他者が、他者としての地位を保持しながら、表現や活動の場をうるプロセスを考えることもできる。激しい個人的な憎しみや政治的な怒りが無媒介の暴力やテロとして現われれば、これは不合理である。といって憎悪や激怒を冷静に抑制することだけが理性ではない。憎しみや怒りを語ったさまざまな崇高の形式が造形され、

界に拡張する可能性があることを指摘しておきたい。もし行為の妥当なあるいは可能な欲求―信念の理由を、自らの意見ないし意志のかたちで表現する自由と、必要な条件の整った時に表明した意図を実現する自由が、制度的に保証されるならば、それは〈労働における自由〉の条件の一つになる。理性的か否かをさしあたって問わない内容が、それ自体として理に適った（つまり合理的な）形式で表現される世界——冒頭で触れた「表現的世界」はおぼろげながらここにその姿をかいま見ることができるだろう。

第四節　意図の形成・表現・脱人称化

すでに引用したように、マルクスは労働が人間固有の営みであることを論じるさいに、「その開始時点にすでに労働者の表象のなかに、つまり観念として存在していたもの」が生産物として出てくることに格別の意義をおいていた。労働の成果をあらかじめ「頭のなかで……作り上げて」みることは、なるほど労働の経験として誰にでも理解できないことではない。なんらかの労働を意図するとき何かを念頭に置くといった程度のことでも、こうした表象の例の一つだろう。だがこれが労働の現実のある面を本当に的確に言い当てたものかどうかはまた別の話である。

　いったいこの種の観念は「頭のなか」の出来事（つまり心的表象）につきるだろうか。たとえば、この観念を心の内部に思い浮かべる以外にも、名辞による指示・図像による描写・文による叙述を通じて完成像を練ったり、見本や例で具体像を描いたり、また口頭で目的を語った

個性的で政治的、社会的な領域に開かれることも、理性的に可能な道である。「表現的世界」のカテゴリーで狙いたい一つがここにある。もちろん、この表現の形式そのものが合理的か否かについて問うことも可能である。メタフォリックな意味で「暴力的」な表現は場合によっては理にかなったものにもなれば、不当なふるまいにもなる。

りなど、画像・シンボル・言語などの記号による指示や叙述によって表象を造形する例はごく普通にみかける。「頭のなかに」心的表象として築かれるのは、こうした造形方法の一種か、でなければ記号が機能する一プロセスから出てきた結果だということもおおいにありうる。「観念」や「表象」は、そうした記号やシンボルに媒介された行動を代表した典型例だと主張する者がいるかもしれない。だが「頭のなか」に築かれた表象が、さまざまな記号行動を代表する典型だといえるこれといった証拠はない。いやそう考えてすまそうとする姿勢こそそもそも疑問に付してよい。シンボル・指標・イコンなどを心の内部に抱かれた観念で代表させてよいと考えるのは、前者の記号群が意識内の何かを外部に表出しただけの派生物にすぎないと見ている表象主義のためで、観念・表象という意識内のオリジナルなもの（記号内容）に対し、記号・シンボルなどは意識の外に出たコピー（記号表現）にすぎないとみなしているからである。

だが労働や仕事における尋常の経験を考慮しても、これは奇妙な見方である。なるほど言葉やシンボルなど頼らずに、労働の結果を「頭のなかに」描くだけで黙々と労働をする者もいるだろう。しかし労働の内容が複雑の度を加えると、よほど年季が入った職人でもないかぎり、むしろ図表・シンボル・言語などを使ってなんらかの構想をあらかじめどこかで練っておく方が、労働をはるかに容易にしスムーズにする。とくに労働が複数の人間で実行される場合、これはほぼ不可欠の作業になる。さらに重要なのは、プラニングの当初に得たものを思案の繰り返しで変更する余地、つまり構想の練り直しにいたる可能性のあることだ。ブラットマンの表現を借りるなら「予めの意図からさらなる意図へと推論」したり、「より一般的な意図からより特殊な意図へと推論」するコミットメントは、ことに労働のプロセスでは、言語行為や記号行動を通じてこそ実行可能になる。これは通例の目的合理的行為より高い計画性を誇る労働のプロセスにとっては決して些細な話ではない。頭のなかであれこれ考えるだけと、実際に記号を駆使して図表で示したり言葉で語ったりすること、すなわち心的表象と公的表現にまぎれもない相違のあることは、誰しも経験から知っている。

いやむしろ一般的な次元でいえば、たんに両者の相違を言うのみならず、意図の言語的・記号的な表現こそが未来指向的意図の形成をかなりの程度規定するのだといった方がよい。ウィトゲンシュタインの顰みにならってまず「〈期待の言語表現〉を期待の動作そのものと考えて」みること、意図の言語表現こそが意図の何たるかを規定する大きな部分だと考えてみることがより自然である。なんらかの言語的・記号的な表現をもたない意図の形成は、しばしばモノローグ的な言語による意図の表現の派生態にすぎないだろう。むろんこう言ったからといって、なんらかの意図や心的表象が頭のなかに描かれる行動をすべて労働のプロセスから除外せよというつもりはない。デイヴィッドソンの指摘にかかるが「意図を形成すること」と「意図を発言すること」とはたしかに別である。前者の表象化も後者の言語化と並んでおこなわれる一種の観念の造形に変わりはない。だがそれはあくまでその一つにすぎず、その代表でもなければもっとも優れた観念形成の手法ですらない。それに、この違いを説明するのに、後者を、あらかじめ頭のなかに出来上がった意図が言語のかたちで表出されただけのものと解するのならば、公的表現のプロセスがもつ固有の意義を見過ごすことになるだろう。さすがにデイヴィッドソンは両者の違いをこの程度の次元に落とすことはなかった。

……意図を形成することは、たとえそれを自分自身に対して発言することだと考えようと、何かを発言することとはまったく別のことである。また同様に、何かをしようと思うことも、何かを発言したということとはまったく別のことなのである。……ある状況の下で「わたしはそれをしようと思う」、あるいは「わたしはそれをするつもりだ」、あるいはまた「わたしはそれをすることを約束する」と発言したとすれば、わたしは、自分がそれをなすだろうということを信じている者として自己表明しているのである。わたしは自分がなすと信じてはいないかもしれないし、また、自分がなすと聞き手に信じてもらうことを意図していないかもしれないが、それにもかかわらず、わたしは、自分がなさない場合に不平を申し立てるだけの根拠を、聞き手に与えてしまったのである。[☆32]

デイヴィッドソンはここで、意図の形成とは違って、意図の発言が話し手と聞き手との間になんらかの関係を生む契機となることを語っている。労働の意図の表現は[☆33]、労働の意味の社会的次元を顕在化させる可能性の条件である。なるほどなんらかの記号による表現を伴わない意図の形成も、労働の場合、潜在的には社会的な行為である。ただしその社会性はなお潜在的なものにとどまり、実際には実現しない可能性があることも否定できない。とすれば「意図を発

☆32 Davidson, *op. cit.*, pp. 90f. 訳一〇六—一〇七頁。

☆33 厳密に言えば、「意図の発言」と「意図の表現」とは異なる。前者には記号やシンボルを用いた孤独な、他者を必要としない行為がある。しかしこの場合でも、そうしたシンボル・記号で表現された意図が、他者の眼に入る可能性を否定できないかぎり、それは可能的な意味で社会的である。

言すること」と「意図を形成すること」との相違は、労働の意味の社会的次元における顕在性と潜在性の地平の区別に対応している。もっとも意図の語られざる形成と意図を語った発言との違いがより決定的な意味をもつようになるのは、両者が同じ内容をもちながら異なった個人の間に配分されて結びつけられるようになった場合である。この点を明らかにするためにも、とりあえず労働を複合的な行為として成り立たせている二つの契機に注目しておく必要がある。

記号による表象の造形あるいは意図の表現が、労働の実行に先立つ相対的に固有の契機ならば、労働はもともと二つの異なった操作の契機、つまり記号の操作と道具の操作からなる複合的な行為だということがわかる。記号行動の担い手は未来の道具行動で実行可能な目標を予期しつつ構想し、道具行動の担い手は過去の記号行動で表明された意図を想起しつつ実現する。(労働の成果の)観念を(労働の)実践によって実現していくとは、二つの異なった行動パターンを想起と予期によって結びつけるプロセスである。いうまでもなくシンボルや言語はこの想起と予期がおこなわれるさいに駆使される。記号行動から得られた表象を構想として記憶のうちに保持し、労働の成果としてそれを期待しつつ道具が使用される。労働は当初からたんなる道具行動を超えている。道具的行為のなかに記号行動を組み込み、記号(ことにシンボル的な記号)による表象の造形によって想起と予期の地平を形成しつつ、その行為類型を異なった行動パターンの複合として実現するときこそ初めて、労働が労働として現われてくる。

ところでこのように記号行動の固有の意義を捉えるなら、この行動には(アンスコムの言う意味での）〈未来指向的な意図の表現〉により複合的な関連が含まれることになるだろう。言語表現のうちには、〈さらなる意図をもって行為する〉契機を付け加えることができるし、また〈過去視向的な意図〉にかんする確認や同意をここでおこなうことも可能になる。つまり記号行動は、意図の時間的な複合性を一連の記号表現で体現することが可能にもなる。だがこのことは、記号行動によって複数のもろもろの意図を調整して調和させ一貫させることが容易になることだけを意味しない。意図の時間的次元での複合性を社会的な次元での複合性と組み合わせることで、複雑さの度をより高める方向にみちびく可能性が開かれてくる。

記号の操作と道具の操作は、同じ個人によって遂行される二つの時間的なプロセスとして現われるだけではない。同じ労働の過程で別の個人に分掌された二つの契機となって現われることもある。なんらかの労働を計画し、その計画を意図として一定の形式で表現する者と、それに同意しつつ意図的に道具を操作する者とのあいだの仕事の分掌である。マルクスの言を借りれば、「自然システムにおいて頭と手が同じ身体に属しているように、労働過程は頭脳労働と手工労働を統合している。しかしのちには頭脳労働と手工労働は分離し、敵対的な対立項にまでいたる」[☆34]。この分割された二つの操作が支障なく繋がってスムーズな流れをつくるには、すくなくとも前者による〈意図の表現〉を了解し、それに同意するかたちで、後者による〈意図の形成〉（あるいはより正確には表明された意図の受容）がなされねばならない。でなければ意図にもとづく理由が、後者の道具的行動を支配し規定することにはならない。ここではある個人が言語の形式で表現された何か、つまり表象され想像された何かを、他の個人もイメージ

☆34 *Das Kapital*, Bd. 1, S. 513. 訳一九九頁。

等のかたちで想像することが（強制によるものであれ、合意によるものであれ）求められる。もし後者がこの要請を受け入れることを表明するならば、前者の個人は、後者の個人が何を想像しているのかを推理し想像することができる。このある個人がかつて想像したものを他の個人が新たに想像する能力を、わたしは前にメタ構想力と呼んだ。むろん現実には、このように分割された二つの操作が同じ労働過程でいつでもスムーズに連係できるわけではない。メタレベルの構想力は後者が嘘をつくなら簡単に挫折する。メタ構想力は論理的に考えればそう簡単には〈ありそうにないこと〉である。労働の分割から予想できるのは、むしろ二つの行動の担い手のあいだでつねに齟齬や葛藤が起こりうることだ。労働が社会的な意味で偶発的かつ複合的となる根の一つがここにある。ところでこうした二つの行動が一定のパターンとして成立してくると、そこに次のような興味深い現象が発生してくる。

一つは意図の脱人称化とでもいうべき現象である。意図が記号的な表現のかたちで伝えられると、その意図を最初に抱いた者と同じ意図をそののちに伝える者は、別の個人であっても構わない。すでにアンスコムが指摘していたように、たとえば命令することと意図することはかならずしも一致しない。[☆35] 命令する者が命令する内容をもともと意図していたとはかぎらないからだ。企業や組織ではどこでも見かけることだが、誰かの意向を汲んで自らはもともとそれを意図せずに他人に命令を下す者がいる。つまり個人Aが自ら抱いた意図を個人Bに伝え、個人Bが、命令・指示の形式で、それを個人Cに伝えるという相互の関係がそれである。階層的であれ機能的であれ、直接の相互行為 Interaction から組織 Organisation の次元に転換するうえ

☆35 「わたしは、命令は命令を発する発話者の意図というよりもその本質的機能は言語的なものである、と主張したい。というのも、命令の与え手は心の中の思いとはまったく逆の命令を（つまり、その命令を実行すべきでないと考えながら）与えることができるからである。」（Anscombe, *op. cit.*, p. 3. 訳五頁）

では、この種の仲介者の介在は決定的な意義をもつ。なぜならその介在は、最初に意図を表現した者がその場に居合わせることなく、しかもその意図にそった一連の行動が組織される可能性を開くからである。意図とその実現、記号行動と道具行動を結びつけるコミュニケーションは、ここではその場に居合わせている者とそこに居ない者とのコミュニケーション、つまり現前する者と不在の者とのコミュニケーションになる。たんなる対面的な相互行為（あるいはそうした相互行為にもとづく集団形成）を超えた組織形成の芽生えが、ここに萌している。そして労働の組織形成が日常化すると、そこで見られる個々人の意図の形成は、かえって組織・集団における意図の表現と伝達の結果にほかならないということにもなる。

もちろん意図の表現、意図の伝達、意図の受容の連係プレーはそうスムーズに運ぶとはかぎらない。なんらかの意図を、もともとそれを抱いていたわけでない個人の手で実現させるには、事と次第では「自己の意思を他人の行動に対して押しつけるチャンス」[☆36]、つまりなんらかの「権力」にたよる必要も生まれる。権力によるそうした意図の強制に無理があれば、それに対する拒否や反抗の可能性も出てくる。つまり意図の脱人称化は、当事者同士の強制や抵抗、葛藤や分裂を生む端緒にもなるわけである。とすれば意図の脱人称化とともに、こうした葛藤や分裂の恐れの経験にもとづいて、意図や構想の通りに事が運ばない可能性を、現に起こりうる可能性としてあらかじめ見込んでおく必要性が生じる。労働のプロセスが一定の持続性をもったルーティンとして確立するのは、この偶発性を処理するメカニズムがなんらかのかたちで構築されたときである。社会が違えば当然ながらそのメカニズムも異なる。それでも、たとえ

☆36　マックス・ウェーバー『支配の社会学』世良晃志郎訳、創文社、一九六〇年、五頁。

ばルーマンの認知的予期と規範的予期との類比で考えられる次の二つの可能性をメカニズムの指針にする点では、おそらく変わりあるまい。一つは、構想通りにうまく進まない場合に、事が運ばなかった事実を事実として受け入れ、意図やプランそのものを見直し、欲求の選択を変更し規定しなおす可能性であり、もう一つは、当初の意図に抗する者がいたとしてもその構想を固持して、欲求の選択を変更せずに、道具行動の体制の方になんらかの要求や改善を課していく可能性である。実際には両者を組み合わせた混合形態が多くを占めるが、どちらに比重をおくかによって混合の仕方が変わり、それが社会形態の違いを反映することにもなるだろう。

ところで齟齬や葛藤の偶発性がこのようなかたちで処理されるのは、意図にもとづく理由がただちに行動を支配するにいたらず、欲求や信念が両者の間で理由として問われ、場合によっては別の選択肢が模索されること、つまり意図の見直しや変更に導いて、意図にもとづく理由の内的視点から欲求‐信念理由の外的視点への視座転換にいたることを意味している。すでに触れたように意図的行為の合理性を評価する外的視点は、既存の合理性から距離をとる姿勢を可能性として秘めた視点である。それは既存の欲求や信念の可能なオールタナティヴからどれかを選び出すのみならず、いまだ存在しない欲求や確証されていない信念などを探る潜在的なオールタナティヴを認める視点でもある。そうした可能性は、すくなくとも既存の合理性の外部にうごめく〈不在の表象〉、つまり構想力のかたちを取る。その意味では一見すると非合理的な欲求や信念がそこで跋扈する恐れも否定できない。つまりある意図的行為の内的視点から外的視点への転換は、合理性の内部で起こるのみならず、既存の合理性とその外部の境界の侵犯として現われることもあるわけである。労働の意味の社会的次元が既存の地平を超える揺ぎを見せ始めるのは、この局面である。

しかし労働の意味は、このような社会的次元にかぎらない。労働の大方は道具を用いる行為である。道具を使用する行為には、道具を制作する行為が前提される。ただし道具の制作には、大方の場合、なんらかの道具が使用される。労働の意味を語るうえでは、このプロセスに含まれる道具連関の意義を見過ごすことができない。とすれば労働の意味は、その連関が示唆する次元、すなわち時間的次元を十分に考慮できて始めて明らかにできる。

第五章　技術的知能とメタ表象

第一節　道具と言語の「考古学的」地平

1

ウィトゲンシュタインの『哲学探究』にはよく知られた次の一節がある。

時に人はこう言う。動物は話すことがない、なぜなら精神能力が欠けているからだ。そしてこれは、「動物は、考えないからこそ、話すことがないのだ」ということを意味している。しかし、動物は……からこそ、ではなく、要するに話すということをしないのである。あるいはむしろこう言った方がよい。もしわれわれが最も原始的な言語形態を無視するならば、動物は言語を使うことがない。命令する、問う、数える、喋る、等々は、行く、食べる、飲む、遊ぶ、等々がそうであるように、われわれの自然史（自然誌）に属しているのである。[☆1]

「動物は考えないからこそ話すことがないのだ」とは、逆を言えば、人間は考えるからこそ言葉を話すのだとみることである。言葉と思考はそこでは発生の根源を同じくする。人間は他の

☆1 Ludwig Wittgenstein, *Philosophische Untersuchungen*, in: *L. Wittgenstein Werkausgabe*, Band I, Frankfurt am Main: Suhrkamp Verlag, 1995, S. 568.（ウィトゲンシュタイン『哲学探究』黒田宏訳、産業図書、一九九四―一九九五年、一八頁。）

動物にない「考える」能力をもち、言語はこの内なる精神的能力が外に発現したものだと解する見方は、人間と動物の違いを精神と自然の二項対立で描く発想とつながりやすい。ウィトゲンシュタインはこれと縁を切った。ヴィゴツキーの顰みにならって、いっそのこと「思考と言葉はそれぞれ発生上まったく異なる根源をもつ[☆2]」と断じてもよいところだが、動物は「要するに話すということをしない」のだと慎重にその手前で踏みとどまった格好だ。

　人間と他の動物とのあいだに違いがあるのを、ウィトゲンシュタインも認めている。ただかれはその相違を精神と自然、人間と動物の二項対立で見ていない。言葉を用いることは、「行く、食べる、飲む、遊ぶ、等々がそうであるように、われわれの自然史に属している」。ちょうどそれは空を飛ぶことが鷲や鳩の自然史に属しているのに等しい。自然史に還元されるかぎり人類が他の動物の対極に位置できる特権的な地位を占めることはない。もっとも自然史の地平内でなら、「命令する、問う、数える、喋る」といった言語の用い方が人間固有の営みであるとウィトゲンシュタインがみなしていたこともたしかだ。言葉の自然史、すなわち「記号の自然史[☆3]」である。動物は思考することをしないからではなく「要するに話すということをしない」だけなのだと言ってみたところで、言葉をめぐって人間と他の動物とのあいだに壁があるとみなされている点に変わりはない——ただしそこでウィトゲンシュタインが「最も原始的な言語形態」について慎重な限定を付していたことは留意してよいが。

　アリストテレスの「言葉をもった動物」以来、言語はしばしば人間を他の動物から区別する決定的な徴表とみなされてきた。『ドイツ・イデオロギー』の著者たちが「人々は、人間を意

☆2　レフ・セミョノヴィチ・ヴィゴツキー『思考と言語』柴田義松訳、新読書社、二〇〇一年、一〇九頁。

☆3　ヴィゴツキー『文化的－歴史的精神発達の理論』柴田義松監訳、学文社、二〇〇五年、一六三頁。

識によって、宗教によって、その他お望みのものによって、動物から区別することができる」[☆4]と皮肉ったように、生物界での人間の特権的な地位を浮き彫りにするのに、言葉だけが唯一の特別な候補だったわけではない。アリストテレスは開口一番「あらゆる人間は、生まれつき、知ることを欲する」と記しながら、感覚・記憶力・経験・技術・学問等にわたって人間と動物との種差に触れたことがある。[☆5] マルクスがベンジャミン・フランクリンの「道具を作る動物 a tool-making animal」という特徴で人間の種差を語ったのも、その一例である。[☆6] もちろん人間を他の動物から区別する特質を探ること自身が無意味だというのではない。問題はそうした区別の認識が人間と動物との対立、人為的なものと自然的なものとの対立の構図を自明の前提にした認識とつながりやすいことだ。区別を立てることが二項対立の構図に直結しない認識こそ、いま求められている道である。

こうした姿勢から労働という営みを振り返ってみると、先に見た道具的操作も記号的操作も、人類に特有の操作パターンだとあらかじめ規定してすますのは、今日ではどうみても厳密さを欠く。言語使用にせよ道具操作にせよ、人間に固有のものかどうか一度、[☆7]疑ってよい。かりに労働を他の動物の適応行動とは異なった人間の行為と解するにしても、その決定的な違いを道具使用や道具製作の有無だけに見ることは、今日の知見としてはもはや通用しない。ヒト以外の動物でも道具を使用する例は少なくない。[☆8] カリウドバチ、テッポウウオ、キツツキフィンチ、マングースなど系統を異にする動物について道具の使用例が知られている。ことに類人猿の道具行動は目を引く。[☆9] 現在ではジェーン・グドールの発見以来、広く知られるように

☆4 カール・マルクス／フリードリッヒ・エンゲルス『ドイツ・イデオロギー』廣松渉編訳、河出書房新社、一九七四年、二三頁。

☆5 アリストテレス『形而上学（上）』出隆訳、岩波文庫、980a-982a。

☆6 Karl Marx, *Das Kapital*, Bd. I, Berlin: Dietz Verlag, 1972, S. 194.（カール・マルクス『資本論・第一巻（上）』、今村仁司・三島憲一・鈴木直訳、筑摩書房、二〇〇五年、二六六頁）。

☆7 Jügen Habermas, *Erkenntnis und Interesse*, Suhrkamp Verlag, Ffm., 1968, S. 342.（ユルゲン・ハーバーマス『認識と関心』奥山・八木橋・渡辺訳、未來社、一九八一年、二九八頁）

☆8 リチャード・リーキー／ロジャー・レウィン『ヒトはどうして人間になったか』寺田和夫訳、岩波

なった話だが、ゴンベ（アフリカ）のチンパンジーはたとえばシロアリ釣りのために小枝を道具として使用し、場合によっては小枝から邪魔になる分枝や葉を取り除くといった道具の製作をおこなう。[☆10] 道具の柔軟な使用や異なった文脈への適用に限らず、ある種の製作・発見、場合によってはその継承（つまり社会的伝承）なども、初歩的ながらすでに類人猿に見られると言う。ホモ・ハビリスが製作・使用したらしいオルドワン型石器は、自然の石塊を別の石でたたき割るだけのパーカッション法による礫石器だが、一目見ただけでは、野生チンパンジーが製作・使用する石器とほとんど選ぶところがない。[☆11] 両者の類似点を強調しすぎるのも禁物だが、[☆12] 労働を人間に独自の行為とみるには、道具の使用・製作そのものを根拠にすることはできない。違いは道具の使用・製作自身にあるというより、道具の使用や製作の様式におけるなんらかの新しさにあると見るべきだろう。今日ならいっそのこと道具的行動そのものは人間と他の動物に共通する行動だといってもよい。

似たようなことは記号操作（あるいは言語操作）にも言える。たとえば信号《シグナル》レベルのコミュニケーションにかんするかぎり、多くの動物がそれぞれに特有の感覚系を介して環境からの信号を選択的に利用している。動物同士が（身振り等を含む）記号《サイン》的コミュニケーションによってかなり融通のあるかけひきをおこなうのは、ここ数十年以上にわたって動物行動学が明らかにしてきた事実である。[☆13] 人間の言語行為に当たる行動類型についても、おもに霊長類を対象にした研究が重ねられてきた。[☆14] 類人猿とりわけチンパンジーについては、ヒトの文化のもとで飼育された場合、訓練次第で語の構成力などかなり高い言語習得能力のあることが実証されてお

書店、一九八一（原書 一九七九）年、二〇四―二〇五頁。動物の道具使用行動が「身体的能力の範囲から一次元高い行動空間を獲得する」ことに導くことを指摘した次の考察を参照、河合雅雄『人間の由来（上）』小学館、一九九二年、一七五―一七七頁。北原隆・乗越皓司『道具の起源――類人猿から初期人類への道具行動の発展』東海大学出版会、一九八六年、一―二五頁。同書では動物の道具を定義して、・道具に使われる物が体の一部ではなく、・「体の延長の機能をもつ物」で、・「ほかの物の形、位置を変える目的で使われる」としている（八頁）。

☆9　北原隆・乗越皓司、同書、二六―一一四頁。

☆10　ジェーン・グドール『野生チンパンジーの世界』杉山幸丸・松沢哲郎訳、ミネルヴァ書房、一九九〇（原書 一九八六）年、五四九頁。同『森の隣

り、短期記憶・推論の能力、社会的知能でも幼児期の人類と同等（あるいは類似）の潜在能力があるのを実験室で確認する研究がおこなわれてきた。☆15 カール・ビューラーは言語の機能を表出機能・喚起機能・叙述機能の三つに分けたが、すくなくともなんらかの記号・音声によって機能的に等価の、いやむしろ機能的に近似した☆16行動をなすというかぎりで、類人猿は現生人類と通底しうる類似の地盤をもっているといっても今日ではあながち不当ではない。

ポパーは、ビューラーによる言語の三機能にさらに論証機能を加えて再定式化したさいに、人間の言語はこの四機能すべてを十全に満たすが、動物の言語は表出機能と喚起機能、さらに叙述機能についてはその半ばぐらいまでしか満たすことができないとして、この機能の充足度の多寡で人間と動物とを区別したことがある。ジョン・C・エックルズが脳の進化を傍証に引きながらポパーのこの見解を支持していることからも察せられるように、☆17 人間の言語性についてこの解釈が一面の真理を照らしていることはまちがいない。しかしここでわたしは機能充足の多寡を人間と動物の対立にまで誇張するよりも、（第四の論証機能についてはしばらく措くとして）むしろビューラーのいう三機能に近似したものをある程度以上充足できる記号操作が、潜在的ながら動物（すくなくとも類人猿）と人類とに共通に具わっている点を確認しておきたい。差異はむしろこの類似性を確認するところから探るべきである。

霊長類の系統発生図を一瞥すれば、この類似性が何を示唆するのか、ある程度推測がつく。たとえばニホンザル、チンパンジー、ヒトという三種の動物について分類を試みようとするとき、ニホンザルとチンパンジーを「動物」として一まとめにし、ヒトを「人間」と呼んで二分

人——チンパンジーとわたし』河合雅雄訳、朝日選書、四九—五〇頁、三二二—三二六頁。リーキー／レウィン、前掲書、二〇八頁。

☆11 Thomas Wynn/W. C. McGrew, An Ape's View of the Oldowan, in: *Man*, vol. 24, no. 3. London, 1989, pp. 383-398.

☆12 「チンパンジー段階で堅果割りに使われる石のハンマーから、アウストラロピテクス段階で掘り棒の加工や獲物の皮剝ぎに使われたと想定される鋭い刃をもつ剝片までには、なお石器技術の進化的ギャップがある」（安斎正人『理論考古学』柏書房、一九九四年、一五五頁）。

☆13 ドナルド・R・グリフィン『動物に心があるか——心的体験の進化的連続性』桑原万寿太郎訳、岩波書店、一九七九年。同『動物の心』長野敬・宮木陽子訳、青土社、一九九五

するのが、ごく普通の分類法だろう。だが霊長類の進化上の系統関係でみるならば、人間とチンパンジーを一くくりにして、それらをニホンザルと区別する方が理に適う。ヒトと一部の大型類人猿（チンパンジー、ゴリラ）は同じホミニッド（ヒト科）に属し、ニホンザルはこれと分岐した旧世界ザルに入る。☆18 系統発生上のこの遠近関係が、類似した道具操作と記号操作の自然史的基盤を推理する機縁になると考えることも不可能ではない。言語と道具の操作はヒトとともに突如として創発したのではなく、進化の系統樹において連なり枝分かれするなかで徐々にわずかずつ発展してきた。道具的技術と言語的記号は、動物とは違った人間性を象徴するというより、人間における動物性（より厳密にはホミニッド性）の徴表というべき一面を傍証するものだと推理することも今日ならまったくの不合理ではない。もちろんたとえば、現生人類とチンパンジーとが現存するものでは一番近い親戚だといっても、両者に共通の祖先が生存していたのは六〇〇万年前だといわれる。それ以後、鮮新世初頭（約五〇〇万年前）ごろに両者が系統的に枝分かれしたとすれば、「現代人類の心とチンパンジーの心とは、まる六〇〇万年分もの進化で隔てられている」☆19 ことも見逃してはならない。系統発生上の近さはこの遠さを知る手がかりでもある。

2

他方、もし話を自然進化の系統樹だけで片づけようとすると、わたしたちはまた別の単純化の罠にはまる。道具や言語の発生を単なる自然史に還元してしまう罠である。道具的操作や記号

年、二三八—二四三頁。最近の研究としては次を参照。波多野誼余夫ほか著『コミュニケーションと思考』岩波書店、二〇〇一頁。

☆14　正高信男『ことばの誕生——行動学からみた言語起源論』紀伊國屋書店、一九九一年。同書から一例をあげるなら、クモザルには「事物に名前をつけようとする命名体系」（二七—三二頁）、つまり指示機能をもった音声があり、リスザルの警戒音発声には、未分化な要素を含みながらも「伝達の相手を意識して、危険の存在という事象を伝達するという意味で、叙述機能の原型」すら見うけられるという（一八〇—一八一頁）。ただしわれわれの考えではいずれの場合も、その働きは人間の言語と機能的に等価のものというより機能的に近似のものといったほうがよい（注16を参照）。ファン・カ

的操作は一面で動物性の徴表ではあるものの、他面ではたしかに依然として人間性の徴候でもある。もし進化というものを「種レベルでおこる現象」として理解し、「種とは、環境に適応するため、たえずみずからを作りかえることによって、新しい種にかわってゆく」[☆20]プロセスにあるのだと捉えるなら、ヒトにとって道具・記号・象徴・言語といった手段が「みずからを作りかえる」うえで果たした役割は小さくない。たとえば人類の神経組織はシンボル構造の案出なくして自律した完成を見ることはなかった。道具・シンボルの形成と操作は、自然的な抽出物というより文化的な資源でありながらも、完成した人類の身体構造に付加された装置というより、当の身体構造そのものを完成させた契機だとみたほうがよい。

> 道具、狩猟、家族組織、そして後世の芸術、宗教、「科学」は、人類を身体的に形づくったのである。それゆえそれらは人類の生存のみならず人類の実現にとっても必要なものである。
>
> この人類進化に関する改訂した見解を適用すれば、文化的資源は人類の思考にとって付加されたものではなくその構成要素である、という仮説が導かれる。系統発生的に下等動物から高等動物に移行するにつれ、行動は直接の刺戟との関連でますます予想しがたいものとなる。この傾向は、生理学的には、神経活動の中枢的パターンの複雑性と優位性の増大によって支えられているように見える。……人類の大きな脳と人類文化が相前後してではなく同時に出現したという事実は、神経組織の進化における最新の発展が次のようなメ

ルロス・ゴメスによれば、多くのサル類（ヒト・類人猿以外の霊長類）の音声は、「環境のなかで起こる適切な出来事の表象を引き起こすという意味で、意味的な指示」をおこなう。しかし同じような意味的音声が、ニワトリやリスなど系統的に離れた動物にも見られるのに、類人猿にはまだ見つかっていない。したがって「これらの鳴き声のもとになっている認知メカニズムは、人間が進化で身につけたものとは異なることを示唆している」(Juan Carlos Gómez, ***Apes, Monkeys, Children, and the Growth of Mind***, Cambridge and London: Harvard University Press, 2004, p. 203.〔ファン・カルロス・ゴメス『霊長類のこころ——適応戦略としての認知発達と進化』長谷川眞理子訳、二〇〇五年、新曜社、二六三—二六四頁〕)

☆15　松沢哲郎『チンパ

カニズムの出現から成り立っていることを示している。すなわちより複雑な知覚領域の維持を可能にし、本質的（生得的）変数によるこれらの領域の決定をますます不可能にしているメカニズムである。人類の神経組織は、自律的な活動パターンをつくるためには、公共的なシンボル構造に接近せざるをえない。☆21

直立二足で移動したといわれるアウストラロピテクスは、新人類とよく似た骨盤と脚の構造をもちながらも、脳頭蓋は小さく現存の類人猿とほとんど変わりなかったという。既存最古のアウストラロピテクスといわれるアナメンシスの出現は、およそ四二〇—三九〇万年前にさかのぼる。打製石器やハンマーストーンは、すくなくとも初期のアウストラロピテクスが手にした形跡はない。☆22 ただ頭頂葉がチンパンジーに比べても発達していたためか、道具使用や言語コミュニケーションの機能をのちに発達させるうえで有利に働いたようだ。その後、二〇〇万年—一五〇万年頃に出現したホモ・ハビリスが石器を製作・使用していたことは右に触れた。ホモ・エレクトゥスの頭蓋の化石には、すでにヒトの脳の主要な言語野の一つ、ブローカ野の存在していたことが読み取れる。すくなくともホモ・エレクトゥス末期のヒトはなんらかの言葉を必要としたらしい。☆23 ホモ・エレクトゥスからホモ・サピエンスに進化したのがほぼ三〇万年前のこと、われわれの直接の祖先になる新人が登場するのは三万年前のことだ。右に引いたギアーツによらずとも、アウストラロピテクスからこの最後の新人にいたるまでのおよそ四〇〇万年近くは、一方で直立二足での移動や脳の拡大に代表される身体的変容と、他方で道具使

ンジーの心』岩波書店、二〇〇〇年。同『チンパンジーから見た世界』東京大学出版会、一九九一年。

☆16　言語としては日本語は英語と「機能的に等価 **functional equivalent**」である。しかしたとえばガードナー夫妻がチンパンジーに教えた手話、アメリカン・サイン・ランゲジによるチンパンジーの身ぶり操作、プレマックの考案によるチンパンジー用の彩片語、AIプロジェクトでの図形文字システムによるチンパンジーのシンボル操作は、この意味で人間の言語に「機能的に等価である」というより、「機能的に近似している **functional approximate**」と言った方がよい。後者はかなりの部分で人間の言語と機能的に等価な役割を果たすものの、完全なオールタナティヴとはいいにくい。たとえば人間の視覚障害者が用いる点字、聴覚障害者がおこなう

用、言語、シンボルなど記号的操作の発達によって構成される文化的蓄積とが、互いを補完し促進させながら人類の進化につながったと容易に推測できよう。解剖学上、われわれ現生人類と同じまで進化したヒトが、ようやくその後になって文化を発見したのではなく、「われわれの身体的構造の多くが文化の結果」なのである。自然から文化へ移行する過程というより、自然的なものと文化的なものとが未分化なまま交錯したこの場面こそが、むしろここで注目したい局面である。

わたしたちの思考から自然と文化の二分法を完全に消し去ることは容易でない。しかし現生人類がみずからの自然的性質と身体的構造を形づくるのに、文化の名で呼ばれる構成要素を不可欠のものとし、一定の文化形成の結果として「人間の自然本性」と「自然的人間」が成立したのだとすれば、文化的なものは、もともと人間にとっては自然的なもの自身の内的な構成要素にほかならないということになるだろう。エルンスト・カッシーラーは、人間が自らを「環境に適応させる新たな方法」として、「あらゆる動物の『種』に見いだされるはずの感受系と反応系の間に」「象徴系 symbolic system」とも呼びうる「第三の連結」を「発見した」といっている。ヴィーコのいう感覚的トピカのもっとも原初的な姿は、この「象徴系」の創発に探りうるはずだ。こうしたシンボルの系を〈作る〉原文化的な営みこそヒトが人間に〈成る〉自然のプロセスだったことは、おそらくギアーツとともに確認しておいてよいだろう。

ただし自然進化と文化進化とが交錯する場面にいたのは、今日の人類につながる化石人類の系統だけではない。二〇〇〇年から二〇〇二年にかけて、オロリン・トゥゲネンシス、アルデ

手話は、条件さえ整えば、健常者の用いる言語と「機能的に等価」になるが、このような代替手段の自在な選択はチンパンジーにはおこなえない。

☆17　ジョン・C・エックルズ『脳の進化』伊藤正男訳、東京大学出版会、一九九〇年（原書　一九八九年）八二頁。

☆18　松沢哲郎『進化の隣人——ヒトとチンパンジー』岩波書店、二〇〇二年、六—九頁。

☆19　スティーヴン・ミズン『心の先史時代』松浦俊輔・牧野美佐緒訳、青土社、一九九八年、一七頁。

☆20　今西錦司『進化とは何か』講談社、一九七六年、三〇頁。

☆21　Clifford Geertz, *The Interpretation of Cultures*, New York: Basic Books, Inc., 1973. p. 83.（クリフォード・ギアーツ『文化の解釈学』吉田禎吾・柳川啓一・中牧弘允・板橋作美

ィピクテス・カダバ、サヘラントロプス・チャデンシスといった七〇〇万―六〇〇万年前と思われる（ヒトの特徴をもった）化石が発見され、これまで最古とされてきた四四〇万年前のアルディピクテス・ラミダスを端緒にしたヒト化の記述も揺らぎつつある。[☆24] ヒトと類人猿とが系統的に分化したのは八〇〇万年から六〇〇万年前というのが通説である。とすれば化石人類のみならず、チンパンジーを筆頭にした大型類人猿たちも、段階の違いはあれたぶん同じ進化の土俵にいた。潜在的なもの部分的なものも含めて石器を製作したものには「器用なヒト《ホモ・ハビリス》」も類人猿もいただろう。文化的なものの芽は、すくなくとも物質文化の面では（ヒトと類人猿を含む）ホミノイドが共有したものだといえよう。[☆25] とはいっても、自然的なものと文化的なものとのこの進化的な交錯から新石器時代における「自然から文化への移行」の地平にいたる前提を築いたのが、やはりヒトのなかでもホモ・サピエンスだけだったことを思えば、唯一器用な手を用いた道具使用という類似した基盤だけが、ストレートに人類への進化の要になったとは言いにくい。

たとえば大型類人猿からヒトが分岐してくる時点の進化のプロセスを化石記録にもとづいて分析すると、道具（石器）使用の発達が化石人類の大脳容量を変化させる原因になったと単純に言えないことがわかる。[☆26] 進化の段階によっては、石器の進歩がない時代にも脳が拡大し、逆に大脳容量が増大したために次世代の石器の進歩につながったとの可能性すら否定できない。[☆27] ヒト化の重要な条件とされる大脳化は、洗練度を高めた道具技術ではなく複雑度を増した社会関係に導かれたもので、技術的知能ではなく社会的知能の発達によるものだとする「マキャベ

訳、岩波書店、一九八七年、一三一―一三三頁――ただし訳語は一部変更した）

☆22 諏訪元「化石からみた人類の進化」（齋藤成也他編著『シリーズ進化学5――ヒトの進化』岩波書店、二〇〇六年、所収）、三五頁。もっとも最近では華奢型猿人の一種、アウストラロピテクス・ガルヒが単純な石器を作り始めたようだと推測するものもいる。海部陽介『人類がたどってきた道』NHKブックス、二〇〇五年、二八頁。

☆23 ロビン・ダンバー『ことばの起源――猿の毛づくろい、人のゴシップ』松浦俊輔・服部清美訳、青土社、一九九八（原書 一九九六）年、一六四頁。

☆24 諏訪元、前掲論文、二〇〇六年、二六―三三頁。

☆25 ウィリアム・C・マックグルー『文化の起源をさぐる』西田利貞監訳、

リ的知能」仮説が説得力をもつと思われるのもこうした事実に関わる。道具使用が、霊長類だけにかぎらず、カリウドバチ、テッポウウオ、ハゲタカ、カラス、キツツキフィンチ、マングース、ラッコなど系統の異なるさまざまな動物で確認されるのに比べると、[☆28]社会的知能にかんしては、現生の類人猿よりもヒトが優位を占めるのみならず、真猿類よりも類人猿が、原猿類よりも真猿類が優位に立つ点で、[☆29]その進化的な特性はより鮮明である。

ルロワ＝グーランは、人類の祖先全体に三つの共通した基準があるのを指摘したことがある。第一の最も重要な基準が直立二足歩行で、この基準から二つの派生的な基準が生まれる。第二は自由な手をもつこと、第三は短い顔をもつことである。[☆30]派生的基準として肝腎なのは、人類がたんに自由に使える手を持ったことではなく、自由になった手が短くなった顔と釣り合うようになったことだ。こうして「手の役割は、道具を生み出す手段として、口頭の言語活動を生みだす手段である顔面器官とつり合っている」。人類においては、手と顔がいわば分離されて、「一方は道具と身振りによって、もう一方は発声によって新しいつり合いを求めている」[☆31]。「手にとっての道具と顔にとっての言語活動」――この二つの均衡、分化と結合という身体構造こそ人間特有の行為の由来になったというのがかれの主張である。ただしルロワ＝グーランはどちらかといえば直立二足歩行という基準の第一次性に力点を置いたためか、二足歩行を達成すれば、それがそのままヒトへの道を進むかのような印象を与えやすい。少し注意すればわかるが、自由な手と短い顔という身体構造は、ヒトだけに特有のものではなくヒトを含む霊長類のある部分に共通したものである。[☆32]自由な手と短い顔は器用な道具の使用と製作を促し

足立薫・鈴木滋訳、一九九六（原書　一九九二）年、中山書店。西田利貞『人間性はどこから来たか――サル学からのアプローチ』京都大学学術出版会、一六五頁―二一一頁。

☆26　トーマス・ウィン「道具とヒトの知性の進化」（リチャード・バーン／アンドリュー・ホワイトゥン、前掲書、三一九頁、三二七頁）。松沢哲郎「認知システムの進化」（友永雅己・松沢哲郎・河合優年編著『認知発達と進化』岩波書店、二〇〇一年、所収）三四頁。

☆27　ウィン、同論文、三二七頁。西田利貞、前掲書、二六四―二六七頁。

☆28　リチャード・バーンは、道具を使用する種に共通する事実として「（1）その習性は近縁種によって共有されない。（2）種内の個体は一種類の道具を使い、それも特別な目的だけに使う、（3）すべての個

たが、かならずしも自在な言語活動に導くことはない。自由な手と短い顔という身体上の組みあわせが、道具行動と言語活動という行動上の組みあわせと結びついて新たな経験をこうむったところに、むしろヒトの進化の謎を解く鍵の一つがあると考えた方がよい。直立二足による移動[☆33]にともなった知能の進化にかんして、「生態仮説」とは異なった「社会脳仮説」が存在することに注目したいのはこのためである。

「社会脳仮説」は、ある種の生態的・物理的な環境が脳の大きさを規定する選択に導いたとみる「生態仮説」とは違い、集団内の社会関係こそが知能進化の選択圧になったと考える[☆34]。道具使用がある段階で知能進化の選択圧になったことを完全に否定するつもりはないが[☆35]、ヒトの知能の進化を説明するのにこれだけでは十分ではない。自由になった手と短くなった顔とが釣り合うようになったことは、道具使用のための技術的知能と採食行動のための博物的知能とを結びつけ、さらにそれらを言語活動のための社会的知能と結びつけるために、より高次元のなんらかの知能が発達したことを意味する。たとえばホモ・ハビリスは一〇〇万年にわたってオルドワン型石器を使いつづけたが、おそらくその間に集団関係を複雑化させるなかで脳を大きく進化させ、その結果、ホモ・エレクトゥスのアシュリアン型石器を出現させるにいたったと推測することも不可能ではない[☆36]。リチャード・バーンとアンドリュー・ホワイトゥンが「マキャヴェリ的知能仮説」の名で提唱したように、ヒトの知性というものは「もともと相手を社会的に操作することの必要性に由来」しているのである[☆37]。

ところでもしこうした知能進化の社会脳仮説を認めるとするなら、この仮説は道具が使用さ

体は、与えられた機会が同じならば、その道具をまったく同じように扱う」の三つを挙げ、「このような事実から、動物の道具使用ははたして必然的に知能を反映するかどうか、疑問が生じる」と結論づけている（リチャード・バーン『考えるサル』小山高正・伊藤紀子訳、一九九八〔原書一九九五〕年、大月書店、一二七頁）。また類人猿について、体の大きさに対する脳の比が道具使用とは無関係であること、また類人猿の道具使用が進化的な選択によるものではないことを指摘した、次も参照。マックグルー、前掲書、一〇四—一〇六頁。

☆29　アンドリュー・ホワイトゥン／リチャード・W・バーン「マキャベリ的知性：編集ノート」（リチャード・バーン／アンドリュー・ホワイトゥン、前掲書）、三頁。

☆30　アンドレ・ルロワ

れる脈絡のあり方についても再考を迫ることになる。この仮説を認めれば、集団内のより複雑な社会的関係が道具の使用・製作のコンテクストに介在し、その複雑化が道具的技術の発達に影響した可能性も否定できなくなるからだ。トーマス・ウィンは、「われわれの技術のほとんどは、現代型の脳と知性の進化のあとで発展した」と断言しているが[☆38]、その真偽のほどは別にして、もし「現代型の脳と知性の進化したあと」となれば、道具使用のシステムも複雑の度を増した社会的関係のコンテクストに組み入れられたかたちで発展するほかなかっただろう。とすれば、「社会脳仮説」をとった地点からのヒトの道具的態勢にかんする理論的な考察こそが、労働の「認知考古学」として求められる道にもなるはずである。

第二節　メタ道具の形成と知能の進化

1

K・J・ナールは、人類の道具製作の特徴を、「最古の石器製作」から類推して、次のように語ったことがある。

道具は、自然の与えてくれた身体器官（手や歯）によって作られるだけではなく、道具（打つための石）を用いることによっても加工される……。〔これが〕意味しているのは、（一次的な）道具の使用は、それ自体が目的であるだけでなく、さまざまな処理と要素の——単純であるにせよ——系統的な相互連関と相互序列のなかに繰り入れられもするというこ

＝グーラン『身ぶりと言語』荒木亨訳、新潮社、一九七三年、三四頁。

☆31　ルロワ＝グーラン、同書、二〇七頁、二〇八頁。

☆32　この点から霊長類の手と顔の特徴を論じたものとして以下を参照、Gómez, *op. cit.*, pp. 9-27. 訳一〇—三四頁。ただしヒトの場合、同じく自由な手と短い顔といっても、直立二足歩行の発達が他の霊長類（とりわけ類人猿）との違いを決定的なものにしている。たとえば言語がそれである。ヒトとチンパンジーとの喉の構造を比較してみればわかるが、チンパンジーとは違った、調音を自由におこなえる形態的特徴を得たのは、ヒトが直立二足歩行を始めてからのちのことである（Philip Lieberman, *The Biology and Evolution of Language*, Cambridge and London: Harvard University Press,

とである（図、参照）。そのうえ、人為的に製作された最古の（二次的な）道具も、直接的な目的（たとえば動物の体の解体）に役立っていただけではない。さらに、補足的な形態付与は、いくつかの目的のために右の用途をおぼつかなくし、かえって、他の素材（たとえば木材）を用いたより進んだ（三次的な）手段、道具、武器の製作を指示することになる。そうすることで、目標を目指す連鎖は、すくなくとももう一歩広げられるのである。もちろんこのことは、ごく古い時代に関してはまだ発掘によって直接に跡づけられてはいない。しかし単純な石器の製作はすでにそれ自体、「道具を作るための道具」（ベルグソン）の条件なのである。ここにこそわれわれは、……動物の行為を越え出る決定的な基準をとらえるのである。☆39

ナールは、ヒトとチンパンジーとの相違を、そのままヒトとサル一般、人間と動物の区別に重ね合わせる古さを考察の基盤にしている。そのうえ、道具使用の「系統的な相互連関と相互序列」に着目したせいで、「最古の石器製作」を描いたにしては、比較的発達した人類による石器製作にも通じる描写になっている。しかしだからこそというべきか、このいささか大まかな見方は、ヒト特有の道具の製作・使用について考察を進める起点としては、今日の知見に照らしても得るところが少なくない。

　人間が道具を使用したり製作したりする場合、新たに作られた道具が、直接の生活資料を生産・獲得するための手段として用いられずに、新たな別の道具を作りだすための材料や手段に

1984, pp. 256-286)。

☆33　直立二足化についても、それをただちに「歩行」の常態化とだけ考えてよいかどうかには疑問視する向きもある。たとえば二足化は、その前期（類人猿段階の四足性からアウストラロピセサイン段階の二足性への変化期）では「走行」の必要性のために達成され、後期（アウストラロピセサイン段階の二足性からホモ・エレクトゥス段階の二足性への変化）にいたって長期「歩行」の必要性を生んだとする次の仮説を参照。渡辺仁『ヒトはなぜ立ち上がったのか』東京大学出版会、一九八五年、一九頁。

☆34　Robin I. M. Dunbar, The Social Brain Hypothesis, in: *Evolutionary Anthropology*, 6 (5), 1988, pp. 178-190.

☆35　シックとトスは、ホモ・ハビリス以降、ことに後期ホモ・サピエンス・

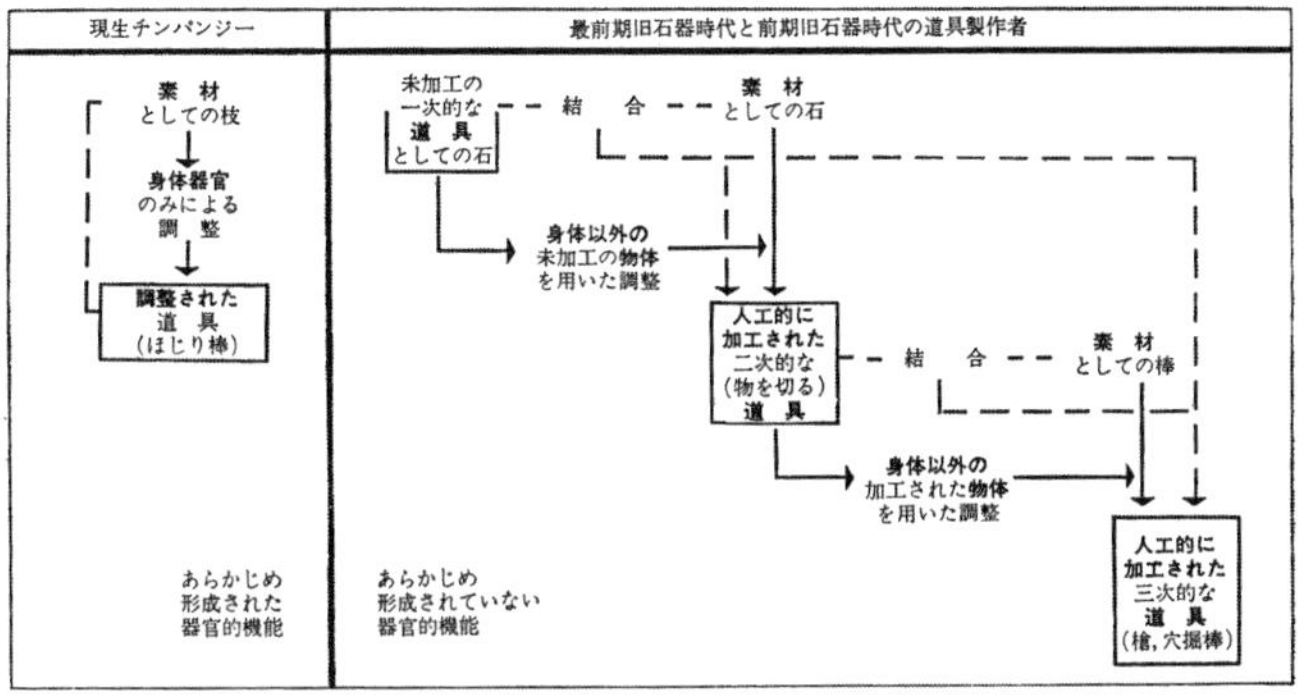

使われることがある。前者の道具Aは後者の道具Bを作るための一次的道具として機能し、道具Aの製作は道具Bとの連関を予想している。ナールが指摘したのは、道具製作が同時にこのような道具連関をも先取りするようになる局面での道具製作の新たな人間的特徴である。

「道具を作るための道具」とは、「道具の（ための）道具」という意味では一種のメタ道具である。ナールはどうやらこのメタ道具の形成にヒト特有の道具製作のありようを見たようだ。すでに指摘したとおり、道具を使用し製作するだけならば、もはやヒトとチンパンジーを分かつ違いではない。では道具の（ための）道具というメタ次元になるとどうだろう。たとえば、ヒトとチンパンジーとの認知能力の差を、このメタレベルの論理階型の有無に見た松沢哲郎の議論がある。☆40「知識にかんする知識、コミュニケーションのためのコミュニケーション、言語についての言語、関係の関係、道具のための道具、そうしたものこそヒトとチンパンジーの認識の相違を表わすキイワード☆41」で、チンパンジーにはこうしたメタコ

サピエンスの出現期こそ、道具使用が知能の進化に影響を及ぼした時だと主張している。Kathy D. Schick and Nicholas Toth, *Making Silent Stones Speak*, New York: Simon & Schuster, 1993.

☆36 西田利貞、前掲書、二六六―二六七頁。

☆37 リチャード・バーン／アンドリュー・ホワイトゥン、前掲書、・頁。ただし後述するようにヒトにおける社会脳の進化は、マキャベリ的知性の発達に還元できない。この点がマキャベリ的な社会的知能に優れた大型類人猿とヒトとの重要な違いを暗示してもいる。

☆38 トーマス・ウィン「道具とヒトの知性の進化」（バーン／ホワイトゥン、前掲書、所収）、三三七頁。

☆39 K・J・ナール「人間性を知るために原始時代はどう役立つか」（ガーダマー／フォーグラー編『講

ミュニケーション、メタ言語、メタ道具といった論理階型の認識をもつことはできないというのが、その主張するところである。

もっともボッソウ（ギニア）の野生チンパンジーでは、ヤシの種を割って胚を食べるのに、ハンマーとして用いられる石、種を載せる台石に加えて、台石の安定性を保つために台石の下にもう一つの石をかませて用いる例が報告されている。こうした物と物との関係づけを、道具を用いるための道具としてメタ道具の使用と解釈できるなら話はすこし異なる。[☆42] チンパンジーは野外生息地で、日常的に道具を使用し、目的に合わせて道具に適当な加工をほどこす。のみならず、ごくわずかな観察例だが道具を道具として用いるために他の複数の道具を組み合わせて使用する。[☆43] メタ道具の使用そのものは、もはやホモ・ファーベルたるホモ・サピエンスの専売特許とはいえず、いまならばヒトと類人猿とが分岐する線ではなく、かえってヒトとチンパンジーとが同居していた類似性の地盤を供するかもしれない。

ただし類例がほとんどないチンパンジーによる道具の組み合わせの例を、過大に見積もるのも禁物である。[☆44]「チンパンジーがもって生まれた能力では、これがぎりぎりの困難な課題」[☆45]というべきで、現時点で知るかぎり、少数の例を除けば、あくまでその能力は潜在的なレベルにとどまったままだというのが穏当なところだろう。[☆46] むしろこの新しい認識によってヒトの道具使用の原初的なあり方にかんするどのような見方が求められるのかを明らかにすること、その意味で労働の原初的な位相を発掘してみることが重要である。ただしそのためにこそ、すくなくとも潜在能力レベルでのメタ道具の使用可能性という次元の存在、物と物との関連づけのレ

座　現代の人間学4』前田嘉明・正井秀夫・茅野良男・徳永恂・森田孝〔日本版・監修〕、白水社、一九七九〔原書　一九七三年、二五—二七頁〕。

☆40　松沢哲郎、前掲書、一九九一年、一六八—一七〇頁。

☆41　松沢哲郎、同書、一七〇頁。

☆42　松沢哲郎、前掲書、二〇〇〇年、五三—五六頁。

☆43　かなり稀なケースだが「道具を作る道具」のケースを推測した次の報告もある。松沢哲郎「心の進化」（『科学』六九巻・四号、岩波書店、一九九九年）、三二七—三二八頁。

☆44　たとえばこの道具の連結例にたいするスティーヴン・ミズンの否定的な解釈を参照。スティーヴン・ミズン、前掲書、一〇四頁。またリチャード・バーン、前掲書、一三九頁での見解も参照。

ベルの深化が、ヒトとチンパンジーの類似性の基盤になりうることを、推測の起点として確認しておきたい。

2

この類似性を基盤にして人間が類人猿とどう区別されるのかを考察するうえで注目しておきたいのは、ナールが道具連関の新たな創造において（図では実線の矢印）、観念的表象の結合・連鎖（図では破線の矢印）の新たな形成が存在するのを指摘していた点である。なんらかの労働生産物を産出するにあたって、その完成品をあらかじめ頭のなかで描くことが人間の労働に読み取れる性質であることは、すでにマルクスが指摘していた。それは人間と他の動物を分かつとされた性質でもある。ヒト化のプロセスで問題となる石器製作に関連づけて言えば、東アフリカに一五〇―一〇〇万年前に現われ、ホモ・エレクトゥスが使用したアシューリアン石器では、その形態的な特徴から、完成した石器のイメージを「頭のなかで」描きながら製作された[☆47]ことが推測される。ルヴァロワ技法などで作られたムステリアン型石器ともなると、「形態的に複雑な二段構造を示す」[☆48]ようになり、その製作には「周到な準備と最後の一打撃を与える判断をするという高度な計画性が必要」[☆49]とされたらしい。

もっとも類人猿でも道具を使用したり製作したりするときになんらかのイメージを抱くと指摘する論者がいる[☆50]。ただしヒトとチンパンジーとでは、このイメージのあり方に違いがあり、それが道具の製作・使用の違いにも結びついているようだ。

☆45 松沢哲郎『アイとアユム』講談社、二〇〇五年、五〇頁。

☆46 言いかえれば、訓練次第ではこうした能力をある程度は発揮するかもしれないということでもある。「飼育下のチンパンジーの研究で明らかになった彼らの能力を考えれば、チンパンジーは……タスマニア人の物質文化に現われるすべての生計用道具を作ることができ、使用することができる」（ウィリアム・C・マックグルー、前掲書、二二一頁）。マイケル・トマセロも「ヒトと似た文化的環境でヒトによって育てられた類人猿は……自然の生活環境や通常の飼育環境下では発達しないヒトと類似したスキルを発達させうる」（Michael Tomasello, ***The Cultural Origins of Human Cognition***, Cambridge and London: Harvard University Press, 1999, p. 35.〔マイケル・

《用具の保存・製作》の行為は、……チンパンジーにも萌芽的にみられるが、チンパンジーが道具を作るのは、食物が現前していて、道具を使う必要にせまられている場合にかぎられる。道具を必要とするときにそなえて、道具をあらかじめ作ったり、保存したりするわけではない。また道具として使った棒をかえすのをこばむときも、その拒否は、道具を使った状況の興奮がのこっているわずかのあいだしかつづかない。本来道具としての道具は、ある特定の時間に、ある特定の状況のもとで製作されながら、特定の時間や状況をこえて使用することができる普遍的有効性をもっている。しかしチンパンジーには、そうした普遍的有効性の理解をうかがわせうるような安定した道具の保存・製作の行為はみられない。☆51

市川浩は、ケーラーの著名な実験観察にほぼ沿った格好で、チンパンジーが道具を作るのは、たとえば獲物や食物等の欲求の対象が現に目の前に存在していて道具を使う必要のある場合にかぎられると言っている。それにともなうイメージも、「現前する特定の状況によってよびおこされ、その状況がなくなると同時にきえさる、はかない〈移行的心像〉」で、高度の計画性をともなって「現前する状況をはなれて保持される〈持続的表象〉」ではない。☆52 欲求の対象は対象としてそこに現前している。でなければ餌食となる生物の出現が欲求を呼び起こす。その出現した生物的対象の知覚イメージに適用される移行的心象が、道具の使用や製作を導

トマセロ『心とことばの起源を探る』大堀壽夫・中澤恒子・西村義樹・本多啓訳、勁草書房、二〇〇六年、四四頁）と指摘している。人間の文化に接触するようになったチンパンジーは、野生状態では観察できない能力を発揮する。科学的に厳密な今日の観察では、完全な野生状態、餌付けした野生状態、管理された放し飼い状態、訓練を欠いた飼育状態、訓練下での飼育状態などの違いで、サル・類人猿に能力の発達で大きな違いのあることが認めうるだろうが、チンパンジーの「潜在能力レベル」としてここで言いたいのは、こうした条件次第で発揮できる能力のことである。

☆47　高橋順一「ヒトの道具」（本吉良治編『心と道具』培風館、一九九五年）二〇頁。「制作を始めるまえに製品を心に描くこと」が「大脳半球とくに運

く[☆53]。なるほど人間以外の動物でも、採食行動の途上では、食物が手に入りそうな徴候を獲物探索のためのイメージとして知る能力をそなえており、この種の「探索イメージ」[☆54]は、なんらかの徴候から識別される獲物の不在の表象をともないうる。[☆55]だがそうした採食行動の場合でさえ、その目的にそなえて、まだ手に入れていない獲物を表象しつつ、まえもって道具を製作し準備するということはまず考えられない。

　もっとも類人猿がもつ〈心象〉の一過性と人間が形づくる〈表象〉の持続性という対照だけをこのように強調すると、両者の違いを動物と人間という二分法に還元するだけで、その正確な理解を逸しかねない。同じ霊長類でもチンパンジーは、他の霊長類と比べて道具使用できわめて高い知能を見せる。そのさいの〈心象〉を「移行的」と形容しにくいケースがある。グドールが野生チンパンジーのシロアリ釣りで観察した次の例は、どちらかと言えば「移行的心象」というより「持続的表象」の方にはるかに近い――「一〇月から一二月にかけて頻繁にシロアリ塚を訪れるとき、チンパンジーは移動の途中でしばしば立ち止まり、草の茎や他の材料を選び、それを口にくわえてシロアリ塚へと進む。塚は道具を拾い上げる場所から見えないこともあり、時には一〇〇メートルも離れていることがある」[☆56]。獲物を獲得する行動と消費する行動が意識的に分けられているとまでは言えないが、欲求の対象がまだ見えない場所で、おそらくその目標をある程度持続的に表象しながら道具となる草の茎や他の材料を選択する行動がおこなわれているのは、かなりたしかなようだ。

　したがってここでは、移行的心象と持続的表象という二分法を避けて、一方で大型類人猿た

動前野と運動野のあらゆる付随的結合を含めての進化的発達」によって駆動されたためであることを指摘したものとしては、次を参照、エックルズ、前掲書、六九頁。

☆48　高橋順一、同論文、二〇頁。

☆49　内村直之『われら以外の人類』朝日新聞社、二〇〇五年、二二一―二二二頁。

☆50　バーン、前掲書、一三九頁。**Gómez, *op. cit.*, p. 101**、訳一三〇頁。

☆51　市川浩『精神としての身体』勁草書房、一九七五年、一七二頁。

☆52　市川浩、同書、一七一頁。

☆53　「〔道具の〕準備の過程で、主体は……道具の有用な形態あるいは道具的形態にもとづいて誘導されるのではなく、たんに以前の知覚運動上での経験から生ずる「汎化されたイメージ」にもとづいて誘導さ

るチンパンジーと他の霊長類との道具使用における知能差を確認し、他方でチンパンジーとヒトとの持続的表象における質差を説明できる概念に代える必要がある。前者の知能差を論じたものとしては、オマキザルとチンパンジーの道具使用を比較した実験結果に対するリチャード・バーンの解釈がある。☆57 道具操作によって一定の問題を解決させようとした実験に関して、オマキザルとチンパンジーの間にバーンが読みとった知能の隔たりは、程度の差とはとうてい言いえない。オマキザルが道具を使って目標を達成する方法は「試行錯誤にもとづく問題解決」である。オマキザルは「問題を解決するのに課題に特有な策をすべて試してみる」☆58。なんらかの成果を獲得するために、オマキザルがやるのは、道具を盲滅法に操作してみることで、成功した道具の使い方と失敗した使い方とを区別したり、その区別を記憶したりすることはしない。これに対しチンパンジーは「その仕事にふさわしい道具をすでに頭のなかに」描きながら道具を使用する。☆59「試行錯誤にもとづいてそれぞれの特定の問題を解決」するのではなく、「道具の特性を機能にもとづいて思い描きながら、道具にかんして必要な事柄を学習することができる」。この意味で、チンパンジーが道具操作のさいにおこなうのは「スキーマにもとづく予測」☆60である。オマキザルの試行錯誤にもとづく問題解決とチンパンジーのスキーマにもとづく予測とは、移行的心象と持続的表象との相違にほぼ匹敵する隔たりがある。

　とはいってもチンパンジーの道具操作がヒトの道具操作に比べてかなり限定されたものにとどまるのも明らかである。道具操作のこの限界を知る手がかりになるのは、類人猿による道具製作・使用と欲求充足の行動（巣作りなどを別にすれば多くは採食行動）との未分化な状態で

れ、そしてそのイメージの内容は、本質的には、〈道具的機能〉の特徴である有用な一定の運動、たとえば棒ならば〔それを使って〕遠くの対象に届くという運動によって規定づけられているのである。このようなイメージが、現にある生物的対象の知覚イメージに具体的に適用されることによって、猿を道具の準備へと誘導するのである。そしてすぐわかるのは、このように準備された道具は、〈形態面ではなく機能〉面でだけ決定されていることである」（チャン・デュク・タオ『言語と意識の起源』花崎皋平訳、岩波書店、一九七九〔原書 一九七三〕年、六四頁）。

☆54 「動物の食物のように、見たり聞いたり匂いをかいだり感じたりするものだけでなく、食物が手に入りそうな徴候のあるさまざまなものにも注意を集中する。……鳥は、どこで食物

ある。道具の製作と使用が食物収集と消費に連なる場合、どこまでが前者でどこからが後者かを区分するのは難しい。なるほどチンパンジーのシロアリ釣りでは、グドールの指摘にもあったように、その道具を使用する場所から離れたところで製作し、口にくわえてシロアリ塚まで運ぶこともある。しかしそれは道具製作と採食行動を（人間の生産と消費のように）別個のものと意識的に区分けしているというより、切れ目のない行動を「スキーマによる予測」にしたがって遂行しているのだと考えた方がよい。つまりそこでは生産と消費の明確な区分にあたる行為上の類型的な分割が意識的におこなわれているわけではない。ミズンはこれを「道具作りと食物収集とが同じ心の過程、つまり一般知能を用いている」[☆61]ためだと説明している。一般知能とは、道具を製造・操作するための技術的知能や、相互にやりとりするための社会的知能、自然界の理解に必要な博物的知能などと違って、なんらかの用途のために特化した知能ではなく、学習と意志決定にかんする「汎用の規則」で構成され、行動のいかんにかかわらず経験に照らして行動を修正するのに用いられる知能のことである[☆62]。チンパンジーは、道具を製作し使用することに充てられる特化した技術的知能を固有の知的領域として発達させず、道具作りと食物収集とを同じプロセスのうちに認知する一般知能を用いる。同じプロセスのうちに認知するとは、同じスキーマの内部に位置づけられたものとして予測するということである。一般知能とスキーマによる予測はこの意味で表裏の関係にある。しかも一般知能がかなりの程度発達しているからこそ、採食行動の脈絡で時に複数の道具を組み合わせる能力さえ発揮する。道具使用のレベルでみるかぎり、チンパンジーの未分化な一般知能はヒトの特化した技術的知能と

が見つかるか知らせてくれる特定のパターンをさがして、たとえば幹の樹皮にとまっている隠蔽色のガの輪郭からかろうじて識別するという……。研究室でのさまざまな実験では、ラットやハトは、通常は食物とまったく関係のない視覚パターンが、食物を手に入れることのできる信号であることを学習する。動物の脳のどこかに、探索イメージと呼ばれるものを認識する機構があるにちがいない」（ドナルド・R・グリフィン『動物の心』長野敬・宮木陽子訳、青土社、一九九五〔原書 一九九二〕年、七四頁）。

☆55　スティーヴン・ミズンによればチンパンジーの場合には、「資源の分布についての心の中の大きなデータベースを構築することに関する、博物的知能の萌芽となるような小さな心のモジュール群」が、その心の基本設計図の一特徴を

機能的に近似した価値をもつ。チンパンジーによるメタ道具の使用能力は、道具操作と食物収集との未分化な過程において、どの程度一般知能を駆使できるかに依存しているわけである。

　これと比較したとき人間の道具使用や道具製作に大きな違いのあることがわかる。道具製作のさいのヒトの〈持続的表象〉と表裏の関係にあるのは、道具製作・使用の行為と欲求充足の行為、つまり生産と消費との分化した過程である。ヒトの道具使用や道具製作では、欲求の対象が現前している必要はない。そもそも欲求の対象がそのまま労働の対象となることもあまりない。チンパンジーでは道具を使用する行動は、食物を獲得すると同時に消費する行動である。道具が向けられる対象は欲求の対象でもある。☆63 その表象が〈移行的心象〉とみなされやすいのも、こうした側面をもつためだ。人間の労働では、（たとえば目の前にある野苺を摘んですぐ口に入れるといった場合は別にして）欲求の対象がつねに直接に現前する必要はなく、むしろほぼ大方が不在の表象になる。したがって生産と消費との分化が前提となり、労働の遂行にはそのプロセスに特化した技術的知能が求められる。

　もちろん技術的知能は博物的知能（より一般的な言い方をすれば認知的知能）と結びつくことがなければ、対象と手段の素材的な質や自然環境の違いに応じて、その性能を自在に発揮することはできない。その意味では特化した技術的知能と博物的知能の分化は、同時に両者の統合による補完が必要となる。ミズンは、ホモ・ハビリスなど初期人類の心は、技術的知能と博物的知能を分化させはしたものの、両者の統合には障壁があったと推測している。初期人類が「汎用の道具に頼って」「特別な目的のために特別な道具を設計するようなことがなかった」の

なしているという（スティーヴン・ミズン『心の先史時代』松浦俊輔・牧野美佐緒訳、青土社、一九九八〔原書 一九九六〕年、一一九頁）。

☆56 グドール、前掲書、五四八頁。道具が目標物と視覚的に同時に知覚されないときには、その知覚野での機能的な意味を失うというのは、ケーラーの実験でもよく知られた知見である。グドールの発見は、この有名な知見の事実上の反証となっている。

☆57 バーン、前掲書、一二九―一四〇頁。

☆58 バーン、同書、一三五頁。

☆59 バーン、同書、一三九頁。

☆60 バーン、同書、一四〇頁。

☆61 ミズン、前掲書、一一九頁。

☆62 ミズン、同書、九二頁。

☆63 「……道具の準備に

は、このためである。[☆64] この認知考古学的な推理が当たっているかどうかさだかではないが、ホモ・サピエンスにいたるヒト化の過程において、特化した技術的知能と博物的知能を統合するメタレベルの能力の分化が必要になったことは想像がつく。ミズンはこの統合的な知能をスペルベルのメタ表象能力に求めている。メタ表象能力は心的表象の表象を形成する能力である。第三章でも触れたように、この能力によって「概念や信念を、概念や信念トシテ（qua）表象し、それらを批判的に評価し、メタ表象的基礎に立ってそれらを受け入れ、あるいは拒否すること」[☆65]が可能になる。ミズンの見解を踏襲するなら、ヒトによるメタ道具の使用能力は、生産と消費が分化した過程で特化した技術的知能と博物的知能とを駆使しつつ、メタ表象能力がどの程度両者を批判的に評価し統合できるかに依存していたことになるだろう。技術的知能と（博物的知能を含む）認知的知能の結合から産出された知は、のちになると「世界像の合理化」にともない、ハーバーマスの言う「認知的－道具的合理性」を基準にしてその真偽が判断されるようになる。しかしその基礎にある綜合的な発見の能力は、もともとこのメタ構想力としてのメタ表象能力に支えられているのである。

ヒトとチンパンジーにおけるメタ道具の使用能力には、このように進化論的な次元に根ざした相違がある。メタ道具の使用には技術的知能に局限されない幅の知能が必要となる。チンパンジーは、未分化な技術的知能と博物的知能の融合に機能的に近似した一般知能によってそれを満たし、人間は、特化した技術的知能と認知的知能の統合を機能的に実現したメタ表象能力によってそれを満たす。だが前者の一般知能の融合性と後者のメタ表象能力の統合性について

すでに習熟しているチンパンジーが、たとえば板をかじって棒にするために、注意ぶかく、忍耐づよい努力ができることをしめすのをわれわれは知っている。素材はそこではいわばあらたな欲求、すなわち〈それを道具に転換する欲求〉の対象としてあらわれている。しかしながら、その欲求が生物的対象の出現によってだけひきおこされ、それに完全に従属させられていることもまったく明瞭である。それゆえ、主要な引力の中心の役割を演じ、いわば知覚の全力学場の支配的な極の役割を演じているのは、依然として生物的対象であり、その結果として、素材は従属的な役割としてしかあらわれてこないのである」（チャン・デュク・タオ、前掲書、五九頁）。

☆64　「初期人類は汎用の道具に頼っていた――特別な目的のために特別な道具を設計するようなことはな

は、両者の差異より類似性の方が一般の眼を引いたようだ。たしかに前者の融合的作用も後者の統合的作用も綜合的働きとしては機能的に近似している。潜在的なレベルでのメタ道具の操作可能性が類似性の基盤として目に止まるのも、本当はこのせいかもしれない。もっとも両者の類似点と相違点がわたしたちの興味を掻きたててやまないのは、おそらく技術的知能より以上に社会的知能をめぐる問題である。

かった。それをするには、技術的知能と博物的知能の統合が必要だったはずである。たとえば、もしある動物、赤鹿なら赤鹿を、特定の状況で殺すために飛び道具を設計しようと考えた場合、一方で赤鹿の解剖学的構造、動き方、皮の厚さを考えつつ、もう一方で素材のことや加工のしかたを考えなくてはならない」(ミズン、前掲書、一七三頁)。
☆65　スペルベル、前掲書、二五二頁。

第六章　社会的知能と時間地平

第一節　「マキャベリ的知能」を超えて

1

ここしばらくの霊長類研究には、社会的世界との関わりこそ霊長類の知能を形づくる主因になると唱える論者がいる。[☆1]「われわれが依存している高度な知能はもともと相手を社会的に操作する必要性に由来する」[☆2]。――リチャード・バーンとアンドリュー・ホワイトゥンのこの見解が「マキャベリ的知能」仮説である。霊長類の知能研究は、従来はどちらかと言えば物体を用いた問題解決能力、物理的世界との関わりを焦点にしていた。[☆3]しかし同種の他個体との関わりでも知能は発達する。それどころか群れの規模が拡大して複雑度を増すと、社会的世界にかかわる問題も増大し、問題解決に必要な知はそれだけ必要となる。ことに霊長類はどの哺乳類よりも、「社会的になるために多くの学習が必要な動物」である。[☆4]「霊長類によっては、技術的問題に関する学習能力を凌駕する能力を、社会的交渉において発揮する場合がある」[☆5]。社会的な、それも「マキャベリ的」な操作が、知能一般の発達に格別の意味をもつ所以である。

社会や他者との関わりにかんする知能を「マキャベリ的」と形容するのは、[☆6]それがなんらか

☆1　リチャード・バーン『考えるサル――知能の進化論』小山高正・伊藤紀子訳、大月書店、一九九八（原書　一九九五）年、二八六頁。

☆2　バーン／ホワイトゥン、前掲書、iii頁。

☆3　アリソン・ジョリー「キツネザルの社会行動と霊長類の知性」、バーン／ホワイトゥン、同書、三一頁。

☆4　ジョリー、同論文、バーン／ホワイトゥン、同書、三一頁。

☆5　バーン／ホワイトゥン、同書、二頁、七頁。

☆6　「マキャベリ的」という形容語をどの程度の比喩として理解するかは、論者によって多少の幅がある。たとえばフランス・ドゥ・ヴァールは、マキャベリの『君主論』の次の一節を引いて、「貴族を高順位オスに、また一般市民をメスや子供たちに置き換えると」、群れのリーダーにな

の戦術や策略を弄して相手の注意をたくみに操り、それで自分の欲求を満たそうとする他者との社会的関わりを意味するからだ。霊長類に観察される「戦術的騙し」[☆7]が好い例で、バーンとホワイトゥンは、一、他個体の注意を引かないように大切なモノを隠す、二、他個体の注意をいま向けられているところから別のところへそらすようにする、三、自分の行動を他個体に誤解させるような印象を作為する、四、ある他個体を道具にして操りながら自分の利益に利するようまた別の他個体に働きかける、五、他個体の注意を身代わりのほうにさらすなど、戦術的騙しを大きく五つに分類し、さらにそれを一三種に細分している[☆8]。その多様な戦術の数々は社会的知能の高度な発達を証して余りあるが、道具的行為ないし技術的知能という当面の脈絡との関連で、この興味深い知能の意義について、次の点を指摘しておきたい。

マキャベリ的知能仮説は、ヒト化のプロセスに関して「社会的知性はモノ的知性に先行して進化した[☆9]」と考える進化論的な仮説と結びつくことで、技術的知能の発達のあり方にかんする新たな視点を提供している。アリソン・ジョリーによれば「霊長類の社会は、モノに関する学習能力や、サル類で見られる巧みな物体操作というものがなくとも発展しうる。しかしながら、この操作性ないしモノに対する賢さが進化したのは、霊長類の社会生活という文脈をおいてほかにない[☆10]」。とすればなんらかの社会的生活と社会的知能がモノを操作する知能より先に現われ、前者が後者のあり方を決定したと見ることが可能だろう。もし霊長類の多くの種に多様なマキャベリ的知能の発達が観察されるとすれば、この社会的知能の程度、それと技術的知能との関連で、霊長類の集団の間に異なった進化上の社会段階を想定することも可能になる。

ったニッキーとルイトおよびイェロエンという名のチンパンジーが、「君主性principality」の異なった類型に対応していると言っている。「貴族の助けを借りて君主の座に就いたものは、一般市民の助けを借りて君主の座に就いたものに比べて、その座を守るのがより困難である。なんとなれば、かかる場合、君主が君主たり得るのは、自らも君主と同等と考える奥の人間（貴族たち）の間に限られ、それゆえに、君主がかれらを自由自在に統治したり支配したりすることは不可能だからである」（フランス・ドゥ・ヴァール「チンパンジーの政治学」、バーン／ホワイトゥン、同書、一四四頁）。

☆7　ホワイトゥン／バーンの定義によれば「戦略的騙し」とは「霊長類の行動に特有のもので、通常の正直な場面から、通常の行動レパートリーのなかに含まバーンとホワイトゥンは、真猿類と原猿類の技術的知能にかんして得られたテスト結果の差と、ジョリーが原猿類と真猿類との社会的交渉の違いについて示唆した[☆11]特徴の違いを強調しながら、霊長類の進化上の社会段階には「三段式進化ロケット」が想定可能だとしている。「第一段は大した創造的知能のない社会（ただしある種の社会的学習はできる段階）」で、社会的交渉がどれも二者的なキツネザルなど原猿類に見られる段階である。「第二段は創造的なマキャベリ的知能」が観察される真猿類の段階で、ここでは社会的交渉が三者的で社会的交渉の予測不可能性の度がそれだけ高くなるが、他方、技術的知能の発達は最小限にとどまる。第三は技術的・社会的の両面で「創造的知能が発揮される段階」で、おそらく大型類人猿以降がこれにふくまれる。[☆12]この仮説は、ヒト化のプロセスについて、社会的知能が技術的知能より先に高度な発達をとげ、それが脳の進化に大きな影響をおよぼしたと推測する議論と吻合する点でとくに興味深い。たとえばトーマス・ウィンは、道具的知性の発達と脳の進化を結びつける従来の見解に反論しながら、次のように論じている。

> 脳の進化の証拠と技術の進化の考古学的証拠を考えると、より良い道具を作る能力がヒトの知性を選択したという単純なシナリオは考慮からはずすべきであると考える。ヒトの進化のどの時点を見ても、注目に値する相関はほとんど見られない。知られているかぎりで最古のヒト科であるアウストラロピテクス・アファレンシスは同じ体の大きさの類人猿より大きな脳を持っていたが、われわれの知るかぎり道具により依存していたということは

れる行動を借りてきて、他者を欺く場面で使用すること」である（アンドリュー・ホワイトゥン／リチャード・W・バーン「（マキャベリ的）知性を分解する：編集ノート」、バーン／ホワイトゥン、同書、六三頁）。霊長類以外にも鳥類などに「騙し」の例は見られる。鳥類と霊長類の「騙し」の違いについて簡単には、次を参照。ディヴィッド・プリマック「『チンパンジーは心の理論を持つのか?』再考」、バーン／ホワイトゥン、同書、一七八頁。

☆8　リチャード・W・バーン／アンドリュー・ホワイトゥン「霊長類の戦略的欺きに見られる注意の操作」、バーン／ホワイトゥン、同書、二四一―二七四頁。五タイプの戦術的欺きについては、とくに二四四―二四五頁の表を参照。バーン／ホワイトゥン、同書、九頁。

ない。二〇〇万年前の初期ホモ属は、より大脳化した脳を持っていたが、道具とその使用文脈は現生類人猿の能力を超えるものではなかった。ホモ・エレクトゥスは類人猿の行動の範囲に収まらない技術を持っていたが、この頃一五〇万年前までにはホモ属の系統において大脳化の大部分はすでに起こっていた。要するに、ヒトの知性を支えると考えられる脳の進化の大部分は、技術の精緻化のいかなる証拠よりも先んじて起こっており、したがって、技術自体がこの印象的なヒトの能力の進化に関して中心的な役割を演じたということはありそうにない。[☆13]

道具の発達（技術的知能の発達）がヒトの進化に決定的な影響を与えたという仮説は、「ほとんど人類学のドグマだった」[☆14]とも言う。社会脳仮説に事実上棹さしたウィンの主張は、ケニス・オークリーやワイルダー・ウォッシュバーン以来の仮説とまっこうから対立している。だが社会脳仮説が、ヒト化の理解を転換しうるには、「脳の進化の大部分」が「技術の精緻化」より先んじていると反論するにとどまらず、「より良い道具を創る能力」そのものが社会的知能の前提なしには考えられないことを説明しなければならない。社会的知能が技術的知能にたんに先行したのみならず、後者が前者を前提したということ、この点を説明できたときこそはじめて、仮説が理論としての説得力をもち始めるときである。

〈先行する〉ことと〈前提になる〉こととの違いは、チンパンジーにおける社会的知能と技術的知能のあり方を考えてみればわかる。ミズンは、チンパンジーの場合、道具使用と食物収集

☆9　バーン／ホワイトゥン、同書、九頁。

☆10　アリソン・ジョリー、前掲論文、バーン／ホワイトゥン、同書、三七頁。

☆11　ジョリー、同論文、バーン／ホワイトゥン、同書、二九—三七頁。もっともジョリー自身は、真猿類の「サル類が学習する社会関係は、おそらくキツネザルが学習するものよりも実際には複雑なのだろうが、私たちが現在もっている記述方法ではキツネザルの相互交渉とサル類の相互交渉はより似た点が際立つと言わざるを得ない」（三三頁）と言ってもいる。バーンとホワイトゥンが提起した段階図式は「理念型」に近いもので、原猿類と真猿類に観察できる社会的交渉の相違は、実際にはかなりなだらかなものだと見た方がよい。

☆12　アンドリュー・ホワイトゥン／リチャード・

との間がほとんど地続きで両者を区別するのが不可能に近いのとはおよそ対照的に、社会的行動と道具作りとのあいだに「厚い壁がある」ことを指摘している。「チンパンジーは、その道具作りについての知能を社会的な相互作用についての思考と合体させることができないらしい。チンパンジーはお互いの心を読むことはできるかもしれないが、心が道具の使用について考えているときにはそれができない」☆15。ミズンも指摘するように「このような厚い壁が存在するからといって、社会的行動と道具作りの行動との間に全然関係がないわけではない。後述するようにチンパンジーの道具的行動はある種の社会的学習に依拠している。にもかかわらずチンパンジーは、技術的知能に先行するかたちで社会的知能をかなり高度に発達させながら、社会的知能を積極的な前提にして技術的知能を発達させる点では、ある限界が認められるようだ。社会的知能・技術的知能・博物的知能を分化させながら、その間の認知的流動性と統合化を確保するようになった現生人類と、この点の懸隔は小さくない。チンパンジーにも物に働きかけるのではなく他者に働きかけるために道具を用いる例がないわけではない。求愛行動で葉を口でちぎるなど「社会的道具」と呼ばれるものである☆16。しかし興味深いことだが、社会的文脈で道具を用いる場合、複数の物を組み合わせるようになった例、つまりメタ道具のレベルにまで達した例は知られていない☆17。

だがそれにしてももしヒトがなんらかの社会的知能を前提して技術的知能を発達させるようになったとするなら、技術的発達を可能にした社会的知能は、「マキャベリ的」と形容すべき知能だったろうか。ヒト科の化石記録に見られる「モノ的知能は、すでによく発達したマキャ

W・バーン、前掲論文、バーン／ホワイトゥン、同書、九頁。

☆13 トーマス・ウィン「道具とヒトの知性の進化」、バーン／ホワイトゥン、同書、三二七頁。

☆14 西田利貞、前掲書、二五三頁。

☆15 ミズン、前掲書、一二一頁。

☆16 社会的な場面で物体や道具を使用する例については、マックグルー、前掲書、二八四―二八九頁を参照。

☆17 松沢哲郎「心の進化――比較認知科学の視点から」(『科学』六九巻第四号、一九九九年四月、三二七―三二八頁)。

ベリ的知能に背負われて進化した」のだとしたところで、戦術的な騙しのテクニックが、モノの道具的操作を洗練させるのに役立ったと言える特段の理由はない。モノ的知性を積極的に促進することができたのは、「マキャベリ的」なものとは違った社会的知能ではあるまいか。社会的といっても、マキャベリ的知能を超えて可能になった社会的知性こそが、技術的知性の進化に必要な新たな地平を切り開いたのではなかろうか。モノと技術的に関わる知性の発展を可能にしたヒト同士の関係に関わる知性とは、そもそもいかなるものだったのだろうか——わたしたちはあらためてこう問わざるをえないところにきている。

2

マキャベリ的知能は他者の注意を操作することで成り立つ社会的知能である。技術的知性が必要とする社会的知性では、戦術的騙しによる他者の注意の操作が主要な課題となることはない。たとえば道具の制作や使用が共同の作業で成り立つ場合、そこで必要とされる社会的知能は、他者の注意を操作するためというよりは、むしろ他者と注意を共有するために必要となる。その意味での共同注意（joint attention）こそが、モノ的知性と社会的知性が交差する焦点の一つである。マイケル・トマセロは、注意の共有においてモノとの関わりがヒトとの関わりと交差する始まりを、次のように論じている。

　九か月のときにヒトの赤ちゃんは共同注意行動と言われるような行動をいろいろとするよ

うになる。これらの行動は、他者が自分と同じように意図を持つ主体であり、その主体と外界の事物との関係に自分自身と外界の事物との関係を同調させたり、逆に自分自身と外界の事物との関係に他者と外界の事物の関係を同調させたり、事物との関係を他者と自分で共有したりすることができるという理解ができ始めていることを示すと考えられるものである……。……その行動は初期の行動のような二項的なものではなく、物体との関わり合いと人との関わり合いを協調させることが必要になるという意味で、三項的なものである。そこから生じるのは、子どもと大人と、そして両者が注意を向ける物体ないし事象とで構成される指示の三角形である。[☆18]

「九か月革命[☆19]」と呼ばれる時期に、ヒトの乳児は、「模倣学習」を通じて「物体に対して大人がしているのと同じような働きかけ」を始める。それは大人が注意を向けている対象に子どもが同じ注意を向けること、つまり大人との共同注意が可能になり、そのため大人と「外界の事物との関係に自分自身と外界の事物との関係を同調させたり」することが可能になるからだ。物体をどう使用するのかを理解するために、子供は、大人をどう模倣するかを学習する。言いかえれば、（他者の模倣という）ヒトとの関わり方を知ることで、（道具の使用という）モノとの関わり方を知るようになる。学習する子供は、道具を操作する大人の目標と目標達成のための手段・戦略を理解し、その目標と戦略を自分のそれと一致させる。個体発生の脈絡でみれば、モノとの目的‐手段関係の理解は、ヒトとの教示‐模倣関係を前提にして可能になる。こ

☆18 Michael Tomasello, *The Cultural Origins of Human Cognition*, Cambridge and London: Harvard University, 1999, p. 61f.（マイケル・トマセロ『心とことばの起源を探る』大堀壽夫・中澤恒子・西村義樹・本多啓訳、勁草書房、二〇〇六年、七九―八〇頁）。

☆19 「九か月革命」の意味については、Tomasello, *ibid.*, pp. 61-70、訳七九―一〇四頁、参照。

れ以後の個人にとって、モノとの関わり方を知ることは、ヒトとの関わりのコンテクストがなければ成り立たない。道具をどのように使用するかを知ることは、他者が道具をどのように使用するかを知ることであり、それは他者をどのように模倣するのかを知ることなしには成り立たない。個体発生のプロセスにおける共同注意行動が語っているのは、モノ的知性（技術的知能）が芽生える深い根もとに社会的知能がしみ込むようになった知の複合状況である。

もっとも先のミズンの指摘をこれに重ねて、社会的知能と技術的知能の関係をめぐるヒトとチンパンジー（あるいはヒト以外の霊長類）との決定的な差を、共同注意一般の有無に見ることはできない。さまざまな観察や実験からヒト以外の霊長類でも共同注意の存在が知られており、さらにサル類、類人猿、ヒトという三者のあいだで共同注意の能力に質的・量的な程度差のあることが確認されている。たとえばアカゲザルのようなサル類では、他者が見ているところや指示しているところを見るという視覚的な共同注意（joint visual attention）が、同種間でなら観察できるが[☆20]、類人猿になると、同種の間のみならず種が異なるヒトとの間でも、そうした共同注意が可能になる[☆21]。

むろんヒトと類人猿とのあいだで共同注意のあり方に決定的な違いがあるのも見逃せない。類人猿の場合、視覚的な共同注意が主な形態をなす以上、同種個体間での注意の共有が視覚的なレベル（より厳密には聴覚的ないし触覚的共同注意も含めた感覚的なレベル）の制約を脱することがむずかしい。共同注意とは実際的には共同注視のことである。そのため他者と注意を共有する地平は現前している知覚野、感覚の現在を超えることがない。これに対し、ヒトの共

☆20 板倉昭二『自己の起源：比較認知科学からのアプローチ』金子書房、一九九九年、一四五頁。

☆21 板倉、同書、一四七頁。ゴリラについて共同注意の存在を検証したものとしては、Juan Carlos Gómez, *Apes, Monkeys, Children, and the Growth of Mind*, Cambridge and London: Harvard University Press, 2004, pp. 186-194.（ファン・カルロス・ゴメス『霊長類のこころ——適応戦略としての認知発達と進化』長谷川眞理子訳、二〇〇五年、新曜社、二四三—二五一頁）

同注意では、子どもの心的発達にともなって、前共同注意から対面的な共同注意、支持的な共同注意、意図共有的な共同注意といったさまざまな構成形態をへて、最後にはシンボル共有的な共同注意にいたる。[☆22] このシンボル（とりわけ言語）を媒介にして他者と注意を共有する地平は、視覚的な共同注意とは異なって、現前している知覚野を超えた表現的世界、感覚の現在に制約されない不在の表象の空間にまでおよぶ。技術的知能と結びついたヒトの社会的知能の構成要素として、まず注目してみたいのが、このシンボル共有的な共同注意である。

生後一五—一八ヶ月頃になって言語的シンボルを理解し使用できるようになった子どもは、眼前の対象を他者と視覚的に共有するのみならず、その対象を指示する言語シンボルをも他者と対話的に共有するようになる。[☆23] シンボル共有的な共同注意では、トマセロの言う「指示の三角形」が〈他者－対象－自己〉と〈他者－シンボル－自己〉に二重化される。二重化されると、シンボルが指示する対象は、知覚野に現前する事象に限られなくなる。シンボルの指示機能はもともと直接的な知覚の現在性を超えており、シンボルの指示対象には、いまだ存在しない事物、もはや存在しない事物も含まれる。指示の三角形の二重化が可能にするのは、眼前にない対象を他者とシンボル的に共有することである。

しかし二重化による知覚野からの解放はこれだけにとどまらない。言語記号はここに存在しないものを指示できるのみならず、どの知覚状況についても複数の表現を同時に可能にし、そのためヒトの認識を直接の知覚状況から解放する。[☆24] 複数の表現を同時に可能にするとは、他者が語る対象の同じ意味を自己がさまざまな言葉で表現できるのみならず、むしろ自己が同じ指

☆22　共同注意の構成形態については、基本的に次の論考に負っている。大藪泰「共同注意の種類と発達」（大藪泰・田中みどり・伊藤英夫編著『共同注意の発達と臨床』川島書店、二〇〇四年、所収）。

☆23　大藪、同論文、二一頁。

☆24　Tomasello, *op. cit.*, p. 9、訳一一頁。

示対象について他者とは違ったさまざまな意味を語ることができるということである。同じ指示対象でも、語り手の視点に応じて「動物、犬、ペット、害獣」などのさまざまな意味、表現が可能になる。こうして「言語シンボルは間主観的、視点依存的であることで、シンボルを共有するわれわれが伝達場面で取り得るいくつもの視点を知覚的状況の上に何層にも積み重ね」こうして知覚状況との多様な有意味的関わりが可能になる。☆25

シンボル共有的な共同注意は、一方では直接の知覚野を超えて眼前の事物から不在の事物に指示対象を拡大し、他方では直接の知覚野に存在する対象の意味を視点の変化に応じて変容させる。もちろん両方が同時に起こることもある。言語シンボルを媒介にすれば、共同注意の一連の動きによって、眼前にない不在の対象を言葉で指示し合いながら、言語のやりとりを通して互いの視点を転換させ、その転換に応じて知覚野に存在する対象の意味を読みかえることも、自己と他者とのあいだで可能になる。☆26 言語を媒介にした共同注意のこの場面で注目してよいのは、注意というものが、知覚的な空間的構造を超えて表象的な時間的構造をそなえるようになることだ。レフ・ヴィゴツキーは、子どもの注意が、言葉の助力によって行為のための「空間的場面」のみならず「時間的場面」も創造可能になることを指摘している。注意の働きに言語が介在すると、「未来の場面」や「過去の行為の観点」から「現在の場面で行為」するようになるだけではなく、「過去の経験の要素を現在と結合する」ことで「記憶の原理的な再編成」にも導く。「注意の場面は、与えられた現実場面を一群の力動的な要素のひとつとして含みながら、知覚的場面から分離され、時間的に展開される☆27」ようになる。共同注意が言語に

☆25 Tomasello, *ibid.*, p. 132, 訳一七五頁。

☆26 大藪泰によれば、「二歳前の子どもの多くは、過去や未来の不在対象を話題にした場合、せいぜいくり返し反応に見られるような母親のことばを模倣するだけ」だが、「生後二七―三〇か月になると、母親の過去や未来での事物への言及や問いかけに対して、その事物を自分独自の言語表現で答える『回答反応』や、発話がその事物に関する新たな側面へと自発的に広がる『展開反応』が急増する」という（前掲論文、二四頁）。子どもは成長するにつれて、言葉が過去や未来の事象を指示するのみならず、言語が指示した不在の対象について他者とは違った意味を表現できるようになるのである。

☆27 L・S・ヴィゴツキー「子どもの発達における道具と記号」（第二章）、土井捷三・神谷栄司訳、

媒介されて得た変化とは、「視覚的場面の同時的構造から注意の力動的場面の連続的構造への移行」を意味する。

「注意」とは、パースによれば「意識の客観的な諸要素のなかのひとつを強調するはたらき」であり、「枚挙による推論」である。「強調するはたらき」というパースの定義は注意の働きがどこか一点に留まるものとの印象を与えかねないが、かれの考察はむしろ注意が「先の時点の思考を後の時点の思考と結びつけようとする力」であることを導きだしている。[☆28] しかし注意という働きの力動的な「連続的構造」、その時間的性格は、言語媒介的な共同注意の段階においてこそ真に発揮される。もっとも共同注意は、ヒトとの関わりと同時にモノとの関わりを内に含みもつとはいえ、これ自身が社会的知能と技術的知能の結びつきを語っているわけではない。すでに簡単に触れたように、両知能の結びつきの兆候が見られるのは、このような共同注意を前提にしてたとえば道具的行為の模倣学習がおこなわれる場面である。

第二節　労働の時間的次元

1

チンパンジーの能力の高さは、共同注意のみならず、それを前提にした行動のある種の模倣によって道具使用をおこなおう[☆29]という事実にもうかがえる。この意味では共同注意と模倣行動がヒトとの類似性の基盤になる。模倣行動でも両者の類似性は同時に両者が進化的に分岐する起点である。だがそれにしても人間や類人猿にとって模倣する、まねるとは、そもそもどのような

『ヴィゴツキー学』第4巻、二〇〇三年、三一頁。

☆28　チャールズ・S・パース『論文集』（世界の名著・四八）、上山春平・山下正男訳、中央公論社、一九六八年、一五三頁。

☆29　Goodall, J., The behavior of free-living chimpanzees in the Gombe Stream area. in: *Animal Behaviour Monographs*, 1, 1968, p. 210.

営みなのだろうか。

模倣の意味を探るうえでは、幼児や類人猿がまねをするとはそもそも何をまねるのかを問題にしたプレマックたちの考察が、手がかりになる。「ある人がある行為をしているモデルを観察し、次にその行為を自分でやってみる場合、その人がモデルのまねをしているということは否定できない。しかし、その行為をするとき、必然的に、自分の以前の経験――その行為をしているモデルを見たという経験――をも再現している」[☆30]。他者の行為の模倣であると同時に自己の経験の再現であること、模倣は、モデルという他者をまねるのみならず、モデルを見た過去の自己の経験を再現してもいる。モデルの模倣は同時に興味を引いた過去の経験を再現する行為でもある。では他者をまねることと過去を再現することとのどちらが模倣にとってより本質的だろうか。次のような実験[☆31]からプレマック夫妻が得た結論は後者である。

自閉症や発達遅滞の子どもには、人から言われたことをオウム返しに繰り返すだけの反響言語の障害をもつ子がいる。プレマックたちは、この反響言語のある子と健常児とに、見本として何か不完全なモノを見せ、それで見本合わせをしてもらうという実験をおこなった。たとえば、見本として頭部を欠いた不完全な人形を示し、その見本に「合う」選択肢として人形の頭部と頭部を欠いた他の人形の二つを見せる。そこで、頭部を欠いた不完全な見本と「合う」選択肢はどちらなのかを、反響言語のある子と健常児に選択させる。結果は両者でまったく逆の反応が観察された。反響言語のある子は、見本と同じく頭部を欠いた不完全な人形の方を選んだ。逆に健常児は、人形の頭部の方、つまり不完全な見本を完全にするモノを採った。見本合

☆30　デイヴィッド・プレマック、アン・プレマック『心の発生と進化：チンパンジー、赤ちゃん、ヒト』鈴木光太郎訳、新曜社、二〇〇五（原書　二〇〇三）年、六七頁。
☆31　プレマック、同書、七二頁。

わせという模倣行動で、反響言語のある子の模倣が「不完全なモノを不完全なままにする」のに対し、「健常児の模倣は、不完全なモノを完全になるように」したわけである。前者が知覚された不完全なモノをただそのまま繰り返したのとは異なり、後者には「『変えられた』モノをもとの完全な状態に戻すというきわめて強い傾向」[☆32]が見うけられた。プレマックたちは、両者のあいだに、不完全なものとして現前する知覚の繰り返しと完全なものとしてあった過去の表象《イメージ》の反復との違いを読みとっている。

そのモノを完全にする選択肢を選んだ健常児は、そのモノについて自分のもっている過去のイメージに一致する知覚経験を再現しているのである。

これに対して、見本とまったく同じモノを選ぶ――見本が頭部のない人形のときは頭部のない人形を選ぶ――反響言語のある子は、過去を繰り返すのではなく、現在を繰り返している。つまり、自分の直接的知覚と一致する選択肢のほうをとるのだ。

健常児では、過去とその長期の表象（その過去のイメージ）が、知覚に優先する。反響言語のある子は、この逆で、知覚が記憶に勝る。これらのテスト結果から、次のような思いがけない結論が導ける。すなわち、健常児は記憶にもとづいて反応し、反響言語のある子は直接的知覚にもとづいて反応している。[☆33]

ただし健常児の模倣で「過去とその長期の表象」が「知覚に優先する」といっても、力点は

☆32　プレマック、同書、七三頁。
☆33　プレマック、同書、七三―七四頁。

過去の再現にあるというより、完全なモノの（過去の）表象が直接的知覚の呪縛からの自由で成り立っているところにあるといった方がよい。プレマックの実験例を別にすれば、過去の経験を再現したからといって、いつでもモノのより完全な表象を得られるとはかぎらない。肝腎なのは、現前する「不完全な」モノの直接的知覚の呪縛から身を引き離しながら、過去と現在という幅のある時間の地平内で、より「完全な」モノの表象が再構成され、それが模倣の見本にされることだ。過去の経験を再現すれば、かつて知覚野に現前したが、いまは存在しないものが表象される。だが、かつて知覚野に現前したものを表象するとはいっても、過去をそのまま単純に繰り返すわけではない。知覚された現在の見本に合わせて、再現された過去のイメージが再編される。反復するさいに多少とも形を違《たが》えながらより完全なイメージを編みだしていくことが、模倣の模倣たる所以なのである。

ところでプレマックたちは、言語訓練を受けたかれらのチンパンジーにも、模倣行動が自身の過去の経験の再現であること、他人の行為のまねではなく自己の経験の模倣であることを別の実験で実証していた。模倣行動が現在の直接的知覚の呪縛からの自由を意味するのは、このかぎりでヒトと類人猿の類似点である。プレマックのこの実験がどれだけの一般性をもつかは一概に言えないが、すくなくともケーラーによる類人猿の実験以来、広く知られることとなった通説に反省を迫る一例となることはまちがいなさそうだ。有名なケーラーの類人猿の実験では、類人猿は直接的な知覚の呪縛から抜け出られないいわば「視覚の奴隷」と理解されていた。[☆34] これはケーラーの実験から強い感銘を受けた思想家たち、たとえばメルロ＝ポンティやヴ

☆34　ケーラーが実験した二匹の類人猿では、「すでにしばしば使ったことのある棒すら、それを要めの場所から遠ざけておくというだけで、棒は機能的のあるいは道具としての性格を失ってしまうのである。正確にいうと、要めの地域を見やるさいに（この地域のまわりに向けられる限られた視線のうちに）、棒が見えてこないように設らえると、逆にいうと、棒の方を見るときには目的物のある全地域が視野から消えるようにしておくと、一般に棒の使用はこのために阻害され、また、ふだん繰り返し使用しているときでも、使用は著しく渋滞する」（ケーラー『類人猿の知恵試験』宮孝一訳、岩波書店、一九六二年、三三頁）。

ィゴツキーなどに[35]共通して前提とされた観察結果であった。だが模倣行動をしたり道具を使用したりする場合に、過去の経験を再現するという点では、ヒトと同様にチンパンジーも直接的な知覚に縛られているわけではない[36]。むしろ知覚の現在を脱して、持続した表象の保持を可能にしている点では、模倣行動において類人猿はヒトとよく似ている。「霊長類の行動は表象をめぐって組織立てられている」[37]というゴメスの主張は、今日ではいささかも奇異な感じがしない。

もちろん模倣行動における類似点の反面には、見過ごすことのできない相違点がある。トマセロによれば、同じく模倣による社会的学習といっても、ヒトの「模倣学習」とは違い、類人猿のそれは「エミュレーション学習 emulation learning」である[38]。ファン・カルロス・ゴメスの説明を借りるなら、チンパンジーはエミュレーション学習で「他のチンパンジーが達成しているところを見てその結果を複製しているのであるが、自分自身の手段を用いている」[39]。エミュレーションがしばしば結果模倣、目的模倣などと訳される所以だが、エミュレーション学習では目的や結果だけが模倣される。ただゴメスのこの説明では、類人猿が行動の結果・目標を模倣するさいに手段から意識的に切り離して結果だけをまねていると誤解されかねない。トマセロに言わせれば、チンパンジーはそもそも「他者の行為を見てその目標と行動手段を分離可能なものだと理解する能力がない」。だから模倣の対象とされる行為も、手段と目的の関係というより、たんなる「対象の状態変化」、「物理的な動きの一つ」としてしか捉えられない。これに対し、ヒトの「模倣学習 imitative learning」では、他者の「目標はそれを達成するため

☆35　メルロ＝ポンティ『行動の構造』滝浦静雄・木田元訳、みすず書房、一九六四（原書 一九四二）年、一七四―一七七頁。ヴィゴツキー／ルリア『人間行動の発達――猿・原始人・子ども』大井清吉・渡辺健治監訳、明治図書、一九八七（一九三〇）年、一六―二七頁。ヴィゴツキーにおけるケーラーの実験の意義について詳しくは、次を参照。中村和夫『ヴィゴツキーの発達論――文化―歴史的理論の形成と展開』東京大学出版会、七五―一〇〇頁。

☆36　ケーラーの有名な実験で「ズルタンという名のチンパンジーが、二本の短い棒を注意深くつなげて、「遠くにあるためとどかない餌をかきよせる」という問題を解決したことがある。バーンは、これにケーラーとは違った次のような解釈を試みている。「ズルタンの解決法は、手で棒

の行動手段とは別のものとして理解」される。☆40「模範となる他者の行動や行動戦略を、その者と同じ目標をもって再現する」のがヒトの模倣である。エミュレーション学習と模倣学習の違いを決定しているのは、「目標と手段を分離」し結合する方法を模倣できるかどうかだ。エミュレーション学習から区別された模倣学習は、一定の目的－手段関係の理解を可能にする条件であり、したがって人間にとってこの意味でエミュレーションと区別された模倣可能性は目的合理性の必要条件である。この点から見ても明らかに模倣学習は、シンボル共有的な共同注意とともに、技術的知能と結びついたヒトの社会的知能のもう一つの構成要素である。もちろん第三者的な観察者の視点からみれば、チンパンジーとても試行錯誤の末になんらかの手段や戦略をもちいて目標を達成することになると解することはできる。問題は、当事者が目標を一個の意図として捉え、それと手段を分離して意識し模倣するかどうかである。チンパンジーはこの認知能力を欠いているというのがトマセロの見解である。

　行動の模倣に現われた広い意味での物質文化は、チンパンジーとヒトのいずれにも存在している。☆41 エミュレーション学習と模倣学習は、両者の有する物質文化がどう違うかを象徴してもいる。ヒトの模倣学習が可能にするのは、ヒト特有の累進的な文化的進化である。

　仮に一頭のチンパンジーが、新しい方法で棒を使って……より効率的なシロアリの釣り方を発明しても、この個体の行動をエミュレーションすることで釣りを学習した子供たちは、発明者のチンパンジーの行動テクニックには注目しないために、その行動をそのまま

をいじって遊んでいたときに、まったく新たに心の中で算出されたわけではかならずしもなく、それよりもむしろ過去の経験のレパートリーから引き出されて適切に展開された」といえるかもしれない（リチャード・バーン、前掲書、一二〇―一二一頁）。

☆37 Gómez, *op. cit.*, p. 293、訳三八二頁。

☆38 エミュレーション学習の説明として他にはバーン、前掲書、八九―九〇頁。チンパンジーによる道具使用の学習・模倣の理解をめぐっては、論者によって見解に大きな隔たりがある。論点の整理としては以下の論述が参考になる。Gómez, *ibid.*, pp. 241-264、訳三一三―三四五頁。また興味深いトマセロ批判としては、マッグルー、前掲書、一三七頁以下を参照。

☆39 Gómez, *ibid.*, p. 249、訳三二四頁。

☆40 Tomasello, *op. cit.*,

> 再現することはない。……その結果、新しいストラテジーはその発明者と共に消えていくしかない。……その反対に、もしも観察者が模倣学習をする能力があるなら、かれらは発明者の新しいシロアリ釣りのストラテジーを、多かれ少なかれ忠実に受け入れることだろう。この新しい行動は、観察者を新たな「認知空間」へと送り出すことになる。その中で、かれらは課題について考え、それを発明者と同じようなやり方で解決するにはどうすべきかを思案する……。この道をたどった個体はみな、始めに案出された方法に基づいて他の異なったやり方を発明しうる立場にいる。☆42

世代間が連鎖するプロセスからみれば、エミュレーション学習によるチンパンジーの行動テクニックの発見が学習内容として他個体に再現・継承されずに忘れられ、学習が単純な繰り返しに終始するのに対し、模倣学習によるヒトの手段・戦略の発見は次世代に模倣・再現されることを通じて、学習内容が継承・累積される。エミュレーション学習は文字通りの単純な繰り返しである。繰り返しはたんに循環の形式をとるにすぎず、反復によって蓄積されることがない。ヒトの模倣学習は反復が同時に累積の形式をとる。累進的な反復にあらわれる過去の記憶は、ヒトの場合、格別の重みがある。ただしそれは、類人猿とは違った新しい模倣の技法が発明の技法に導いたときに初めて感じられる重みである。この発明の技法はいうまでもなくヴィーコが「発見術」の名で呼んだものを予兆している。ヒトに特有の模倣術は発見術の進化論的な先行条件なのである。

p. 29f 訳三七―三八頁。

☆41 Tomasello, *ibid.*, pp. 26-36, 訳三二―四二頁。Gómez, *op. cit.*, p. 247, 訳三一〇頁。類人猿における「物質文化」のより厳密な定義を試みたものとしては、マックグルー、前掲書、一二一―一三六頁。

☆42 トマセロ、同書、四八―四九頁。

もちろん道具的行為の模倣は、あくまでも社会的知能が技術的知能と絡み合う原初の局面にすぎない。模倣学習に自ずと限界があるのも事実で、模倣だけで新たな考えや、真の意味での発見につながったりするわけではない。少なくとも子どもが新しい考えや発見を経験するには、シンボル共有的な共同注意にもとづいた大人による教育が必要になる。視覚的な共同注意にもとづく子どもの模倣行動は、シンボル共有的な共同注意にもとづく大人の教育活動で補完されたときにはじめて、発見術の道に通じるのである。

2

模倣学習では、反復によって「表象が作られ、その後はそれがより正確で完全なものになる」[☆43]。差異を伴いながら自己の過去の経験を反復する。もっとも自己の過去の再現である以上、模倣模倣とは原初的には自己模倣である。プレマックたちの実験にあったように、すくなくとも一定の訓練を受けた類人猿もこの意味での自己模倣ができる。エミュレーション学習と模倣学習をさらに分かつのは、ヒトの場合、模倣がより強力な媒介の形式をとることによって、過去の表象の再現に新たなコンテクストを形成するようになることである。より強力な媒介とはいうまでもなく言語あるいはシンボル共有的な共同注意であり、新たなコンテクストを形成するとは、この言語を介して、行為や技術を自己が〈学ぶ〉のに他者が〈教える〉行為で応じる関係を構築することである[☆44]。最後に、この論点と関連して、第四章からの課題だった労働の意味の時間的次元に触れておきたい。

☆43　プレマック、同書、七四頁。

☆44　霊長類研究者の多くは、ボッシュが観察した類人猿の原始的教育とおぼしきケースを引きながらも、基本的にはヒト以外の霊長類では、ヒトの教育にあたるものはきわめて稀であると見る点でほぼ一致している。以下を参照。マックグルー、前掲書、三四八頁以下。バーン、前掲書、二〇四―二一一頁。ゴメス、前掲書、三三九頁。Tomasello, *op. cit.*, p. 33f 訳四一頁。プレマック、同書、一一八―一一九頁。

レフ・ヴィゴツキーは、ケーラーが類人猿におこなった著名な道具使用の実験と似た実験を、人間の子どもにおこなったことがある。その報告でかれは、チンパンジーとは違って、ヒトの子どもが目標を達成しようとするのみならず、そのさい同時にあれこれ言葉を口にすることに注目している。子どもは言葉をごく自然に口に出すが、実験中それが途切れることはほとんどない。[☆45] それどころか厄介な状況に遭遇すると語は頻度を増す。目標を達成しようとして障碍にぶつかった子どもは、言葉で大人に助けを求め、課題の解決に難渋するところを言葉にしてみせる。なかには大人から教示を得て、問題解決にはどうすべきか言葉で表わせるようになっても、自分一人ではできないこともあり、そこで、自分で実行できる部分と言葉で説明できるだけの部分を腑分けし、後者をやってもらうために大人の手伝いを求めたりする。「自分の活動を頭のなかで計画するだけでなく、課題の要求に見合うように大人の行動を組織しはじめる」[☆46] わけである。ヴィゴツキーにとって肝腎なのは、子どもが助力を得るために言葉を外に向けて（外言で）「大人にうったえる」にとどまらず、さらに進んで自らの行動を制御するために自己に向けられた言語（内言）で「自分自身にうったえる」ように移り変わるところにある。問題解決のために子どもが言語を使用するうえでの決定的な転換は、子どもの言語が、ヴィゴツキーの言う「外言」から「自己中心的言語」をへて「内言」へと発達するなかで、精神間機能に加えて精神内機能を備えはじめ、「大人の行動を組織」する代わりに「自らの行動を組織」するようになるところにあるからだ。ただしここでの報告に注目したいのは、ヴィゴツキー固有の関心からくるこうした結論よりも、われわれの当面の脈絡との関連で得る考察が関

☆45　レフ・ヴィゴツキー『新児童心理学講義』柴田義松・訳者代表、新読書社、二〇〇二年、一八七頁。またこの報告の意義にふれた次の議論も参照。ゴメス、同書、三一〇―三一二頁。
☆46　ヴィゴツキー、同論文、二〇〇一年a、五五頁。

心を引くからである。

ヴィゴツキーの実験報告でまず目に止まるのは、何よりも子どもの道具使用が言語の使用と錯綜した絡みあいを演じていることだ。類人猿とヒトの子どもとの道具使用で決定的な違いはここにある。[47] ケーラーがおこなった類人猿の実験によって、「真の意味の思考の萌芽は、動物において言葉の発達とは無関係に……現れる」[48]ことが立証された。思考と言語とは発生上、起源を異にする。思考以前の言語もあれば、前言語的な思考もある。類人猿による道具の製作と使用は、言語以前の思考が行動のうちに現われたもので、言語と起源を異にした思考がここにある。[49] ヒトの子どもでも前言語的な段階の道具使用はこれと同じレベルにある。

これに対して、子どもがある発達年齢に達すると、思考と言語の「独立した二つの発達路線が合流」する。この思考と結合した言語が、道具をもった手の操作に介在すると、「操作は、それまでの自然法則を克服し、道具の使用の人間に固有な形態をはじめて生みだす」[50]。思考と結びついた言語の使用（すなわち言語的思考）が道具の使用と密接に絡みあい、道具の使用法を言語によって確認するのみならず、言語的思考が道具の使用法を方向づけるようになる。当初は行動で「なすことしかできなかった」道具の使い方について、言葉で「語ることができる」ようになり、語りうることがなしうることを導くようになる。[51] ギルバート・ライルの言い方を援用すれば、[52] 道具をいかに使用するかを身につけていること（方法を知っていること **knowing how**）と、その使用法を語ることができること（内容を知っていること **knowing that**）とを区別しつつも両者を自在に結合できるようになり、さらには後者が前者を制御する

☆47 Gómez, *op. cit.*, p. 240、訳三一二頁。
☆48 ヴィゴツキー『思考と言語』柴田義松訳、新読書社、二〇〇一年、一一〇頁。
☆49 ウィトゲンシュタインをもじって言えば、「動物は考えないからこそ話すことがない」のではなく、「動物は考えることをしても話すことはない」。
☆50 ヴィゴツキー、前掲書、一八七頁。
☆51 「なすこと」と「語ること」については、第四章でのブランダムからの引用を参照。
☆52 ギルバート・ライル『心の概念』坂本百大・宮下治子・服部裕幸訳、みすず書房、一九八七（原書一九四九）年、二七頁、七四—七五頁。

機能を担うまでになる。発生を異にした言語が思考と結びつき、前言語的な道具の使用に介在して、道具使用のあり方を変えたとき、ヒト固有の道具的行為が現われるのである。これが個体発生のレベルでみた人間の労働の由来である。

ところで言語的思考と結びついた道具の使用は、たとえば子どもが〈学び〉大人が〈教える〉といった社会的次元のコンテクストで現われる。ヒトに固有の道具使用の多くはこうした言語を介した社会的関係でしか成り立たない。ゴメスの指摘をまつまでもなく、まことに「人間にとっては、道具使用は……、文化と社会的媒介の中に組み込まれた社会的活動」☆53である。もっともヒトの道具的行為は特定の社会的次元を示唆するだけではない。ヴィゴツキーは、さらにこの言語の使用が道具的行為の複合した時間的次元を育む点に注目した。

道具と言語の使用とが渾然一体となった一連の動きには、行為に応じて発話される言語に、機能上の変化が読み取れる。「実験の最中にはほとんど途切れることなく続いている」最初の段階の発語は、しばしば「行為に従い、活動によって引き起こされ、支配されている」。言葉は行為のあとを追う。言葉が果たしているのは行為を写しとる「反映機能」である。だが後続の段階の発語は、行為の開始点に移動して「行為の進行を導き、決定し、そして支配する」☆54。言葉は行為をまえに誘う。言葉が果たしているのは行為を方向づける「計画化機能」である。子どもの言葉は、まえの段階では「すでに実行したことを要約する模型」となるが、あとの段階では「未来の行動の予測的な言語的計画化」に機能を変える。つまり言葉は「最後の段階では、行為の始点に移動し、すでにことばのなかに定着していた以前の活動の模型に基づいて行

☆53 Gómez, *op. cit.*, p. 240、訳三一二頁。
☆54 L・S・ヴィゴツキー「子どもの発達におけるツールとシンボル」保坂裕子訳、『ヴィゴツキー学』第2巻創刊号、二〇〇一年b、三八頁。

為を組織しながら、行為を予測し、方向づけはじめる」[☆55]。言語の「反映」機能と「計画化」機能は、ジョン・サールが発語内行為を分類するさいの基準の一つにした適合方向の二種類、すなわち「語から世界へ word-to-world」の適合と「世界から語へ world-to-word」の適合にほぼ対応している。ただサールの二つの適合方向が一人の言語主体とその外の世界との二項関係を枠組みにして分けられるのに対し、ヴィゴツキーの二つの機能は、二重化された「指示の三角形」という三項関係〈他者－対象－自己〉と〈他者－シンボル－自己〉の二重の関係を枠組みにして成り立っている。言葉の反映機能が過去の活動の模型を言葉のなかに定着させ、言葉の計画化機能が未来の行動を予測することで、過去と未来という時間的次元を現在の道具的行為に組み入れたことは、ここでは社会的次元において他者が言葉で教えることを自己が学ぶことで、何かある対象が実現されるという「指示の三角形」の二重化を枠組みにして成立しているわけである。

　第四章でも引いたように、マルクスは労働が人間に独自である理由を挙げて、人間は実際に物を作る前に「頭のなかでそれを作りあげている」と言った[☆56]。右の考察はマルクスのこの見解を連想させる。現実に物を作る経験に先だって、表象のかたちでそれを作る経験をする――ヴィゴツキーはこれを「経験の二重化」と呼んだ。「このような経験の二重化こそが、人間に能動的な適応形式の発達を可能にしているのであり、それは動物には存在しない」[☆57]と言ったのが、マルクスの顰みにならった若き日のヴィゴツキーである。だが、チンパンジーの巧みな道具操作に前言語的な思考が潜んでいることは、後年のかれが主張したところでもある。今日の

☆55　ヴィゴツキー、前掲書、二〇三頁。
☆56　*Das Kapital*, Bd. 1, S. 193. 訳二六二頁。
☆57　ヴィゴツキー『心理学の危機――歴史的意味と方法論の研究』柴田義松ほか訳、明治図書、一九八七（原書　一九二五）年、一八三頁。

知見に照らせば、前言語的な思考には、類人猿が「より高次な構造の表象を獲得」している例も加えてよい。とすれば、労働のさいに目標の表象を観念的に先取りするという「経験の二重化」は、それだけでは人間の専有物だとはいえないだろう。すくなくとも人間だけに独自のものと断じてよい証拠はない。「経験の二重化」を言うだけでは、人間独自の労働の由来を語るのにはあきらかに不十分である。

人間の場合、ヴィゴツキーのいう「経験の二重化」が現実のプロセスでは「指示の三角形」の二重化とダブることは容易に想像がつく。異なるのは前者では言語という媒介が明示されていないことだ。ならば経験の二重化に言語的な媒介を加味すれば、人間の労働の由来を語ることができるだろうか。ある意味でそうだが、別の意味ではそうではない。ある意味でそうだとは、言語の使用が介在することで「経験の二重化」の時間的次元が垣間見えるからであり、別の意味でそうではないとは、その時間的特徴があくまでたんなる兆候にとどまるからである。言語の反映機能と計画化機能は、過去や未来の事象を言語によって指示し表現する人間固有の営みである。といっても言語の媒介がなければ、時間的に不在のものを表象できないわけではない。チンパンジーは、比較的持続的な表象をもち、「スキーマにもとづく予測」にしたがって道具を操作する。不在のものを表象する能力は、前言語的な思考のなかにすでにあると言ってもよく、観察者の視点からみれば、そこにはすでにある主の時間という性質が兆していると推測できないこともない。言語シンボルを共有した共同注意から読みとらなければならないのは、時間的性格をもつか否かではなく、むしろ時間的次元の人間に固有の特徴とは何かである。

3

言語シンボルの共有にもとづく共同注意は、たんにいまは存在しない過去ないし未来の表象を編みだすのみならず、そうした不在の表象を共有可能なものにする。そのさい、共有される表象は、両者がかならず実際に体験した事物・出来事である必要はない。教える大人だけしか経験したことのないものを、学ぶ子どもが言葉を介して知り、その言葉にもとづいて不在の表象が形成されることもある。そのさい他人の経験のなかで確立された多くのものが表象の形成と行動、労働に利用される。ヴィゴツキーはこれを「社会的経験」と呼んだ。さらに人間の行動、労働は、他者から直接には伝えられないものの、さまざまなメディアを通じて前世代から相続した経験にももとづいている。労働にともなうとされる表象は、たとえば前世代から受け継がれた道具の形から読みとれるかぎり、まったく見知らぬ他人のものだったとしてもかまわない。いやおそらくその圧倒的な多数は、道具の形やなんらかのメディアを介して前世代から引き継いだものだろう。ヴィゴツキーはこれを「歴史的経験」と呼んだ。

すでに第四章では、労働において目的の表象を「頭のなかで」描くことが、心的表象のみならず言語・記号・シンボルを媒介にした公的表現の形態をとることについて論じた。社会的経験や歴史的経験は、二重化された経験とは違って、公的表現のかたちをとるほかない。とすれば目的の表象が心的表象と公的表現との往復で成り立つのも、この経験の三つの相の重なりに支えられることになる。過去・現在・未来という時間的契機は、労働の場面において、労働する個人の二重化された経験だけで成り立つのではない。そこにはさらに社会的経験と歴史的経験が重なる。二重化された経験は、こうした社会的経験や歴史的経験が介在し重合したときにこそ、人間に固有の複合した時間的特性を発揮できるのである。労働になんらかの想像力がともなうと言えば、そこにすぐ労働者の才能や創造的な個性が発揮される可能性を考えたくなるかもしれない。そうした事実がないわけではないが、天才肌の芸術家をモデルにしたロマン主義的な夢想はやはりしょせん夢の類にすぎない。そこに何かオリジナルなものが生まれるとすれば、それは新たな状況に適用する必要に迫られて、他者から受け継いだ表象を少しばかり組み変えたり、道具や人工物のかたちにわずかな変更を加えたりしたときぐらいである。

ところで社会的経験と歴史的経験の違いの一つは、経験が相対する他者から直接伝えられるのか、目の前にはいない他者からなんらかの媒介をつうじて伝えられるのかの違いにある。これを自己と他者の相互行為として見るならば、ちょうどギデンズの言う「対面的な相互行為」と「不在の他者との相互行為」の違いにあたる。両者の違いを理解するには、たとえば話し言葉による直接の相互行為と書き言葉による間接の相互行為を比較してみればよい。書き言葉を媒介にすれば、対面的な場面に介在する話し言葉とは違って、いまここにはいない不在の他者とのコミュニケーションが可能になる。この意味で「書き言葉の発展は、距離化された相互行為の時間的・空間的な範囲を拡大する」[☆58]。この時間と空間の拡大が経験を歴史的経験にする。この意味で社会的経験と歴史的経験は、相互行為の異なった二つの相を経験の側から見たもの

☆58 アンソニー・ギデンズ『社会理論の最前線』友枝敏雄・今田高俊・森重雄訳、ハーベスト社、一九八九（原書 一九七九）年、二二五頁。

にほかならない。

労働や道具的行為をおこなう者が先行世代の歴史的経験を利用するのは、文字や絵・画像、シンボルなどを不在の他者の想像力の痕跡としてそこから何かを推察し想像し再構成するときである。しかし考えてみれば、労働の担い手にとって、道具の形自身も実際には未知の他者から伝えられたものが大方を占める。人はその人工物の形から発明者の意図を見きわめ、その歴史的経験の痕跡を推理する。労働が何か新しい発見や発明をもたらすとすれば、しばしばそれは「歴史的時間を隔てて、現在いる個人が過去の使用者の意図した人工物の機能を想像し、現在の問題に対処するために必要な改良を思い描く」☆59ときである。したがって労働における言語の使用と道具の使用の結びつきが、すでにして相互行為の二つの類型を体現していると見ることができるだろう。あるいはいっそのこと言語と道具を用いた労働は、三種の経験に即して、三つの相互作用の重なりをそのコンテクストにしているといってもよい。第一に二重化された経験に対応して、自己の現在の行動と想像された自己の将来の行動との相互調整がおこなわれ、第二に社会的経験に対応して他者との直接の対面的な相互行為がおこなわれ、第三に歴史的経験に対応して不在の他者との間接的なコミュニケーションがおこなわれ、これらの重なりが労働における表象の形成と行動の制御を規定しているのである。

労働が人間に独自であるのは、労働の担い手がたんに物を作る前にそれを「頭のなかで」描くことにあるのではない。「頭のなかで」描くものが、労働する者自身のオリジナルにかぎらず、他者から得た知を導入し介入させる社会的知能に支えられている点にこそ、系統発生のレ

☆59 Tomasello, *op. cit.*, p. 41、訳五一頁。

ベルでみた人間がある。技術的知能と社会的知能との結びつきが人間に独自の特性をもち始めるのは、このときである。〈学ぶ－教える〉という直接の現在の担い手たちが、まだ達成されていない目標の未来に共同の注意を向けながら、しばしばその関係の外にいる他者の意図や知識、心的表象や公的表現の過去を、必要に応じて参照したり導入したりできるからこそ、ヒトの文化的進化は累進的になる。道具の使用における言語の使用は、過去に他者が生みだした使用法や製作法にたいする構想力を解釈しつつ、解釈された内容を〈教える〉なかで伝承し、〈学ぶ〉なかでみずからのメタ構想力に組み入れていく営みでもある。言語を介した共同注意でこの不在の他者の想像力に間接的に関わりうるからこそ、模倣学習では、エミュレーション学習のような同一のパターンの繰り返しとはちがった差異的な反復が可能になる。

もちろん労働を支えている相互行為の重なりは、全体として当面の労働の目的・手段関係の範囲内で選択された脈絡に限られる。時間次元でも、未来は目標の達成という終わりにあらかじめ制約されている。労働は何かを始める自発性にもとづくというより、生きる必要にせまられた必然性に属している。ここでの相互行為の重なりも必然性の枠を超えることはない。ところが言語を介した相互行為そのものは、労働のこの枠に限定されない。労働を背後から支えている相互行為は、あくまで相互行為の多様な重なりをごく一部から切り取ったものにすぎない。ならば、労働を超えたこの別の相互行為の地平から、労働のあり方を捉え直す視点が出てきてもおかしくないだろう。

ところで子どもが模倣学習をするのは、類人猿のエミュレーション学習とは区別されたヒトに固有の生物学的な必然性に属する。その意味ではヒトとしての自然的な学習プロセスの局面がここにある。それは同時に「記号の自然史」を含んでいる。しかし大人が模倣学習をする子どもに注意を共有させようとする対象の大方は、大人にとって子どもが成長するのに必要なモノ、人の手で製作された人工物、玩具や道具である。子どもと共同で注意を向ける大人にとってそれは（たんなる玩具類にしても）、社会的な必要性に根ざしたモノに数えられる。それは同時に「記号の文化史」を含んでいる。[☆60]ヴィゴツキーは、子どもの行動の発達が子どもの「生物学的発達」と「文化的発達」の交錯するさまざまな形態に表われると見た。[☆61]一方で類人猿の高度な行動に着目し、他方で未開人の原始的行動に注目しながら、原始性の段階から高次精神機能にいたる子どもの発達を探ったのも、発達の二面が交錯するプロセスに意識的だったからである。じつはここには、個体発生の場面で自然史が人間史と交差し、自然的世界が歴史的世界と相まみえる地点がある。ヴィゴツキーは、ヴィーコやマルクスと違って両者の峻別より、その交錯に省察の目を注いでいた。では、生物学的な必然と社会的な必要は、道具を使用する個人の労働では、現実にどのように交差するのだろうか。ヴィゴツキーと同じく、しかしまったく違った知の領域と視点から自然的世界と歴史的世界が錯綜する現実を目の当たりにしていたものに、ハンナ・アーレントがいる。彼女は労働のあり方を語るうえで、労働とは異なった人間の営みに注目した思想家でもある。「労働の哲学者」マルクスにたいする批判で成ったアーレントの労働論は、この点で何か興味深い論点を提供するかもしれない。類人猿とヒト化の曙にいささかこだわりすぎたわたしたちの考察は、一挙に近代の黄昏を正面から意識した別の

☆60　ヴィゴツキー、前掲書、一〇〇頁。
☆61　ヴィゴツキー『文化的‐歴史的精神発達の理論』柴田義松監訳、学文社、二〇〇五年、四六—四七頁。

局面に、話頭を転じなければならない。

第三部　アーレントと政治の発見

ハンナ・アーレントの主な著作に当たってみると、活動・世界・歴史といったキー概念にしばしば異なった視座が同居していたことに気づく。モーリツィオ・P・ダントルヴは、ジェイ、ケイテブ、カノヴァン、パレーク、ハーバーマスのアーレントの活動《アクション》概念にかんするさまざまな解釈が競合する事実を指摘したあとで、活動の概念が二つの異なった行為類型（自己表現的行為とコミュニケーション的行為）の共存に由来することを語っている。☆1 ジーン・L・コーエンとアンドリュー・アレイトも、アーレントの活動概念が自己表現的な行為類型と捉えられるのに、その権力概念が規範志向的なコミュニケーションにもとづいているとして、両者のあいだに異なった位相のあることを指摘していた。前者が人間の条件として普遍的・人間学的次元にあるとすれば、後者は歴史的・政治的な次元にある、というのがかれらの見たアーレントの二つの面である。☆2「世界への愛」を語ったアーレントにとって、「世界」の概念は、何よりも博士論文『アウグスティヌスの愛の概念』で論じたアウグスティヌスに由来しながら、『人間の条件』における「世界性」のみならず、当の博士論文でもハイデガーの「世界」概念の反響が聴きとれる。またジュデス・シュクラーは、アーレントにニーチェのいう「記念碑的歴史」の語り手となった相貌を見てとるが、☆3 他方、セイラ・ベンハビブは、その歴史記述の手法に、

☆1 Maurizio Passerin D'Entrèves, *The Political Philosophy of Hannah Arendt*, London: Routledge 1994, p. 85f. また同じくアーレントの政治的活動における「二つの次元の存在」を指摘したものとして、次を参照。Dana R. Villa, *Politics, Philosophy, Terror: Essays on the Thought of Hannah Arendt*, Princeton: Princeton University Press, 1999, p. 128f.（デーナ・R・ヴィラ『政治・哲学・恐怖――ハンナ・アレントの思想』伊藤誓・磯山甚一訳、法政大学出版局、二〇〇四年a、二〇二―二〇三頁。）

☆2 Jean L. Cohen & Andrew Arato, *Civil Society and Political Theory*, Cambridge: MIT Press, 1992, p. 179.

☆3 Judith N. Shklar, Rethinking the Past: in Garrath Williams (ed.), in *Hannah Arendt: Critical*

フッサール、ハイデガーの系譜を引く「現象学的方法」とベンヤミンに由来する「断片的方法」とがからみあっていることを論じている。[☆4] いずれも人間の営みや人工物の世界を語ったアーレントの概念が、存在論的な次元と制度論的な次元とを交錯させた展開を見せたり、歴史的記述の方法が、人間存在の根源からの没落として歴史を描く退落論のかたちになることもあれば、「いまという時」に過去の断片を引用する救済論のかたちになることもあるといった複雑な事情を語ったものだ。彼女の政治思想が一見した以上に異なった遺産を引き継ぎ、異なった視座を同居させていた証左と思われるものである。

　多様な視座をどう捉え、複数の観点のうちどれに重点をおいて見るかは問題意識や立場のいかんでおのずと変わる。もちろん複数の観点といっても濃淡に違いはある。たとえばハイデガーの哲学がアーレントにかなり濃い影を落としていることはまぎれもない事実である。[☆5] 二人の出会い以来、アーレントがハイデガーから哲学的な感化を受けた伝記上の事実だけから言うのではない。自覚の程度はどうあれ思想的な格闘の相手としてハイデガーはアーレントにとって陰に陽に格別の地位を占めていた。[☆6] たとえばマーティン・ジェイがアーレントの政治哲学を一九二〇年代の「政治的実存主義」の伝統に位置づけ、「政治の美学化」の恐れを警告したのも、その影響の重さと無縁ではない。[☆7] ただし「美学化」の面にハイデガーの暗い影をしか見ないのも禁物である。いかに大きな影響とはいえアーレントをハイデガーの弟子の一人に数えるだけなら、アーレントはハイデガー哲学の二番煎じ、よく見たところでその政治哲学版とみなされるのが関の山だろう。[☆8] 影響の重さはかえって格闘の激しさを物語る。ディーナ・R・ヴィラ

Assessment of Leading Political Philosophers, New York: Routledge, 2006 (orig. source: in Social Research 44 (1), 1977, pp. 80-90.) なお全体主義という解体すべき過去について歴史的に書くアーレントの姿勢に、むしろベンヤミンの「断片化の手法」を重ねあわせたニーチェの「批判的歴史」の語り手を読みとる次の解釈を参照。矢野久美子『ハンナ・アーレント、あるいは政治的思考の場所』みすず書房、二〇〇二年、一二一―一二二頁。

☆4 Seyla Benhabib, Hannah Arendt and the Redemptive Power of Narrative, in: Hinchman, L. P. & S. K (ed.), ***Hannah Arendt, Critical Essays***, New York: State University of New York Press 1994, pp. 111-141.

☆5 アーレントはハイデガーに宛てた一九六〇年一〇月二八日付書簡で『人間

は、ジェイの否定的な評価とは逆に、アーレントの「世界への愛にもとづく芸術主義」が、ニーチェ的な「芸術家の芸術主義」と異なるのみならず、[☆9]「制作《ポイエーシス》と活動とを「詩《ポイエーシス》」としての開示」のかたちで捉え直そうとしたハイデガーの後期哲学とも訣別していたことを強調してやまない。[☆10]他の伝にもれずここでも、ニーチェとハイデガーの思想的遺産をともに継承しつつ、いずれからも距離を取るといった格好である。アーレントの思索がいささかの瑕疵を見せながらも、いまなおいきいきした異彩を放つのは、たんに哲学的な相でハイデガーにたいする対抗原理を提起したからばかりではない。そもそもハイデガーには思いもおよばなかった政治的経験を引き受けたところ、そしてそれが著作のあちこちに複数の視座を同居させながら、彼女独自の思想的命脈を保ったところにこそ、その不思議な魅力の源がある。

ではその同居を可能にしたものは何か。「経験」に開かれた政治の発見——とりあえずそれをこう呼んでおきたい。『全体主義の起源』がイギリスで最初に上梓されたとき、それは『われわれの時代の重荷 The Burden of Our Time』と題されていた。マーガレット・カノヴァンは、自らの「生きた時代の最も劇的な出来事」にたいする応答が「アーレントの思想の中心にある」[☆11]ことを指摘している。戦争と革命という二十世紀の経験は「実存主義的伝統のなかにいるほかの思想家、ことにサルトルやカミュと彼女が共有した重大関心事」[☆12]でもあった。ベンハビブは、アーレントの哲学的カテゴリーのいくつかが、一九二〇年代のドイツの「実存哲学」、とりわけハイデガーから想を得ている点を指摘しながらも、そうしたカテゴリーを彼女独自の政治哲学にまで転換できたのは、「全体主義の時代におけるドイツ系ユダヤ人女性としての経

の条件』が「あらゆる点で、ほとんどすべてを」ハイデガーに「負っている」と記している（ウルズラ・ルッツ編『アーレント＝ハイデガー往復書簡 一九二五—一九七五』大島かおり・木田元訳、みすず書房、二〇〇三〔原書 一九九八〕年、一二一—一二二頁）。

☆6 デーナ・R・ヴィラ『アレントとハイデガー——政治的なものの運命』青木隆嘉訳、法政大学出版局、二〇〇四年b。

☆7 Martin Jay, Hannah Arendt und die ›Ideologie des Ästhetischen‹ Oder: Die Ästhetisierung des Polotischen, in: P. Kemper (Hrsg.), *Die Zukunft des Politischen, Ausblicke auf Hannah Arendt*, Frankfurt am Main: Fischer Verlag 1993, S. 119ff.

☆8 ハイデガーの弟子筋とアーレントの関係については、次を参照。リチャー

験」によるものだったと解釈している。☆13 共通感覚、リアリティ、始まりなど彼女の思想を体現した数々が、「経験」と歩調を合わせた言葉からなることは、それを暗示するものだといってもよい。ただしここでいう経験は、アーレント自身の直接の体験を特権視することから得られるのではない。むしろ忘れられた過去の政治的経験の発掘を介して、自らの個人的体験の困難を克服する道を探ろうとしたところに、経験の意味がある。これらが交差する地点にアーレントは政治的なものの真のありようを見た――これがわたしたちの立てておきたい仮説である。

もっともアーレントのそうした思索と概念の個性が、彼女の思想を理解するうえで、多くの読者や解釈者を悩ませてきたことも否定できない。たとえばディーン・ハンマーは、古代ローマ人の政治的思考について解釈したさいのアーレントの手法をとらえて、☆14 ウィトゲンシュタインが「家族的類似性」を説明するのに用いた喩えでそれを説明している――「糸が強くなるのは、何かの繊維がその糸の全体を貫いているためではなく、多くの繊維が相互にずれながら重なりあっているためである」☆15。アーレントは「相互にずれながら重なり」あった思考の線をいわばより合わせるようにして、そこに「血縁関係」を築き上げる。これをそのまま認めるなら、彼女が異なった思想の同居からより合わせた数々の概念は「家族的類似性」の見本だということになろうか。かりにそうならば、理念の歴史と事実の歴史の双方をまたがって編みだしたその家族的類似性は、さながらスペルベルのいう「記述的類似性」と「解釈的類似性」の双方の優れた見本にすら思えてくるかもしれない。だが実情はたぶんそうではない。カノヴァンは、アーレントのもろもろのカテゴリーを「いくつかの思考の流れが収斂する点」とも「理論

ド・ウォーリン『ハイデガーの子どもたち――アーレント／レーヴィット／ヨーナス／マルクーゼ』村岡晋一・小須田健・平田裕之訳（木田元解説）、新書館、二〇〇四（原書 二〇〇一）年。

☆9 ヴィラ、前掲書、二〇〇四年b、一六六―一六七頁、一七一頁、一八二頁。ジェイにたいする直接の批判としては、同一九一頁を参照。

☆10 ヴィラ、同書、二〇〇四年b、四〇八―四〇九頁。

☆11 Margaret Canovan, *Hannah Arendt, A Reinterpretation of Her Political Thought*, Cambridge: Cambridge University Press, 1992. pp. 63-64.（マーガレット・カノヴァン『アーレント政治思想の再解釈』寺島俊雄・伊藤洋典訳、未來社、二〇〇四年、八七―八八頁）

☆12 Canovan, *ibid.*, p.

化の見えない網の目」とも形容しながら、「その網の目がときとしてその観念にひずみを及ぼしている」と指摘することを忘れていない。[☆16] アーレントの「網の目」の編み方、糸の繊維のより方を観察するうえでは、その問題意識の強い力がときとして結び目のほころびや異様なかたちを生んでいることに注意しなければならない。たとえば全体主義にたいする問題意識の強さがわざわいしてか、家族的類似性ならぬ一義的共通性が、労働や制作の概念を濃く彩っており、思想的な異種混交のなかで類似性の芽を育みながらも、実際には強い一義性がはびこっていた——とくに次章で批判的なコメントを付したいのはこうした点である。

ともあれここでわたしたちは、ハイデガーの時代の哲学的潮流に影響されながらも、そもそもハイデガーの思索にとって無縁だった政治的経験を語り得たアーレントの思想的な構えに注目し、彼女の「活動的生活」にかんする考察を進めたい。そのさい前章までとの結びつきで問題点を明らかにし、可能ならばその難点を克服するための道を探ってみたいと思う。

第一節　全体主義以後の民主主義——「活動的生活」論の射程（1）

1

カノヴァンは、アーレントの政治理論にたいする誤解の絶えなかった理由に、その主な著作が彼女の思想的展開の解釈のなかに適切に位置づけられてこなかったことをあげている。ことに『人間の条件』は、それ以前の『全体主義の起源』との関連が十分問われないままに終わっていた。[☆17] この理論的展開の跡を気にとめないまま『人間の条件』の論述に触れると、その政治理

139. 訳一八二頁。

☆13 Seyla Benhabib, *The Reluctant Modernism of Hannah Arendt*, Thousand Oaks, London: Sage Pub. 1996, p. xxiv.

☆14 Dean Hammer, Hannah Arendt and Roman Political thought: the practice of theory, in: Garrath Williams (ed.), *Hannah Arendt, Critical Assessments of Leading Political Philosophers*, London and New York: Routledge, 2006.

☆15 Ludwig Wittgenstein, *Philosophische Untersuchungen*, §67, in: *Ludwig Wittgenstein Werkausgabe*, Band 1, Ffm: Suhrkamp Verlag, 1984.

☆16 Canovan, *op. cit.*, p. 128. 訳一六七頁。

☆17 Canovan, *ibid.*, pp. 63-64. 訳八七―八八頁。

論はときとして古代ギリシアのポリス世界にたいする郷愁の念から発しているとの印象をまぬがれない。そのうえ「世界疎外」という彼女の近代批判に、ハイデガー流の「存在の忘却史」のトーンを聞きとろうとするなら、その影の差したアリストテレス主義的な政治哲学者というアーレント・イメージを描くのにさほど苦労はない。「『ニコマコス倫理学』と『詩学』を拠りどころとするアリストテレス主義的立場」は、かえって「ハイデガーのプラトン主義に異議を唱えている」☆18にもかかわらず、『全体主義の起源』との関連にたいする理解の不十分さが『人間の条件』にバイアスのかかった解釈を産みやすかったことは間違いなさそうだ。定評あるヤング＝ブルーエルのアーレント伝で確かめれば、『全体主義の起源』とそれに続く著作（『過去と未来の間』『人間の条件』『革命について』）の間に、まごうかたない繋がりのあったことがわかる。

『全体主義の起源』でアーレントは全体主義に二つの非合理と、両者が結託した姿を見ている。全体主義運動の推進者たちは、一方で、かれらが必然的とみなした自然あるいは歴史の法則に従い、他方で、その法則を実現させるのには「何でも可能だ」と信じて行動する。むろん当の全体主義者自身はこれらを矛盾したものとは見ない。人類が必然の法則に服していることを告げるには、いかなる暴力によろうと何をすることも可能だと見切ってただ法則を実現させることに努めるだけだ。

……全体主義の法律は最初から運動法則として、一つの運動に内在する掟たることを定め

☆18　ジュリア・クリステヴァ『ハンナ・アーレント：〈生〉は一つのナラティヴである』松葉祥一・椎名亮輔・勝賀瀬恵子訳、作品社、二〇〇六（原書一九九九）年、九六―一一三頁。私見では、アーレントによるアリストテレスの積極的な評価面は、古代ギリシアのプラトンの系譜にさかのぼるというより、古代ローマの都市創設の政治的伝統につながる流れでみた方が、より明確になる。アーレントにおける古代ローマの政治思想の意義についてはとくに以下の論考を参照。**Dean Hammer, *op. cit.*, pp. 124-149.**

られている。実定法は破られる。……自然と歴史はもはや死を免れぬ人間の行為を安定化させる権威の源泉ではなく、それ自体プロセス――その内在的運動法則を観察し予測することはできるが、この外的な認知を除けば、lumen naturale の洞察もしくは良心の声のような人間の内面との対応をもはや全然持たないプロセス――であるにすぎない。☆19

全体主義のシステムが証明したのは、いかなる仮説に基づいても行為はなされること、しかも、その仮説に基づいて実際に首尾一貫した行為が為されるなら、どの仮説であれ真となり、現実的・事実的なリアリティとなることであった。首尾一貫した行為の土台は、望みとあらば狂気じみたものですらありうる。そうした行為はつねに、'客観的'に真となる事実を生みだしてゆく。出発点においては現実の事実によって証明もしくは反証されうる仮説にすぎなかったものが、それに基づいて首尾一貫した行為が為されると、けっして反証されえない事実へと必ず転化するのである。いいかえれば、演繹の起点に据えられる公理は、伝統的な形而上学や論理学の場合がそうであったように、自明の真理である必要はない。行為が始められるとき、公理は客観的世界に与えられている事実に合致する必要はまったくない。行為の過程は、首尾一貫しているかぎり、仮説的前提が公理となり自明となるような世界を創造することへと向かうのである。☆20

ナチズムが人種の優劣にかんする「自然法則」に服し、ボルシェヴィズムが資本主義の必然

☆19 Hannah Arendt, *Elemente und Ursprünge totaler Herrschaft: Antisemitismus, Imperialismus, Totalitarismus*; aus dem Englischen von der Verfasserin, München und Zürich: Piper, 1986, S. 707.（ハナ・アーレント『全体主義の起源3――全体主義』大久保和郎・大島かおり訳、みすず書房、一九七四年、二七三頁――以下、本書は、*EÜT*, 707. 訳（三）二七三頁と記す）

☆20 Hannah Arendt, *Between Past and Future*, New York: Penguin Books: 1993 (1st. pub. 1961), p. 87.（ハンナ・アーレント『過去と未来の間――政治思想への8試論』引田隆也・齋藤純一訳、みすず書房、一九九四年、一一七―一一八頁――以下、本書は *BPF*, p. 87. 訳一一七―一一八頁と記す。）

的崩壊にかんする「歴史法則」に従う以上、この法則という名のイデオロギーに服従するかれらにとって、この法則の必然性を貫くためにはどのようなテロも可能でなければならない。二つの非合理の結託とは、もともと両立しがたい二つの観念、「いっさいは不可避のプロセスのなかであらかじめ決められている」というイデオロギーへの盲信と「その気になれば何でも可能だ」というテロの暴慢とを、強引に結びつけたもので、そのために「余計なもの」をいっさい排除するというのが全体主義の論理にほかならない。

カノヴァンによれば、『人間の条件』の構想は、全体主義のこの認識と密接に関連している。『人間の条件』は、一方で、労働の「自然必然性」との違いを意識して、活動における「公的自由」の意味を浮き彫りにする。活動とは「新たな自由」と「新たな始まり」が生起する人間の営みである。この「新しい始まり」を保護し、「この始まりにその自由を保障し、そのなかでのみ自由が現実化する空間」[☆21]を作りだすのは、法律であって法則ではない。法則が必然のゆえに貫徹するのとはちがい、法律は自由のために制定される。アーレントにしてみれば、「マルクスが唯一、積極的で、非イデオロギー的な力と考えていた法は歴史法則」だが、それは「反法律的」[☆22]である。新たな自由・新たな始まり・法律は、いずれも法則の必然性に対立する概念である。他方、『人間の条件』は、制作がしばしばその手段にもつ破壊的な暴力 violence と、活動がその潜在力にもつ共同的な権力 power とを自覚的に区別している。権力と暴力とは同一ではないどころか「権力と暴力とは対立する。一方が絶対的に支配するところでは、他方は不在である」[☆23]。アーレントにとって「あらゆる制作は、ある種の破壊をふくんでいる」。制

☆21 *EÜT*, 713. 訳(三)二八〇頁。

☆22 Hannah Arendt, *Karl Marx and the Tradition of Western Political Thought*, from the manuscripts in the Hannah Arendt Papers at the Library of Congress, 1953, 2nd. draft, 4, p. 11.(ハンナ・アーレント『カール・マルクスと西欧政治思想の伝統』佐藤和夫編・アーレント研究会、大月書店、二〇〇二〔原典 一九五三〕年、二四一頁。——以下、本書は *KTW*, 2, 4, 11. 訳二四一頁と記す)

☆23 Hannah Arendt, *Crises of the Republic*, San Diego, New York and London: Harcourt Brace & Company, 1972 (1st. pub. 1969), p. 155.(ハンナ・アーレント『暴力について——共和国の危機』山田正行訳、みすず書房、二〇〇〇年、一四五頁——以下、本書は *CR*., p. 155. 訳一四五頁

作という営みは、その目的を実現するために自然を「破壊」する。暴力は目的を実現させるための破壊的な手段である。これに対し、権力は、人びとが他者と「一致して活動する人間の能力」に対応している。権力は個人の所有物ではなく「集団に属する」。「われわれは、だれかが「権力の座について」いるというとき、それは実際のところ、かれがある一定の数の人からかれらに代わって行為する権能を与えられていることを指している」[☆24]。全体主義批判において、以上のような絶対の必然性と無限定の暴力をともども峻拒したところに、活動的生活のための人間の条件が問われていた。全体主義以後、労働・制作・活動の条件を問うことは何を意味するのか——活動的生活を問いなおす第一の意味がここにある。

2

伝記上の事実をあげておくなら、『全体主義の起源』を上梓したのちに、アーレントは「マルクス主義の全体主義的要素」と題する三部構成の研究に手を染める[☆25]。アーレントにとっては『全体主義の起源』の重大な欠陥として、ボルシェヴィズムのイデオロギー的背景にかんする歴史的・概念的分析が不十分だった点を自覚したのが機縁だったという[☆26]。時代は一九五〇、六〇年代の反共産主義の嵐から冷戦体制の確立にいたる最中のことである。アーレントの意図をこの時代のコンテクストに重ね合わせて、『全体主義の起源』から『革命について』にいたる政治的考察をソ連型社会主義にたいするアメリカの政治的伝統の擁護と解する見方が出てもおかしくない[☆27]。しかしアーレントの意図を冷戦体制に直結させて忖度するのは、いささか安易で

五頁と記す）

☆24 Arendt, *ibid.*, p. 143. 訳一三三頁。

☆25 その後、当初の計画が変更されて草稿で残ったこの研究には、注22で挙げた邦訳がある。

☆26 Elisabeth Young-Bruehl, ***Hannah Arendt, For Love of the World***, New Haven, London: Yale University Press 1982, p. 276.（エリザベス・ヤング＝ブルーエル『ハンナ・アーレント伝』荒川幾男他訳、晶文社、一九九九年、三七四頁）

☆27 『全体主義の起源』を冷戦期のコンテクストで解釈した例として次を参照。スチュアート・ヒューズ『大変貌』荒川幾男・生松敬三訳、一九七八（原書一九七五）年、みすず書房、九〇—九五頁。

性急な話である。カノヴァンも指摘したように「現代の政治問題に対して彼女がとる態度は、右翼とか左翼とかいった使い古されたカテゴリーにすんなり当てはめることのできるものではない」[☆28]。マッカーシズムが吹き荒れた時代のアーレントは、デモクラシーを「大義」[☆29]として立て、あらかじめ作られた観念にしたがって「アメリカを……デモクラシーのモデルにしよう」とする風潮に、マルクス主義の全体主義的要素と同じ根を見ている[☆30]。彼女が政治的には既成の右からも左からもある距離を取ろうとした姿勢でほぼ一貫していたことがわかる。右か左かを選択しなかったことは、既成の両派から見ればまことに奇異に映ったことだろう。ドイツ社会民主党好みの母マルタに反発する一方、ローザ・ルクセンブルクにだけは類ない敬愛の念を表わしながら、『暗い時代の人々』や『全体主義の起源』のルクセンブルク解釈は、はなはだ非マルクス主義的である[☆31]。

　冷戦体制の崩壊後、「民主主義の第三の波」が叫ばれるなかで、アーレントの政治思想が一躍脚光を浴び始めたのも、奇異とも映るこの姿勢の一貫性と無縁ではない[☆32]。今日わたしたちは、全体主義という過去の亡霊の克服に依然、悩まされている一方、すでに東西体制が崩壊した以後の政治状況を生きている。全体主義の克服がいかに重い課題であるか、資本主義と社会主義の対立がいかに脆い現実であったかを、二つながら思い知らされた次第だが、ジェフリィ・アイザックの指摘にもあるように、ポスト全体主義の政治的課題が、たんに資本主義か社会主義かの二者択一にあるのではなく、ソ連型の共産主義ともアメリカ型の資本主義とも違った「第三の道」を探ることにあるのを自覚していたのが、ほかでもないハンナ・アーレントで

☆28　マーガレット・カノヴァン『ハンナ・アレントの政治思想』寺島俊穂訳、未來社、一九八一（原書一九七四）年、三三頁。カノヴァンは、「強いて彼女になんらかのラベルを貼ろうとするなら、アメリカの政党の意味ではなく、古き一八世紀的な意味での公的自由の党員、トクヴィル、ジェファーソン、マキアヴェリのような人びとの仲間という意味での『共和主義者』」だと言っている（同書、三五頁）。

☆29　Hannah Arendt, The Eggs Speak Up, in: Hannah Arendt, (ed. by Jerome Kohn), *Essays in Understanding, 1930-1954*, p. 280f., New York, San Diego, London: Harcourt Brace & Company, 1994.（ハンナ・アーレント『アーレント政治思想集成2——理解と政治』（J・コーン編）齋藤純一・山田正行・矢野久美子共訳、みす

あった。[☆33]『革命について』でアーレントがロシア革命とアメリカ革命の違いについて考察した試みを、東西冷戦のコンテクストで理解するなら、「革命の意味」について語った彼女の狙いを見落とすだろう。公的自由の創設に導く新しい統治形態の創出が目標とされたアメリカ革命とは異なり、欠乏からの解放という社会問題の解決が課題になった点で、ロシア革命がフランス革命と起源を同じくすることこそ彼女の強調したところだ。元ドイツ共産党員だった二番目の夫ハインリヒ・ブリュッヒャーが参画したレーテ運動に強い感銘を受けながら、その意義を語るうえでは、パリ・コミューン、ハンガリー革命のみならず、古代ローマの都市建設、アメリカの革命的伝統と平然と並べて動じた気色がない。アーレントが熱っぽく語った評議会民主主義にはロシア革命直後のソヴィエトも含まれていたことを思えば[☆34]、それは、東か西か、資本主義か共産主義かの選択とは無縁の道に通じていた。資本主義と社会主義は「二つの別の帽子をかぶった双子のようなものだ」というのが彼女の理解である。ナチズムとスターリニズムの双方を含んだ全体主義の批判と克服には、そのような意味での第三の道、現在ならギデンズ流の「第三の道」とも違った意味での「反逆の政治」を模索することにつながったはずである。現時点の結果から見れば、「マルクス主義の全体主義的要素」にかんする研究、ひいては「活動的生活」をめぐる考察は、こうした政治状況を理論的に先取りしていた。アーレントが全体主義の唯一のオールタナティブとみなした評議会方式の民主主義を模索することは、東欧革命以後、何を意味し何を可能にするのか——活動的生活について問いなおす第二の意味がここにある。

ず書房、二〇〇二年、八八頁。以下本書は、EU, 280. 訳（一）八八頁、と記す）

☆30　Hannah Arendt, The Ex-Communists, in: H. Arendt, *ibid.*, pp. 391-400.（アーレント、同書、二二九―二四二頁）

☆31　アーレントが、ルンセンブルクの革命や政治にたいする関わり方を一マルクス主義者としてではなく、周囲のマルクス主義者との違いで見ていたことは印象的である。「彼女のヨーロッパの政治へのかかわり方が労働者階級の直接的利益の外側にあり、したがってあらゆるマルクス主義者の限界を完全に超えていたことは、彼女がドイツとロシアの党に対して「共和制のプログラム」をとるよう再三主張していたことに最もよく示されている」(H. Arendt, *Men in Dark Times*, San Diego, New York, London: Harcourt Brace & Company, 1968,

第二節　反プラトニズムとアイデンティティの政治――「活動的生活」論の射程（2）

1

もっとも『人間の条件』に結実した「マルクス主義の全体主義的要素」にかんする研究は、たんに全体主義や資本主義・共産主義といった政治体制のあり方だけに収斂していたわけではない。むしろ今日眼にできる草稿から推測すると、研究が深まるにつれてテーマの立て方に変化のあったことが読み取れる。「活動的生活」をめぐる考察の何たるかを知るうえで見逃せないのは、アーレントの考察がマルクス主義より、むしろマルクスそのものを論じる場面に移ったとき、そこに予想外の奥行きが生まれたことだ。この時期の草稿をもとに成った論考で、アーレントはプラトンの伝統と関連づけてマルクスを次のように論じていた。

> 西洋の政治思想の伝統は、プラトンとアリストテレスの教説に明白な始まりをもつ。わたしはこの伝統は、カール・マルクスの理論のうちで同じく明白な終わりを迎えたと確信する。この伝統が始まったのは、プラトンが『国家』の洞窟の比喩において人間の事柄の領域、つまり共通世界に住む人びとの共同の生に関わる一切を暗黒、混乱、欺瞞として描き、真の存在を希求する者は明澄な永遠のイデアの天空を見出そうとするかぎり、この人間の事柄の領域に背を向け、この領域を放棄しなければならないとしたときであった。この伝統が終焉したのは、マルクスが哲学および哲学の真理は人間の事柄や共通世界の外に

p. 51.『暗い時代の人々』阿部斉訳、河出書房新社、一九八六年、六八頁）

☆32　千葉眞『アーレントと現代――自由の政治とその展望』岩波書店、一九九六年、参照。

☆33　Jeffrey C. Issac, *Arendt, Camus, and Modern Rebellion*, New Haven, London: Yale University Press 1992, p. 19. また同書の p. 177 以下も参照。

☆34　Hannah Arendt, *On Revolution*, London: Penguin Books, 1991 (1st. pub. 1963), p. 254f.（ハンナ・アレント『革命について』志水速雄訳、中央公論社、二七五―二七七頁――以下、本書は、OR, p. 254f. 訳二七五―二七七頁と記す）

ではなく、まさにそれらの内にあり、しかもそれは「社会化された人間」(**vergesellschaftete Menshen**) の出現によって、共同の生の領域――かれはこれを「社会《ゲゼルシャフト》」と呼ぶ――でのみ「実現」されると宣言したときであった。[☆35]

ここでマルクスはヘーゲル観念論を弁証法的に転倒させた唯物論者というより、プラトンにさかのぼる「思考と行為、観照と労働、哲学と政治の伝統的ヒエラルキーを逆転させた」政治思想家とみなされている。とすれば、本書の第三章で論じたように、ヴィーコがマルクスよりまえに「通俗的形而上学」によって試み、ニーチェがマルクスよりのちに「芸術家形而上学」によって図った「プラトニズムの転倒」を、マルクスはその「労働の哲学」によって企てたことになる。アーレントがはっきり距離を取ろうとしたのが、ヴィーコからマルクスにいたるこの制作と労働の思想である。ではニーチェについてはどうか。いわゆる「アゴーン主義」的な解釈がこの点でニーチェの思想に親和的なアーレント像を提唱してきたことは、ここしばらくの潮流でもある。だがアーレントの経験が培った政治の発見は、ある部分でニーチェの思索の特徴とどうみても折り合わない。[☆36]

ところで、ビクー・パレークも指摘したように、プラトンの亡霊を追い払い、反プラトン的な基盤の上に「新しい政治哲学」を築き上げようとしたのがアーレントの政治思想だったことも間違いない。[☆37] ただプラトンの亡霊を追い払うとはいっても、「共産主義の妖怪」が横行するのをアーレントが歓迎したわけではない。逆にアーレントは、プロレタリアート独裁ののちに

☆35　*BPF*, p. 17. 訳一九―二〇頁。

☆36　アゴーン主義的なアーレント解釈にたいする批判とニーチェとの関係について、次のものを参照。Donna R. Villa, *op. cit.*, pp. 107-127.（デーナ・R・ヴィラ『政治・哲学・恐怖――ハンナ・アレントの思想』伊藤誓・磯山甚一訳、法政大学出版局、二〇〇四年、一六七―二〇〇頁）

☆37　Bikhu Parekh, *Hannah Arendt and the Search for a New Political Philosophy*, London: Macmillan 1981, p. x.

「階級と国家のない社会」が生まれることを描いた「最善の政治」にかんするマルクスの考えが、「政治的活動を哲学的思考の厳密な方向に従属させようというプラトンの夢」[☆38]を皮肉にも実現しようとしたものだと批判してもいる。プラトニズムを転倒させながら、かえってプラトニズムを完成させようとしている。「マルクスは伝統自身の枠組みのなかで伝統を転倒させたために、実際にはプラトンのイデアを廃することはなかった」[☆39]というのが、アーレントのイロニーに満ちたマルクス批判の結論である。とすれば、ヴィーコ、マルクス、ニーチェと続く一連のプラトニズムの転倒を向こうに回しながら、プラトニズム克服に互角の戦いを挑んでみせたのが、アーレントの反プラトン的な試みだったということができよう。

もっともプラトニズムを敵に回すからといって、観照的生活を捨てて活動的生活だけを救い出そうとするわけではない。アーレントの未完の遺作は『精神の生活』である。『人間の条件』における「活動的生活」論と双璧をなす「精神的生活」論のかなりの部分が、死の直前まで執筆されていた。読者はそこで多彩な過去の古典的伝統から自在に引用し、思考について意志について語りつづける政治理論家の姿を見て、いささか怪訝な思いに襲われるかもしれない。アーレントにとって全体主義やプラトニズムと闘うことは、持続した古典的伝統の再興を願う文化的保守主義の立場とさして違わないのだろうかと。

アーレントは、マルクス、ニーチェ、そしてキルケゴールが西欧的伝統に果敢に挑戦しながらも、いずれも「自滅に終わった」と見ていた。[☆40]しかし自滅したその挑戦が意味するものは彼女にとって、連続した伝統の保守を価値として求めることとはまったく逆に、かえって「伝統

☆38 *KTW*, 1. 1. 1. 訳六頁。
☆39 *BPF*, p. 40. 訳五〇頁。
☆40 *BRF*, p. 35. 訳四三頁。

の喪失」を事実として認めることでもあった。故郷を失い、仕事を失い、自信を失い、言語を失い、親しんだ日常を失い、そして親類を失った亡命者たちのひとりアーレントにとって、[☆41]おそらくその喪失感のある部分は、確実に自らの体験からにじみ出てくるものだったろう。どのみち、近代は伝統の連続性を素朴に信仰できる時代ではない。ベンハビブの巧みな形容を借りれば、アーレントは「不承不承ながらのモダニズム the reluctant modernism」を受け入れた人である。ただし近代世界が伝統を喪失したといっても、「この喪失はいささかも過去の喪失を伴うものではない」。伝統と過去とは別のものである。あるいは伝統という「過去の連続性」が途絶えても、「断片と化した過去」は残る。[☆42]伝統は「新たに登場する世代を過去のあらかじめ決定された一側面に縛りつける鎖でもあった」。伝統が喪失したいまならばかえって「過去が予期せぬ新鮮さでわれわれの前に姿を現し、これまで誰も聞く耳をもたなかった事柄をわれわれに語りかけてくれる」かもしれない。[☆43]過去は新たな発見の可能性に開かれている。伝統の喪失を見とどけながら、しかも過去を生き生きと引用し経験すること、アーレントはどこかで「暗い時代」の友人だったベンヤミンの、断片化された過去の救済という思想を夢見ていたのかもしれない。

ところでアーレントは『精神の生活』の執筆動機に、イェルサレムでのアイヒマン裁判を傍聴したときに受けた次のような印象を挙げている。――「アイヒマンがわれわれ他の人間と違っていたのは、かれにはあきらかに、……思考を働かせることをまるで知らなかったということだけなのである」。[☆44]もっとも『イェルサレムのアイヒマン』でアイヒマンの性格上の「より

☆41　ハンナ・アーレント「われら亡命者」（ハンナ・アーレント『パーリアとしてのユダヤ人』寺島俊穂・藤原隆裕宜訳、未來社、一九八九年、所収）一〇頁。

☆42　Hannah Arendt, *The Life of the Mind*, vol. 1, New York: Harcourt Brace Jovanovich, 1987 (1st. pub. 1971), p. 212.（ハンナ・アーレント『精神の生活（上）』佐藤和夫訳、岩波書店、一九九四年、二四四頁――以下、本書は、*LM*1, p. 212. 訳（上）二四四頁、と記す）

☆43　*BPF*, p. 94. 訳一二七頁。

☆44　*LM*1, p. 4. 訳七頁。

決定的な欠陥」にあげられていたのは、「ある事柄を他人の立場に立って見ることがほとんどまったくできないということ」[☆45]、つまりカントのいう「判断力」の欠如だが、いずれにしてもアーレントがアイヒマンにおける「悪の凡庸さ」に「精神的生活」上の欠陥を見ていたことに変わりはない。近代における伝統の喪失は、いささかも過去の喪失を意味しないが、たしかに過去の忘却の危機に瀕する恐れを蔵してもいる。それは思考における記憶の力の欠如とも無縁ではないのである。

思考や判断力の欠如が全体主義を担った者の特性ならば、思考をはじめとする「精神的生活」論もまた、文字通り全体主義の克服を探った知的試みでなければならない。「精神的生活」とともに「活動的生活」を論じることは、全体主義の真の克服を目差すべく西欧哲学の伝統を振り返りつつ、一方では「活動的生活」内部での労働・制作・活動の布置とその転倒を追跡し、他方では「実践的生活」と「観照的生活」のプラトン的伝統の枠組みから脱した「精神的生活」についても語ることを意味したはずである。プラトニズム以後、活動的生活とともに精神的生活について考察を進めることは何を明らかにするのか——活動的生活を問いなおす第三の意味がここにある。

2

しかし活動的生活論をその今日的な意義において見なおそうとするなら、さらにもう少し別の面にも留意しておかねばならない。すでに見たようにカノヴァンは、『人間の条件』で展開さ

☆45　Hannah Arendt, *Eichmann in Jerusalem, Ein Bericht von der Banalität des Bösen*, München: Piper, 1995（1965）. S. 76, 78.（ハンナ・アーレント『イェルサレムのアイヒマン——悪の陳腐さについての報告』大久保和郎訳、みすず書房、一九六九年、三七、三八頁）

れた活動的生活論の問題意識を理解するには、アーレント自身の思索の跡を追ってみる必要があることを唱えていた。しかし彼女は『全体主義の起源』との関連に拘泥するあまり、アーレントの他の面にたいする目配りを十分に働かせていない。アーレントが「活動的生活」について思索を深めることになった大きなきっかけは、たしかに全体主義の経験にあった。しかし彼女はこれをドイツ系ユダヤ人女性として経験した。

　大学を出てのち、アーレントはロマン主義研究を進めるなかで、一八世紀の啓蒙期ドイツを生きたラーエル・ファルンハーゲンというユダヤ系ドイツ人（同化ユダヤ人）女性の存在を知り、その伝記研究に没頭する。『ラーエル・ファルンハーゲン』の最後の二章が完成するのは、ナチズム台頭を前にしてパリに移り住んでからのことだが、ラーエルの生涯を「あたかも彼女自身が物語ったかのように物語」りつつ、アーレントは無意識のうちにか、そこに彼女自身の青年時代の精神的な遍歴の様を二重写しにしている。ロマン主義的な内省に典型的にあらわれた無世界性と政治的無関心に始まり、パーリアとしてのユダヤ性からは逃れられないことを自覚するにいたるラーエルの精神的生活の変転は、政治には無縁だった青年期から「意識的パーリア」を選び取ったシオニズムの立場に転じていったアーレントの政治的履歴と似た移り変わりがうかがわれる。

「順応や同化という芸当や芝居に頼らず」、しかも成り上がり者になろうとすることを拒否したユダヤ人少数派の伝統[☆46]、「意識的パーリア」というユダヤ的アイデンティティにアーレントがある時期傾いたことについては比較的よく知られている[☆47]。しかし「活動的生活」にかんする

☆46　ハンナ・アーレント、前掲書、二八―二九頁。

☆47　「意識」性を力説した「パーリア」が、当初から排他的な民族感情とはかなり違ったものと考えられていたことは、留意しておいてよい。「『意識的パーリア』という概念は、東欧の非解放ユダヤ人大衆の無意識的なパーリア性と比べた場合の解放されたユダヤ人の状態をさしているわけだが、この概念によってユダヤ人は意識的な反逆者として、ヨーロッパのすべての非抑圧者の国民的、社会的な自由のための闘いと連帯しながら、なんらかの自由のための闘いを行うような被抑圧民族の代表者とならねばならない。」（アーレント、同書、四七―四八頁）

彼女の考察を深めようとするなら、この事実を必要以上に誇張するのは、かえって考察を阻害する要因になりかねない。戦後直後に「シオニズム再考」を著してから、アーレントは「意識的パーリア」としてのシオニストの立場と手を切ることになる。[☆48] アーレントからある種の「周縁性の視座」[☆49] が消えてなくなったわけではないが、彼女がユダヤ人の「受難」史の特権化にしばしば警告を発していた事実も見逃してはならない。[☆50] この関連で触れておきたいのが、ラーエル・ファルンハーゲンについてアーレントが考察した二つの事実である。

アーレントは、ユダヤ人であることから逃れようともがき、同化のためにはドイツ人との結婚を選ぶしかなかった当初のラーエルのうちに、ロマン主義的な「内省」に閉塞した姿を読みとり、その内省の様を次のように描いている。

思考がみずからのうちでとぐろを巻いて、自分の魂だけを唯一の対象とするとき、それは内省 **Reflexion** となる。だがそうなると思考は……世界に無関心となり、……唯一の「関心をひく」対象である自分の内面に向き合うことによって、あたかも無限であるかのように見える力を手に入れる。……運命の打撃をまえにしたときですら、一つひとつの不幸がすべてあらかじめ悪しき外界の避けがたい随伴物だと一般化されてしまっているなら、自己の内面へという逃げ道がある。そうなると、まさにいまこそ運命の打撃に見舞われた、というショックは襲ってきようがない。[☆51]

☆48　ハンナ・アーレント、前掲書、一三〇—一八九頁。

☆49　アーレントの「パーリア」的な「周縁性の視座」を強調したものとして、次を参照。千葉眞、前掲書、一〇—一一頁。

☆50　矢野、前掲書、一〇二頁。

☆51　ハンナ・アーレント『ラーエル・ファルンハーゲン——ドイツ・ロマン派のあるユダヤ女性の伝記』大島かおり訳、みすず書房、一九九九（原書一九五九）年、一五—一六頁。

誤解を恐れずに言えば、「運命の打撃をまえにしたとき」のラーエルの内省への閉塞は、方向はまったく逆ながら、全体主義の二つの不合理と予想外に似ていることがわかる。内省的思考は、運命が招く受難や不幸の数々をどれも不可避のものだと一般化しながら、自己の内面に逃げ道を求める。しかし他方、内面の思考の内では、世界から逃れて無限とも見える力を手に入れ、何ごとも可能であるかのように思われる。外界から襲う運命の不可避性と内面の思考における無限の力――この対は、いっさいは不可避の法則で定められているとの信仰とその気になれば何事も可能だとの信念の全体主義における対と形式上、類同的である。ただ、一方は内面的思考に逃げ、他方は暴力的行動に走るといった具合に、出てくる結果が逆の方を向いているだけだ。

内省への閉塞がラーエル個人の逃げ道の話に終わるなら、あらためて問題にする必要はあまりない。アーレントはたぶんこれを私事にとどまる話とは見ていない。ラーエルの「〈個人的逃げ道〉は伝統」となって、教養をそなえたユダヤ人たちの一部をとらえた[☆52]。なるほど「自分で考える Selbstdenken」ことが、どれもラーエルに現われるようなロマン派的な内省にいたるかと言えば、そうではない。アーレントは、ラーエルの内省に見る世界から自我への後退とは違ったあり方を、たとえばレッシングの「自立的思考 Selbstdenken」における活動から思考の自由への退却に見ている[☆53]。本書での脈絡から捉えなおすならば、自立的思考と内省という二つの相貌は、心的表象が公的表現にコミットしていくさいの、異なった二つのありようだと見ることができる。閉じた自我に引きこもった「内省」は、心的表象の一類型として公的表現

☆52 *EÜT*, 118. 訳（一）一一五頁。これをユダヤ人一般にまで拡大できるかどうかには疑問が残るが、たとえばユダヤ神秘主義に見るように、人間の行為を内的経験に向かう神秘的なものとみる姿勢が、不可視の運命を前提とする見解をともなうかぎり、世界からの疎外や無世界性と類似の事態に導く恐れがあるとみてもあながち不当とはいえまい。この点については、以下を参照。矢野久美子、前掲書、九一―一〇四頁。

☆53 Hannah Arendt, On Humanity in Dark Times: Thoughts about Lessing, in: Arendt, H., *Men in Dark Times*, San Diego, New York: A Harvest Book 1995 (1955). pp. 3-31.

の特定のあり方との親和性を暗示している。言いかえれば、「内省」という心的表象にたいする批判は、ユダヤ人の伝統的思考という公的表象にたいする内側からの批判をも暗に含んでいたはずである（そこでは公的表現がむしろ公的表象、民族的表象となって現われる）。内省や自己思考といった問題は、広い意味での活動的生活にとっての問題群、否もっと正確にいえば活動的生活と精神的生活との関係をめぐる問題圏に属しているが、アーレントにとってそれは、全体主義に直面したときのユダヤ人のメンタリティを問いただすことにもつながり得た。早急な一般化はひかえたいが、ここには集合的アイデンティティにおける自己思考と公的表象の問題が一変種の形をとって現われている。☆54

　ラーエルに関連してもう一つ指摘しておきたい事実は、彼女が「屋根裏部屋」で催したサロンである。ラーエル・ファルンハーゲンは、当時の著名な文人・貴族が出入りしたサロンの主催者として歴史に名をとどめているが、その当時のサロン一般の意義についてアーレントは次のように書き記している。

> サロンには、会話のなかで自分が何であるかを表現し演ずるすべを習得した人びとが集まっていた。役者はつねにかれ自身の「仮象《シャイン》」であり、市民は個人として、その背後にある存在ではなく自分そのものを見せることを習得していた。貴族は、自分がかつて代表していたものを啓蒙主義のなかで徐々に失ってゆき、自分自身へと投げもどされて、「市民化」しつつあった。☆55

☆54　齋藤純一「表象の政治／現われの政治」（『現代思想』一九九七年七月号）。
☆55　アーレント、前掲書、四六頁。

サロンは、コーヒー・ハウス、会食クラブとともに、ユルゲン・ハーバーマスが市民的公共圏（ここでは文芸的公共圏）の早期の制度化の一例に挙げたものである。「会話」を通じて「自分そのものを見せる」という機能をサロンに見たことからもわかるが、アーレントも、言論を解した自己の「正体の暴露」という公共空間の機能に似たものをそこに見ている。もっともこのサロンを『人間の条件』での「公共空間」と同一視できると即断することはできない。かりに公共空間の一つとみなしうるとしても、サロンには他にない特徴がある。

アーレントがおこなった区別の一つに〈公的なもの〉と〈私的なもの〉の区別がある。彼女の活動的生活論では、たとえば古代ギリシアのポリス的公共圏に典型を見るように、公的空間は私的領域から厳密に区分されていた。ラーエルのサロンにはこの厳格な区別がない。ラーエルは女性（しかもユダヤ人）であったため、公的生活に加わる機会を奪われていた。しかしだからこそと言うべきか、イェーガー街の屋根裏部屋の私的サロンで、「人びとの間にいる人間Menschen unter den Menschen」であることができた。そこは公的な会話が交わされるとともに、友情と恋愛が花咲く親密で私的な交際の場でもある。アーレントの見るところ、ラーエルのこのサロンは、交流の場としてはさらに他にない固有の特徴をそなえている。何よりもまずそれは人種的混淆の場であった。ラーエルのサロンは「非ユダヤ人が例外的に幾人かはいっている」「額面だけの混合サロン」でもなければ、「幾人かの特に許された例外ユダヤ人をまじえた非ユダヤ人サロンでもなかった。このサロンは理屈なしに対等な関係からなり、その後のいかなる時代よりも多くの通婚を生んだあのドイツ人とユダヤ人の社交生活の短い黄金時代にふさわしかった[☆56]」。「その後のいかなる時代よりも多くの通婚を生んだ」というかぎりで、それはまた男女混淆の場でもあった。ベンハビブは、『人間の条件』で公的空間の典例として引かれるポリスとサロンとを比較しながら、この点について次のように言っている。

> ほとんどあらゆる面で、サロンは、公共圏の様式として、『人間の条件』に支配的なポリスの公共圏の闘争アゴンモデルと対立している。ギリシアのポリスとそれに特徴的な公共圏が女性を排除しているのに対し（……）、サロンは女性の参加によって支配されている。……ポリスの公共圏がエロスを排除し抑圧しようとしたのに対して、サロンはエロティックなものを開拓する。[☆57]

もちろん「公共圏の典型的な女性的形態」であるサロンが、人種と性をめぐる差別の現実から自由だったとはとうてい考えられない。最近のフェミニズムの側からするアーレント解釈に見るように、これは彼女の活動的生活論を見なおすうえで見のがすことができない。またトラヴェルソも指摘するように、ユダヤ人にとって創造的な実り多い共生になると見こんだことが、ドイツ人にはかれらの国家と文化への異分子の寄生とみなされたことも事実である[☆58]。そのうえ、ラーエル・レヴィン（ファルンハーゲン）の世代で「真にユダヤ人・非ユダヤ人の混じった社交人士を集めていたユダヤ人サロンでは、その前の世代にはまだとにかく存在していた

☆56　*EÜT*, 116. 訳（一）一一二頁。

☆57　Benhabib, *op. cit.*, p. 19f.

☆58　エンツォ・トラヴェルソ『ユダヤ人とドイツ――「ユダヤ・ドイツの共生」からアウシュヴィッツの記憶まで』宇京頼三訳、法政大学出版局、一九九六（原書　一九九二）年、一二―一三頁。

ユダヤ人の政治的関心はまったく消え失せて」[☆59]いたことも否定できない。

しかしだからこそというべきか、そこに「政治的なもの」の違ったありようが垣間見えていたことも見すごせない。私的なものと峻別された公的領域とは違った公的なもののあり方が萌していたからだ。サロンは、私的なものと公的なものとが混淆した〈社会的なもの〉（社交の場）の一例をなしている。ただしそれは、私的なものが公的な領域に侵入したという意味で社会的なのではなく、逆に公的なものが私的な親愛圏に介在して思わぬ効果を発揮したという意味で社会的である。参加者のあいだに民族上の違いのみならず身分・地位・財産・経歴・名声などに大きな隔たりがあったにもかかわらず、そこでは「すべての人がその人格以外の何ものによっても判断されなかった」[☆60]。親密な関係ながらも家族的な血縁関係を前提せずに複数性と対等な関係を経験できた空間が、ひょっとしてそこにありえたかもしれない。旧来の「政治学」にとってはその外に置かれていた「政治的なもの」の発見が、ラーエル自身の経験の開示というかたちをとって、おこなわれている。政治学以後、「政治的なもの」はいかにして発見されるのか――活動的生活を問い直す第四の意味がここにある。

全体主義以後の政治への模索が、資本主義とも社会主義とも違った、東欧革命以後の民主主義の可能性を問うことに導き、プラトン以後の政治哲学への展望が、さまざまな「政治的なもの」の新たなあり方をめぐる議論に通じていること――今日、アーレントの活動的生活論に潜んでいるのは、さしずめこうした複数の可能性である。公的空間・活動・自由をめぐるアーレントの議論の意義は、いくつかの難点を孕んでいたものの、ポスト全体主義、ポスト東欧革

☆59 *EÜT*, 115. 訳（一）一一〇頁。
☆60 *EÜT*, 116. 訳（一）一一二頁。

命、ポストプラトニズム、そしてポスト政治学という四つの「ポスト」についてアクチュアルな展望を示唆した点にある。次章では、この四つの「ポスト」を念頭に置きながら、「活動的生活」論のなかでも〈必然性〉と〈暴力〉の克服に向けた彼女の見解に注目し、〈作ること〉と〈知ること〉をめぐる前章までの議論に新たな光を当ててみることにしたい。

第八章　必然性と暴力を超えて

第一節　必然性と暴力の結託

前章で触れたように、アーレントは全体主義に必然性と暴力が結託する姿を見ていた。もっともこの結託は全体主義だけに限らない。『革命について』ではこれがフランス革命で顔を出す。

> 必然〔貧窮 necessity〕と暴力。暴力は必然〔貧窮〕のために行使されるゆえに正当化され賛美され、他方、必然〔貧窮〕は解放というこのうえない努力のなかでは……必ず「人びとを強制して自由にさせる」偉大な強制力として忠実に尊敬される。われわれは、この二つのものと二つの相互作用が、二十世紀の成功した革命のしるしとなった事情を知っている。[☆1]

アーレントは「必然」をここで「貧窮」の意味に取っているが、この点はしばらくおくことにして、ともかくアーレントにとって、全体主義にかぎらず近代以降に現われる必然と暴力の結びつきこそ克服すべき政治的現象の中心に位置していたことがわかる。ナチズムのかたちをとった全体主義は、ドイツの「特殊な道」から生まれてきたのではない。近代世界そのものに

☆1　*OR*, 106. 訳一二一頁——*OR* は前章と同様、Arendt, ***On Revolution***（『革命について』）の略記。

由来している。アーレントはこの問題意識を組み入れるかたちで「活動的生活」論を構想していた。労働は、マルクスのいう「人間と自然との物質代謝を媒介するための永遠の自然必然性」として「生活の必要〔必然〕」にもとづいている。労働の領域とは「必然の領域」である。他方、制作はつねにかならず暴力をともなう。[☆2]「われわれは木材を入手するために木を殺さねばならず、しかもテーブルを作るためには、素材となる木材に暴力を振るわねばならない[☆3]」。アーレントにしてみれば、自然に対するなにがしかの暴力の上に成り立つのが人工物の世界である。片方で、活動が「自由の領域」に属するものとして「必然の領域」にある労働と峻別され、片方で、権力 **power** が「一致して活動する人間の能力に対応した」ものとして「道具を用いるという特徴」をもつ暴力 **violence** から概念的に区別されたのも[☆4]、全体主義の克服を狙ったアーレントのごく自然な理論的帰結だった。必然性・暴力、そして両者の外部、これに応じるように労働・制作、そして活動の概念が成り立っている。もちろんわたしたちはここで、必然性と暴力をあたかも労働と制作それぞれの本来の属性のように描くアーレントの理解が、労働と制作という事象一般を正確に捉えたものかどうか疑ってよい。労働が「必然」的であるというのも制作が「暴力」的であるというのも、どちらかといえば、あらゆる歴史の現実から引きだされてきたというより、古代や近代の特定の歴史的経験から導きだされたものである。こうした点を慎重に考慮するならば、必然と暴力の政治への侵入は、ある意味で、活動にたいして労働と制作のある特定の形態が優位するにいたった近代の結果にすぎず、全体主義はそのなかでも根源悪を招くほどの結末だった——おそらくこう言うこともできるだろう。ここでは

☆2 *HC*, 228. 訳二五四頁——*HC* は、Arendt, *The Human Condition*(『人間の条件』)の略記。
☆3 *BPF*, 112. 訳一五一頁——*BPF* は、Arendt, *Between Past and Future*(『過去と未来の間』)の略記。
☆4 Hannah Arendt, *On Violence*, San Diego, New York, Lodon: A Harvest Book, 1969. pp. 44ff.(ハンナ・アーレント『暴力について』山田正行訳、みすず書房、二〇〇〇年、一三五頁)

〈作ること〉にかんするアーレントの概念構成を吟味することで、第六章までの議論をさらに展開する手だてにしたい。

1

ところでもし活動的生活のレベルで必然性と暴力の結びつきを克服しようと試みるならば、すくなくとも二つの道、否むしろ二つの段階を踏む必要がある。一つは、活動と公的自由の領域を、労働と制作の論理の侵入から保護し、活動に対応した「複数性」という人間の条件を確保するように努めることである。たとえば私的領域と公的領域との境界が曖昧になる過程をアーレントが批判的に論じ、両者の区別の必要を訴えたのは、このステップを踏んだものだろう。もう一つは、公的領域のこうした保護を前提にして、さらに労働と制作の体制の改善に積極的に関わることである。しかしこのもう一つの段階について、アーレントにあまり積極的な姿勢は見られない。これにはアーレントなりの理由があっただろう。労働や制作の新たな姿を模索する段になると、往々にしてそれは労働の計画化を新たに実施することだと解されやすい。特権的なエリート幹部が上層から全体を見渡しながら最良と考えた設計図を描き、労働の世界を組み立てるというのがそれで、アーレントがプラトンのイデア論に源流を見た政治の姿がそこにある。アーレントにとって、政治をこうした設計主義のテクノロジーに還元する政治的姿勢こそ認めてはならない「支配」の政治である。「支配」とはもともと私的領域に属することで政治（公的領域）には無縁の経験である。公的領域の活動が労働と制作の領域に積極的に関与するとは、この種の政治的態度にからめとられるとみなされても、不思議ではなかったろう。

にもかかわらずアーレントが、近代以降の労働と制作のあり方になんらかの改良の必要を感じていたことも考えられないこともない。ハンナ・F・ピトキンによれば、[☆5]アーレントが労働ないし制作にみた難点は、おのおのに結びついた「心的態度」にある。〈制作する人間 **homo faber**〉のメンタリティにあるのは、目標を効率よく達成できる手段を見いだそうとする「打算的な功利性 expedient utility」である。悪くするとこれは視野を手段だけに限定し、暴力や不正な手段に訴えてでも目標達成にいたろうとする。他方、〈労働する動物 animal laborans〉のメンタリティは、「プロセス思考 "process" thinking」[☆6]にある。このメンタリティを身につけた人間は、プロセスの因果的な必然性にさらされ、新たな始まりをなしうる自由もイニシアティヴももち得ない。ときにこれはいっさいを無意味とみるニヒリズムにも無意味性の上に君臨する〈超意味〉の全体主義にも通じる。暴力と必然性の結託というスキャンダルの背後にあるのは、この二つの「不穏当な心的態度」の結合にほかならない。

ピトキンの批判的なコメントを認めるなら、プロセス思考や打算的な功利主義の支配を回避さえするなら、労働や制作にたずさわる特定の階級や集団が公的領域の活動に参与することも、また（アーレントの発言にかかわらず）貧困などの「社会問題」が議論の対象になることも問題ではない。ヘルムート・デュビールは、アーレントの政治思想に「不確実性の政治学」を探った論考の末尾で、市民的公共圏は、事象的次元・社会的次元・時間的次元において非排他的な空間を切り開いてきたと語っている。[☆7]市民的公共圏は、事象的次元では、どのようなテ

☆5　Hanna Fenichel Pitkin, Justice: On Relating Private and Public, in: L. P. & S. K. Hinchman (ed.), *Hannah Arendt: Critical Essays*, New York: State Univ. of New York Pr. 1994. pp. 274-275.

☆6　「プロセス思考」という語は、もともとアーレントが帝国主義の特徴の一つにあげ、全体主義特有のイデオロギーの一要素と見たもので、ここで説明したピトキンの使い方とは多少違いがある（*EÜT*. 719. 訳(三) 二八七頁を参照）。

☆7　Helmut Dubiel, *Ungewißheit und Politik*, Frankfurt am Main: Suhrkamp Verlag 1994, S. 64.

ーマでも論議の対象とされるようになった点で非排他的であり、社会的次元では、いかなる社会的集団も公的空間に参加可能になった点で非排他的であり、時間的次元で言えば、いかなるヘゲモニー、いかなるイデオロギーも長期にわたって世論を支配することはなくなった点で非排他的である。計画主義や設計主義の弊に陥らないかぎり、公的領域での言論と実践とが労働と制作の実際に関与していくこと、それも「打算的な功利性」と「プロセス思考」に見る欠点の克服に積極的に係わっていくことは、逆に自然な帰結だといってもよい。全体主義の真の克服を通じて、ソ連型社会主義ともアメリカ型資本主義とも異なった道を探ることは、このような公共圏のあり方を承認し促進していることに通じていたはずである。

だが労働と制作をめぐるアーレントの考察が、この点からみて十分なものだったかどうかは、また別の問題である。ピトキンの言う「プロセス思考」と「打算的な功利性」は、それぞれ労働における「必然性」と制作における「有益性」の概念に関連している。ヴィーコの表現を使えば、生活にとって必要なもの有益なもののそれぞれに関わる営みが、労働と制作である。だがアーレントは、これら「必然性」や「有益性」の概念を文脈に応じて多義的に使用している点に、かならずしも格別の注意を払っていない。以下では「必然性」の概念に絞ってこの点を検討してみよう。

すでに触れたように『革命について』では、「必然」という言葉に欠乏・貧窮の意味が加わっていた。アーレントが労働に見たのは、生きる必要に迫られて人間がおこなう営みである。この意味で人間が経験する必然性とは、生きるのに必要な営みを意味する。だが近代とともにこれに歴史の必然と貧困の意味が付け加わり、全体主義にいたるとそれが科学主義的な「法則の必然性」の意味に転じている。「必然」という同じ言葉が、歴史的な脈絡や場面に応じて、意味を変えたり別の意味が加わったりしている。アーレントがこの点をどの程度、意識していたのか定かではないが、彼女が目を止めたのは、こうした意味のブレにもかかわらず、そこにある一義的な共通性があること、すなわち「プロセス思考」に支配される恐れがあることである。もちろん貧窮がいつも運命的な必然への呪縛に陥るわけではないし、生活の必要性にたいする意識がつねに科学的な法則の必然性によって一律に決定されるわけでもない。必然性におけるこの意味のブレでもとくに注意しておきたいのは、「生活の必要性」という概念に存在する両義性（あるいはむしろ生活の必要性にたいする意識とプロセス思考とのズレ）である。

人間には生命を維持し生活を営むうえで逃れがたい必要条件がある。だがその条件の内容には、かなりの可変性と可塑性がある。人間は生活を営むために生産し消費しなければならない。その意味での事実としての必然性はたしかに人間の不可欠の自然的条件である。アーレントが労働を「人間の肉体の生物学的なプロセスに対応する営み」として捉え、労働の人間的条件を「生命それ自体」と規定したのは☆8、さしあたりこの事実としての必然性の次元に位している。マルクスが労働のプロセスを「人間と自然との物質代謝という永遠の自然必然性」と呼んだ場合も、この次元の必然性にある。しかし誰がいかに労働すべきか、何をどれだけ生産し分配・消費すべきかは、歴史と社会の違いに応じて異なりうる。生活を維持するうえで何を必要とすべきかは、習慣・慣習・伝統などのルールを通じて、そのつどの社会や共同体の規範的・

☆8　*HC*, 7. 訳九頁。

制度的な決定に委ねられてきた。生活の必要性の実質をなしているのは、この意味での当為としての必要性である。たとえばアーレントが「家族という自然共同体は必要〔必然〕から生まれたものであり、そのなかでおこなわれるすべての行動は、必然〔必要〕によって支配される」☆9と語ったとき、じつはここで問題となる必要性とは、生物学的な事実にもとづくのみならず、同時に制度的な当為としての必要事に関わる。生物学的な生命の必然性《ネセシティ》より社会的な生活の必要物《ニーズ》の何たるかが、ここで問われている次元である。☆10

誰が何をいかに生産し消費すべきか（**sollen**）は、何をいかに生産できるか（**können**）、そして誰が何を消費したいか（**wollen**）といった社会的・物質的な問題に関わるが、いずれにしても人間は生きるために一定以上生産し消費しなければならない（**müssen**）という事実とは、さしあたり別次元に属する。この違いを示唆する一例に、サイードがヴィーコの歴史観の解釈から導きだした「フィリエイティヴなもの」と「アフィリエイティヴなもの」との区別を引いてもよい。サイードは、「人間たちはその動物的な欲望を満足させて、生まれた子供たちを棄て去ろうと意図しながらも、婚姻の貞節を創始し、そしてそこから家族というものが生まれる」（SN 1108）というヴィーコの『新しい学』の一節をとらえて、そこに〈血縁的《フィリエイティブ》な〉関係と〈養子縁組的《アフィリエイティブ》な〉関係の「二種の結果」を引きだしている。人間たちが動物的な欲望を満たそうとする「意図」的な次元では、「ごく自然なかたちで、血縁関係が対立をうみ、……子孫を放擲させる」までになる。しかし無意識の次元では「制度としての婚姻が確立」☆11して、「養子縁組関係」が制度化され、かえってこれが「血縁関係を保護する」結果にいたる。系譜的な血

☆9　*HC*, 30. 訳三三頁。

☆10　ここの意味解釈とかならずしも一致していないが、カノヴァンも労働というカテゴリーに、「生物学的必然」と「人為的必然」の二つが含まれていることを指摘している。Canovan, *op. cit.*, p. 127. 訳一六五頁。また本書とは少し異なるが、アーレントの「生活の必要」という概念のあいまいさを指摘したものとして、次を参照。川崎修「ハンナ・アレントの政治思想（二）」『国家学会雑誌』第九八巻三・四合併号、一九八五年、四六―四八頁。

☆11　Edward W. Said, *The World, the Text and the Critic*, Cambridge, Massachusetts: Harvard University Press, 1983, p. 118.「フィリエイティヴなもの」と「アフィリエイティヴなもの」について詳しくは、第九章の説明を参照。

縁関係の生物学的な反復が可能となるには、非系譜的な養子縁組関係の制度的な構築を必要としている。事実としての必然性と当為としての必要性は、社会的次元としては、この「フィリエイティヴなもの」と「アフィリエイティヴなもの」にほぼ対応する。ただしサイードがフィリエイティヴなものに対してアフィリエイティヴなものにより高い価値を与えている点は、この必然性の区別に含まれてはいない。私的領域にかんするかぎり、当為としての必要性の次元には、しばしば家父長制といったかたちで支配や暴力の契機が含まれてきた。[☆12] いやむしろわたしたちはこうした歴史的事実を明らかにするためにこそ、そのつどの歴史的条件に応じて、自然的な事実の必然性と規範的な当為の必要性との違いを見きわめていかねばならない。

『人間の条件』の論述を見るかぎり、アーレントがこの違いを意識していたとは言えない。むしろアーレントは、家族を「必要〔必然〕から生まれた」「自然共同体」と理解したように、当為としての必要性を事実としての必然性に引きつけて解釈しながら両者を一義的に共通のものとして一括りにし、その全体を生物学的なものだと解釈する方に傾いていた。ところで事実としての必然性と当為としての必要性を区別しない傾向と密接に関係しているものに、おそらく人間の条件の基礎に置かれた次のような「生の運動」論がある。

個々人の生は生物学的な生命から生まれる。だがそれは、誕生から死にいたるまでの誰しも認めうる生涯の物語というものを伴う。個々人の生は、その運動が直線を描くことで、他のすべてのものと異なる。それは生物学的な生命の循環運動をいわば断ち切るのであ

☆12 岡野八代「暴力論再考」(アーレント他『ハンナ・アーレントを読む』情況出版、二〇〇一年、一四〇―一四一頁)。

る。いやしくも運動するかぎりすべてが循環の秩序のうちにある宇宙において直線運動をすること、これが可死性である。[☆13]

アーレントは、『人間の条件』の冒頭章で、労働・制作・活動の人間的条件をそれぞれ「生命それ自体」・「世界性」・「複数性」に求めたのち、この三つの営みをさらに出生 natality と可死性 mortality という「人間の存在の最も一般的な条件」に基づけている。この出生と可死性とを境にして起こるのが、右の二つの生の運動、個人的な生の直線運動と生物学的な生命の循環運動である。人間は生命を維持する必要から生産と消費の循環のプロセスに組み入れられる。だがこの循環のプロセスのなかでは、日々新しい個人が生まれ死んでいく。生と死で区切られた個人としての人生の直線運動は、生産と消費を繰り返す生物としての生命の循環運動とは別の次元にある。生活の必要性（生命の必然性）とは、アーレントにしてみれば、生物学的な生命の循環運動を直接表現した人間存在の様態である。アーレントが生活の必要を生物学的な事実の必然性として捉えたとき、そこには生の運動にかんするこの存在論的な原理が脈打っていた。

アーレントがこうした必然性の理解を示したのには、のちに見るように全体主義と関連したもう一つの理由があるが、それはさておいてこの脈絡を前提するなら、たとえば家族とは「必要〔必然〕から生まれた」「自然共同体 natural economy」[☆14]だと彼女が語るとき、家族という制度的な構築物が、生物学的な事実の必然性を根拠において、「自然」的なもののごとく当然視さ

☆13　*BPF*, 42. 訳五二―五三頁。
☆14　*HC*, p. 30. 訳三三頁。

れているように読めたとしてもおかしくない。「個体の維持が男の任務であり、種の生存が女の任務であるというのは、明らかであって、この両方の自然的機能、つまり栄養を与える男の労働と生を与える女の労働とは、生命が同じように必要とするものであった」といった見解も、生活の必要を生物学的な事実の必然性に還元したときにしか出てこない結論である。こうした側面が、しばしばフェミニストからのアーレント批判を生む因にもなったのもうなづけよう。

2

マーガレット・カノヴァンは、アーレントの労働概念の特徴を、ほぼ網羅的に次のように整理したことがある。労働とは、アーレントにとって、第一に「人間と自然との物質代謝」がおこなわれるという点で、自然的であり、第二に消費と生産、生と死が循環するプロセスの一部に属するという点で、循環的である。また第三に、アダム・スミスが労働を「辛苦と困難 **toil and trouble**」と呼んだように、労働はつねになんらかの苦痛をともなう。さらに第四に、労働は、生物学的条件によって人間に課されているかぎり、必然的だが、第五に、剰余を生む以上、豊穣の源である。そして第六に、元来家政のなかでおこなわれてきたとすれば、労働は私的な営みである。[☆15]

制作や活動の概念との相違をなかば念頭に置きながら、こうした特徴からなる労働を思い描いてみると、そこにかなり具体的なイメージをもった労働が浮かんでくる。今日でいえば家事

☆15 Canovan, *op. cit.*, p. 122f.

労働を含むいわゆる再生産労働である。たとえばメアリー・ディーツは、フェミニズムによるアーレント批判に棹さしながら、次のように指摘している。

アーレントがとらえた労働は、世帯と家族のなかでおこなわれる子供の出産、保護、世話をするといった女性の伝統的な営みと結びついたものであることが、フェミニストの読み手にとっては難なく認められ得る……。……たしかに〝全体的な種の生命のプロセスに埋もれて〟、自然と一体になっていることは、女性に多く見られることであったし、生物学的なプロセスに拘束されていることは、女性の宿命であった。私的領域の暗闇のなかで、生命の循環の〝本質的で世俗的な空虚さ〟に直面することは、女性のなすべきこととされてきた。[☆16]

労働と制作との区別は、歴史的な制度的枠組みのなかでは、しばしばいわゆる性別役割分業と重なる。〈労働する動物〉が「あたかも女性にとって自然なもののように構成され経験されてきた」とすれば、〈制作する人間 homo faber〉は「あたかも男性にとって自然なもののように構成され経験されてきた」[☆17]。アーレントはこうした歴史の現実にはなはだ無頓着である。メアリ・オブライエンが、アーレントの労働概念は、こうした事実を見ないまま「男性支配の正常性や必然性をすら容認する」[☆18]と論難し、アドリエンヌ・リッチが「活動的生活という〝共通世界〟に女が参加をはばまれていること、そしてこのことと再生産労働との関連は、彼女〔ア

☆16 Mary Dietz, Hannah Arendt and Feminist Politics, in: L. P. & S. K. Hinchman, *Hannah Arendt: Critical Essays*, New York: State Univ. of New York Pr. 1994. p. 241.

☆17 M. Dietz, *ibid*., p. 241.

☆18 Mary O'Brien, *The Politics of Reproduction*, London, Boston: Routledge & Kegan Paul 1981. p. 100.

ーレント――引用者〕がそこから目をそむけているというより、まっすぐ見ているのに目にはいらない事柄なのだ」[☆19]と手厳しく指弾したのも、この無頓着と無関心に由来する。「労働、制作、そして活動という「永続的な能力」は、公正で客観的な分析的カテゴリーでもなければ、「包括的な」人間の営みでもない。むしろそれは社会的に構成され、深い次元で固定された性差にしたがって配置された社会的行為である」[☆20]とのディーツの指摘は、的の中心ではないがかなり近くに届いている。

もっともアーレント固有の観点は、この種の必然性からの束縛を脱して、別の視野から公的自由の空間に眼を向けたところにある。必然性のなかの区別やその「自然な」姿は、その視点から見れば、問題の中心に位置しているとはいえない。アーレントの「活動的生活」論といえば、公的空間や自由といった政治概念に眼が向きやすく、労働や制作の概念は、活動概念を登場させるさいの前座をつとめる程度で扱われる場合も少なくない。全体主義にたいする問題意識からしても、これは彼女の関心のしからしむるところといってよいのかもしれない。たとえばメアリー・ディーツが、フェミニストによるアーレント批判を逆手にとって、アーレントに依拠した次のようなフェミニスト批判を試みた場合も、アーレントのより広い視点によるものである。

ディーツによれば、個人のアイデンティティの問題を「複数性」という人間の条件や実践と言論の能力などに基礎づけるのを好まない風潮、その意味で政治的なタームにもとづいて理論化するのを避ける傾向が、二十世紀の後半におけるフェミニズムの理論のある形態をなしてい

☆19　アドリエンヌ・リッチ『嘘、秘密、沈黙』大島かおり訳、晶文社、三六一頁。
☆20　M. Dietz, *op. cit.*, p. 241.

たという。逆を言えば、自然・身体・出産・再生産・生命そのもののプロセスなど「労働する動物」のタームを好んで用いながら理論化する傾向が、フェミニストたちの理論ほど優位するものはない。フェミニズムの出発点として出産と再生産を強調するメアリー・オブライエン、肉体の欲求や必要に眼を向けるナンシー・ハートソック、家事・育児に目を注ぐアドリエンヌ・リッチ、妊娠・出産・母性に転覆のポテンシャリティをさぐるクリステヴァなど、ディーツのあげる例は少なくない。

「フェミニストのほとんどが、体系的ないかなる形でもフェミニストの政治学を構成するのは何かという問いに向かい合ったことはないし、フェミニストにとっての公的領域の輪郭を描こうと試みたものはまだ少ない」☆21——このディーツの述懐が、ジェンダーをめぐるアイデンティティ・ポリティクスの準拠点を、身体・自然・労働・生殖といった生物学的な事実としての必然性から解放していこうとする新たな指針の一つになることもうなずけよう。だがアーレントのいう「公的領域」からジェンダー・アイデンティティの政治を見なおすことは、たんに身体・自然・労働・生殖を拠点にしたアイデンティティの規定を否認するにとどまらない。たとえばボニー・ホーニッグの立場ともなると、「フェミニストの政治学にたいするアーレントの意義」は、その複数性の概念からみるならば「アイデンティティを基礎にした政治学を拒否した点にある」☆22。アイデンティティの基盤を「必然の領域」に限定することのみならず、政治《ポリティクス》の戦略としてアイデンティティを拠点におくこと自身が、疑問視されるのである。

なるほど活動による言論は、労働における必然性の内実を議論の対象にして、たとえば〈労

☆21　M. Dietz, *ibid.*, p. 248.

☆22　Bonnie Honig, Toward an Agonistic Feminism: Hannah Arendt and the Politics of Identity, in: B. Honig, ***Feminist Interpretations of Hannah Arendt***, Pennsylvania: The Pennsylvania State Univ. Press, 1995, p. 136.

働する動物＝女性〉と〈制作する人間＝男性〉の体制を疑問に付し、そのあり方に疑義を呈することも可能だろう。いやむしろ活動における議論の営みは、労働における事実としての必然性と当為としての必要性との区別を可能にする不可欠の契機だといってもよい。それは、事実としての必然性のある部分が、制度的な強制力や権力・支配関係によって当為としての必要性を自然化した結果にすぎない点を問いただし、これまで変更できない事実とみなされてきたものを変更可能な当為として問いなおす新たな始まりになりうる。肝心なのはこの始まりをなしうる自由である。「性／ジェンダーのアイデンティティは活動を通じてさまざまに……修正可能である」☆23。生物学的な事実としての必然性と当為としての必要性との境界は、活動における言論と実践をつうじて再定義や再修正が可能である。

とはいってもそれは、事実としての必然性を当為としての必要性にすべて還元することではないし、身体・自然・生殖・労働における「自然」の契機はすべて社会的な「構成」、「作為」の産物だとみなすことでもない☆24。当為的な必要性にかんする変更の余地をさぐることは、多様な生の可能性とともに「生命のリアリティ」の存在を知ることでもある。技術的・制度的条件の変更は、あくまでも両者の境界線を移動させるだけであって、それを抹消するものではない。必然的なものをすべて当為としての必要性に還元すると、自然的な事実の必然性は、結局のところどれも制度的な当為の必要性が自然化されたものだとの極論にもなりかねない。自然なものはどれも作為の産物にすぎず、技術さえ発展すれば人間の手でどうにでも変更可能だとの主張が出てこないともかぎらない。これは逆を言えば、人間が必然的なものだと一致して決

☆23 B. Honig, *ibid.*, p. 148.

☆24 「必然性」のこの区別は、トマス・アクィナスが三つの必然性を区別したなかの二つ、「理性的」で「絶対的な必然性」と「有用性の」「相対的な必然性」の二つの違いに幾分か似ていないことはない。これはアーレントが『精神の生活』で触れているものでもある（*LM2*, 115. 訳（下）一四〇頁）。もっともアーレントが意志にたいする「知性の優位」を前提にしたアクィナスの観照的生活を批判的に見ていたように、「相対的」－「必然的」という存在論的な差異の立て方は、われわれの見方では当を得ていない。ここでいう「事実」と「当為」との区別には絶対的・相対的という区別の含意はない。

めこんだならば、いかなるものも任意に必然性として構成し作為することが可能だということでもある。だがおそらくこの立場だけはアーレントはどうしても取りえなかった。それは生の二つの運動という半ば実存論的な原理が彼女の思想の根底にあったからだけではない。必然性の作為は、アーレントにとって全体主義イデオロギーのまぎれもない中核を占めていたからだ。

ともあれこのフェミニストの論争では、労働と身体の場、「必然の領域」というものが、たんにそれ固有の領域として自立しているのではなく、それとは別の行為類型――ことに活動における言論との結合と往還のなかで成立するものだということ、しかもその結合の仕方そのものが問われているということを確認しておかねばならない。ディーツが身体・自然・労働・生殖を拠点にしたジェンダー・アイデンティティの政治的戦略に代えて、「フェミニストにとっての公的領域の輪郭」を問い、ホーニッグがさらにそれを超えて「アイデンティティを基礎にした政治学」を拒否するところにアーレントの意義を見いだそうとしたのだとすれば、ちょうどそれは、労働という必然の領域から活動という自由の領域にアイデンティティの拠点を移し、さらにそれを超えて、労働（さらには制作）、活動のいずれかに過分な比重を据えない姿勢に転じることでもある。

『人間の条件』のアーレントには、労働における必然性と制作の暴力的契機から距離をとろうとするあまり、活動の概念をあえて強調する記述が散見される。ことに活動・制作・労働という「活動的生活」の古典古代的なヒエラルヒーが近代に逆転したとみる文明論的な批判のトーンが強く出ているせいで、活動概念が優位した活動的生活の再建を狙っているとの解釈に導いたことも否定できない。しかし「活動的生活」にたいする解釈の視野を、『人間の条件』から『精神の生活』にまで拡げてみると、アーレントが、多忙な活動と公共空間の喧噪を避けて「現れの世界から退却し、自己の側に立ちもどる」「精神活動」にさらに思索の視点を転じていたことがわかる。[☆25] もちろんここでアーレントは、「活動的生活」にたいする「精神的生活」の優位を説いているわけではない。彼女が一貫して自覚していたのは、実践的生活と観照的生活の（古典古代的のみならず）歴史的にさまざまなかたちで出現した[☆26]区別の仕方を突き止め、両者の相違の立て方そのものを問い直すことだった。労働から制作へ、制作から活動へ、活動から思考へと考察の視野を次々に転じていくことは、それら人間のもろもろの営み activities について新たな価値序列を立てること（あるいはかつての優先順位を再建すること）ではなく、差異の立て方そのものを一からやり直すことにあった。

もちろんこうした視点の移動が、全体にかんするなんのパースペクティヴもなしに進められたわけではない。とりあえずここで指摘しておきたいのは、アーレントが、「生物学的な生命の循環運動」と「個々人の生の直線運動」との断絶を力説したことだ。ただしアーレントのこの「生」にかんする全体性のパースペクティヴについては、解釈を進めるうえでわたしたちなりにアーレントから距離をとるために、生命《ゾーエー》と生活《ビオス》の違いについてジョルジョ・アガンベンが次のように語った一節を引いておきたい。

☆25 *LM*1, 22. 訳（上）二八頁——*LM*は、Arendt, *The Life of the Mind*, vol. 1（『精神の生活（上）』）の略記。

☆26 「実践的生活」と「観照的生活」の違いについてはプラトン、アリストテレスあたりを引き合いに出すのが思想史や哲学史の通り相場である。だがアーレントにとって否定的な意味での「観照的生活」は、アリストテレスのこの区別をそのまま引き継いだところにあるのではなく、古代、中世、さらには近現代それぞれの歴史的な変化の痕跡を残したものでもある。たとえばトマス・アクィナスを筆頭にした中世の著作について、彼女は「著者たちが修道院の中に住んでいた」こと、「もし修道院がなかったら、西洋において「観念の歴史」（思想史）のごときは存在しないであろう」ことに注意している。これは「アウグステ人間は、つねに人間的なもののこちら側か向こう側のどちらかにいる。人間とは中心にある閾であり、その閾を人間的なものの流れと非人間的なものの流れ、主体化の流れと脱主体化の流れ、生物学的な生を生きている存在が言葉を話す存在になる流れと言葉《ロゴス》が生物学的な生を生きている存在になる流れがたえず通過する。これらの流れは、外延を同じくするが、一致することはない。☆27

アガンベンは、「生物学的な生を生きている存在と言葉を話す存在、非-人間と人間」との間に断絶があることを強調しながら、一方が他方になる「流れ」の往復運動が存在することを語っている。アーレントの「活動的生活」論（さらには「精神的生活」論）を再考する手がかりにしたいのが、この断絶と往復という両眼の視点である。もっとも生命《ゾーエー》と生活《ビオス》の違いというアガンベンの言い方も、これだけでは二項対立の図式から完全に抜けでたものではない。たんなる生のあり方を断絶の指摘にとどまらない往復運動として捉えるには、同時に生物学的事実としての必然性と制度的当為としての必要性との違いを組み入れたものでなければならない。この制度的な当為が社会的に必要なものとして成立していなければ、個人の生の直線運動もままならない。そしてアーレントが全体主義の中核においた必然性の恣意的な作為を批判できる視点もこの弁別を不可欠の条件にしているのである。

ィヌスの反省 reflections」が「彼の経験と密接に関連していた」こととは、すこぶる対照的な事実である（*LM2*, 114. 訳（下）一三八頁）。悪しき意味での観照的生活は、おそらく近代になるとルソーの「内省嗜癖症」にかたちを変えて現れ、（アーレントがこよなく愛した）レッシングの「自己思考」とふたたび好個の対照をなすことになる（『ラーエル・ファルンハーゲン：ドイツ・ロマン派のあるユダヤ女性の伝記』大島かおり訳、一四—一七頁）。

☆27　ジョルジョ・アガンベン『アウシュヴィッツの残りのもの——アルシーヴと証人』上村忠男・廣石正和訳、月曜社、二〇〇一（原書　一九九八）年、一八四頁。

第二節　制作の多様性

1

全体主義的なイデオロギーとは、アーレントによれば、第一に「存在するものではなく、もっぱら生成するもの」を全体として説明しようとし、第二に「いっさいの経験に依存しない」思考を展開し、その結果として第三に「経験および経験された現実からの思考の解放を、その独特の論証方法に頼って」おこなう。[☆28] こうしたイデオロギー的思考にとっては、最初に立てられる仮説や公理は嘘でも偽でもよい。そこから論理的に首尾一貫したプロセスが演繹できれば、後は暴力によってこのプロセスを法則として実現していくだけである。「いかなる……必然性であれ……、思いのままに押しつけることができないものはない」[☆29]。全体主義のイデオロギーは、この必然性の作為から生まれる。

全体主義的なイデオロギー思考のこの必然性の作為は、生きるうえでの労働の必要性の経験とはおよそ異なったものである。第二の要素に挙げられた経験や現実からの乖離とは違って、労働の経験は「生命のリアリティ」に根ざしている。また労働はたんに自然の法則に従うというより、周囲の自然に介入しながらもそれと折り合っていくほかない経験的な営みで、そのために多種多様な行動上の常識（共通感覚《コモンセンス》）が必要となる。第三の要素に挙げられた「独特の論証方法」から得られる「厳格な論理性」[☆30]は、全体主義の思考に特有の仕方でこの「コモンセンス」に取って代わったものである。ところがアーレントの論述を見るかぎり、全体主義の作為

☆28 *EÜT*. 719. 訳（三）二八六―二八七頁――*EÜT*は、Arendt, *Elemente und Ursprünge totaler Herrschaft*（『全体主義の起原』）の略記。

☆29 *BPF*. 88. 訳一一九頁。

☆30 Hannah Arendt, Understanding and Politics, in: *EU*, 317. 訳一三四頁――*EU*は、Arendt, *Essays in Understanding*（『アーレント政治思想集成』）の略記。

的な必然性と労働の経験的な必要性とを区別するこれといった試みは見られない。むしろ『全体主義の起源』のアーレントは、歴史法則の必然性と労働における必然性とが同一のものに還元可能だと解釈している。ここでも両者に共通するのは、あの「プロセス思考」である。

> 階級闘争というマルクス主義の歴史法則も……〔人間の労働力が――引用者〕自分自身の存在と人間という種の存続とを保証する生物的・自然的な力として定義されている以上、窮極的には一つの自然法則に依拠している。マルクスとレーニンの描き出したイデオロギーのなかで、問題になっているのは……、不可抗的な運動のプロセスが自然をも歴史をも捕らえているということなのだ。☆31

ここでアーレントが実際に問題にしたのは、労働にみてとれる「生活の必要性」というより、「自然法則」への服従というマルクス主義的な労働のイデオロギー、つまり彼女のいう「マルクスとレーニンの描きだしたイデオロギー」だとみた方がよい。その意味では、労働のイデオロギーによる自然法則の必然性の作為と、労働の経験にもとづいた生活するうえでの必要性の理解とは、やはり似て非なるものである。

アーレント自身がこの違いを自覚していたかどうかはかなりあやしい。もちろん労働に対応する人間の条件として「生命それ自身」を挙げ、これにもとづいて生物学的な事実としての必然性を論じたときには、この必然性が全体主義的な作為された必然性とさして変わらない代物

☆31　*EÜT*, 709. 訳（三）二七五頁。

だと一概には言えなかっただろう。ましてや生物学的生命の循環運動と個人的生の直線運動にかんする思想は、アーレントにとってイデオロギー的思考による作為の産物などではなかったはずだ。だがそれでも「不可抗的な運動のプロセス」に捕らえられているかぎり、イデオロギー的思考による必然性の作為と労働の経験にもとづく必要性の理解の違いを気にする必要は、彼女にはなかったようだ。全体主義的な必然性の作為にたいする批判は、こうして「生活の必要」や「必然の領域」にたいする相対的に低い価値評価をともなうことになる。もしアーレントの全体主義批判を徹底させながら、しかも「必然性」にかんする適切な位置づけをおこなうとするならば、事実としての必然性と当為としての必然性とを弁別する一方で、イデオロギー的思考から出てくる必然性の作為と労働の経験にもとづく必然性の理解との違いにも十分な注意を払わなければならない。

もちろん生活の必要とは何か、生命にとって必然的なものとは何かという問いにたいする答えは決して一義的ではない。唯一の真の必然性なるものを、そこに想定することはできない。何が必要か、いかに必然的かも、ある部分は特定の歴史的条件にもとづいて変わり、ある程度は当事者たちによる解釈の問題になる。たとえば生きるうえで必要なことは何かという問いは、育児・家事・介護など多様な〈労働〉の現実への問いを含むのみならず、今日では、生命・環境・技術・親密圏の変容といった諸問題にまで拡大している。必然性の領域にかんする議論はもはや〈労働〉の狭いテーマに収まらない。いまではそれは議論可能な複数の意見が競合しさまざまな解釈が可能な問題である。アーレントの「認識 knowing」と「思考

thinking」、「判断 judging」の区別を援用すれば、[☆32] 人間は、事実としての必然性と当為としての必要性の真理は何かを認識するために事象次元にそくして学問的に論じ吟味することができる。しかしまた活動の空間から退いて、そもそもわれわれの過去・現在・未来の時間的次元からみて自身にとって必要性の意味とは何かを思考し、言論の空間に加わって（討論への参加者ないしは注視者として）自身の意見が妥当かいなかを社会的次元で判断することもできる。この公的表現と心的表象との往復が、多様な意見と解釈を生む源になる。必要性の理解は、こうした認識と思考、判断の往復、複数の意見と解釈の葛藤からしか生まれてこない。つまり公共圏（公的空間）における活動と論議を通じて、そのつどのコンセンサスを目差すほかない。たしかに状況によっては、必然性の理解がその作為と混同される恐れが生じることもありうるだろう。にもかかわらずそれは、必然性の意図的で強制的な作為とは明らかに異なる。なぜなら、全体主義的なイデオロギーの構築では、なにがしかの科学的な知を引き合いにだしたとしても、経験に依存せず、むしろ経験からの思考の解放を前提にしているのに対し、生活の必要性に関する問いかけは、むしろ労働を含んだ日常の経験と共通感覚がなければ生まれてこないからである。

ところでアーレントは、必然性自身の内的な違いに目を向ける代わりに、『全体主義の起源』で、全体主義的な「法則の必然性」と実定法としての「法律の安定性」[☆33] を対置させている。帝国主義を論じた箇所では、いっさいの安定を退ける政令による帝国主義的な官僚制支配が法律・条約にもとづく永続的な共同体を否定するとされているが、この政令と法律の対立も「法

☆32　*LM1*, 61f. 訳（上）七二―七四頁。

☆33　「実定法というものは、その基礎になっている権威の根源と比較すれば、時間の制約を受けており、可変的であり、その時その時の事情に応じて変わって行くものである。しかし実定法によって一定の規範を与えられる人間の活動のほうは、もっと時間の制約をうけ、もっと事情に応じて変わり得るものなのだから、これに対しては実定法は相対的な恒常性を主張し、絶えず変わる人間の事情に相対的な安定性を与える。……実定法としての法律はすべて、人間の活動がそのなかで絶えず動き、そして絶えず新しい運動をひきおこしている変転常なき人間状況、逃れることのできない人事の有為転変を安定させる要因なのである」（*EÜT*, 707. 訳（三）二七三頁）。

則の必然性」と「法律の安定性」のコロラリーだとみてよい。歴史的あるいは生物的な必然性に対抗する実定法とは、アーレントにとっては、新たな出生とともに生じる新たな始まりを「囲い込み、それと同時にその自由を保障し、そのなかでのみ自由が実現する空間」[☆34]を創造する制度的装置である。全体主義は、実定法のもとで可能になるこの新たな始まりと自由、つまりは出生の意味を破壊し、人々を無限の暴力へと駆り立て「死そのものをすら無名《アノニマス》のものにする」。人間の可死性にそなわっていた「追憶されることへの権利」[☆35]をすら抹殺してしまう。

アーレントは「法則の必然性」と「法律の安定性」との対立を、あたかも生物学的生命の循環運動と個人的生の直線運動との違いに重ね合わせるかのように考察している。彼女がこの対抗軸によって「法則の必然性」とは別のものを示そうとしたことはまちがいない。それは全体主義的支配における必然性と暴力との結託とは違った政治のあり方である。必然性と暴力の結託に至らないこの別の道は「法と権力の根本的な分離」に通じている。アーレントは「フランス革命の人びとの致命的失敗」の原因を「権力と法はまったく同一の源泉から生まれるという、かれらのほとんど無意識的で無批判的な信条」に突きとめながら、逆にアメリカ革命の意義を「実定法に合法性を与える法の源泉」と「権力に正統性を与える権力の根源」とを分離したところに求めている。

アメリカの政治的構成体を形づくった人びとは、法の新しい源泉を樹立し、新しい権力のシステムを考案しなければならないことは知っていたけれども、法と権力を同一の根源か

☆34　*EÜT*, 713. 訳（三）二八〇頁。
☆35　*EÜT*, 692. 訳（三）二五四頁。

ら引きだそうとはけっしてしなかった。かれらにとって、権力の所在場所は人民であったが、法の源泉はアメリカ憲法、すなわち書かれた文書であり、耐久力のある客観的な物であった。☆36

アーレントは、右の一節で法の源泉(つまり法律の安定性の由来)を憲法に求めたさいに、この憲法を「書かれた文書」「耐久力のある客観的な物」と言い換えている。文書として作成されたものといい、耐久性のある人工的な物といい、アーレントの表現から連想できるのは、憲法が権威を付与された代表者たちによって〈制作〉された作品だということである。憲法とは、作成された文書、つまり制作の産物である。☆37 法律の安定性は憲法という作品の「人工物としての耐久性」に対応している。

しかしながら、アメリカ革命のもとでは、法の源泉と権力の源泉は、ちょうど活動と制作のように分離すべきものとされたことになる。これは全体主義的支配下での必然性と暴力の結託とは様相をまったく異にする政治の姿である。権力は、道具的な性格をもつ暴力とは違って、「一致して活動する人間の能力に対応」☆38 している。人びとの共同した活動が権力の源泉である。この権力にもとづいて権威を与えられた者たちが作成、制作したものこそ憲法にほかならない。労働の生産物とは違い、制作された客観的な実在は耐久的で持続的である。必然性と暴力の結託が、〈制作〉と〈労働〉との悪しき性格の結合に対応していたとすれば、法律の安定性と権力との分離は、〈制作〉と〈活動〉との善き分割と並存からなっていた――アーレントの

☆36 *OR*, 148. 訳一六六頁。
☆37 プラトン『パイドロス』における書き言葉の貶価に関連して、制作としての書くことに触れた次の一節を参照。*LM*1, 116f. 訳(上)一三六頁。
☆38 *CR*, p. 44. 訳一三四頁。

論理にしたがえば、こう解釈することが可能である。

法が制作の産物と解されうる所以は、『人間の条件』の次の一節を見れば、古代ギリシアでの立法行為に由来していたことがわかる。

> ギリシア人の意見では、法作成者というのは、都市の城壁の建設者に似ており、政治が始まる以前に仕事にとりかかり、政治が始まる以前にその仕事を終えていなければならなかった。したがって、法作成者は、職人か建設者のように扱われ、外国から呼ばれて仕事をまかされることもあった。[☆39]

先に『全体主義の起源』でアーレントが実定法の特徴を語ったさいにも、実定法とは新たな始まりを「取り囲み」「そのなかで自由が実現する空間」であると記されていた。法を「囲い、壁、境界線」と解する見方は、草稿『カール・マルクスと西欧政治思想の伝統』ではより鮮やかである――「都市の存立のための物質的条件は、そのまわりに防壁があることであった。そして、都市の市民が存立できる政治的条件は、法という防壁であった」[☆40]。法は「都市を取り囲む城壁」のような「〝人為的〟……人工的性格」をもった「客観的な物」で、「人びとが活動を始める以前に」確保されるべき「一定の空間」なのである。

ではそうなるとアメリカ革命での立憲行為は、ある意味では、この古代ギリシアの制作と活動の分離を反復していたと言えようか。かりにこれが反復だと言えるにしても、この反復は重

☆39　*HC*, 194. 訳二一二頁。

☆40　*KTW*, 1. 3, 51. 訳八七頁――*KTW*は、Arendt, *Karl Marx and the Tradition of Western Political Thought*（『カール・マルクスと西欧政治思想の伝統』）の略記。

大な差異をともなう。なかでも注目されるのは、アーレントの政治の発見にとって批判の対象だったプラトンとルソーの思想との差異である。古代ギリシアでの立法行為を「政治活動」以前のものとして活動から峻別することは、「立法と都市建設を、最高の政治生活にまで押し上げ」制作に固有の「目的論的構造」、目的‐手段の関係を、政治的な営みにまで一般化するのちのプラトンの思想から距離をとろうとすることに等しい。[☆41] アーレントの解釈では古代ギリシア人にとって「法の作成行為は前政治的なもの[☆42]」である。にもかかわらず「プラトンは、制作と製造に固有の固さを人間事象の領域に与えるために、活動を制作に置きかえようとした[☆43]」。制作と活動の分離はこうした置きかえに抗することだった。また法の源泉と権力の源泉とを分離することは、両者の権威を同一の「絶対者」に見いだそうとする傾向から距離をとることでもある。[☆44] この場合「絶対者」とは「神」や「絶対君主」だけにかぎらない。フランス革命における「人民」やルソーの「一般意志」もそれに数えられる。[☆45] 法と権力の源泉の分離が反復されるといっても、アーレントにとって、プラトン的な権力の目的論的構造とルソー的な政治的領域の「絶対者」、この双方からの差異をともないながらの反復でなければならない。

2

だがアーレントのアメリカ革命下での立憲行為にかんする見方をもう少し探ってみると、彼女がそれを〈制作〉の産物とは明言していないことがわかる。むしろ逆に「制度や法律を〝作る〟」とは「人間事象の領域でなにか〝作る〟ことができるという幻想にもとづく純粋な迷信

☆41　ヴィラ、前掲書、二〇〇四年b、六八―八六頁。
☆42　*OR*, 178. 訳一九六頁。
☆43　*HC*, 225. 訳二五二頁。
☆44　*OR*, 175f. 訳一九三―一九四頁。
☆45　*OR*, 147. 訳一六四―一六五頁。

にすぎない」[46]とすら断じている。法は〈制作〉の産物かどうかをめぐるこのブレに加えて、そもそも〈作る〉営みの見方に厳格さと曖昧さの揺れのあることが、もう一つ気になる点である。たとえばアーレントの概念を振り返ってみると、通例なら〈作ること〉を意味しうる言葉で、彼女が〈制作〉には含めないものがあったことに気づく。「創設 founding」がそれだ。

新たに政体を創設することは、ギリシア人にとってはごくありふれた経験であったが、ローマ人にとっては自分たちの歴史全体の中心をなす決定的で繰り返すことのできない始まり、一回かぎりの出来事を意味した。[47]

アーレント固有の脈絡からあえて外して〈創設すること〉という言葉の意味を考えてみれば、〈作ること〉という意味がごく自然に浮かんでくる。第一部で扱ったヴィーコも政治的世界の創設を〈作ること〉と捉える点でほぼ一貫していた。しかしアーレントはここでも「創設の行為を完全に制作のイメージで理解」すると、制作が元来、暴力的な破壊の性格をもつ以上、マキャヴェリやロベスピエールのように「暴力を正当化すること」につながると見た。アーレント固有の脈絡に戻れば、ローマ人の新しい政体あるいは都市の〈創設〉は、むしろ「新たな始まり」を体現した市民たちの営為にほかならない。新たな始まりとは、彼女が〈制作〉ならぬ〈活動〉の重要な特性と見たものである。新たに始めるとは、新たに作ることではなく新たに生まれ現われることである。サイードは、ヴィーコの〈作ること〉を〈生殖〉の意味で

☆46　*HC*, 188. 訳二一五頁。
☆47　*BPF*, 121. 訳一六四頁。

解釈したことがあるが、[☆48]生まれることはこの生殖とも違う。誕生とは出生 natality であって出産 procreation ではない。生物学的生命の循環運動に一契機として含まれる出産は、個人的生の直線運動の起点となる出生とはおよそ異なる。

わたしたちは、新たに〈始めること〉を〈作ること〉と峻別する論の運び方が、かえってその今日的なアクチュアリティを殺ぐ結果になりかねないと考える。新たに始まることは、新しい何かが作られることを含みうる。ただしその場合〈作ること〉は、暴力の契機をもつとされたアーレント的な〈制作〉とは異なったものでなければならない。この点を明らかにするためにも、ここではもう少しアーレントの議論を追ってみることにしよう。

『革命について』の文脈に即するなら、アメリカ革命下での法の理解において重要なのは、アーレントにとって、古代ギリシアよりはむしろ古代ローマの法理解、それもモンテスキューの解釈にもとづいたローマ人の立法行為だったことがわかる。

> ギリシアのノモスとはちがって、ローマの法（lex）は都市の建設と時をおなじくしていなかったし、ローマの立法も前政治的活動ではなかった。法という言葉のもとの意味は、「親密な結びつき」あるいは関係、という意味であり、外的環境のために一緒になった二つの物、あるいは二つのパートナーを結びつけるもののことであった。[☆49]

古代ローマ共和国では、戦争が終わったあとに、「かつての敵がローマの‘友’と同盟者」

☆48 Edward W. Said, *The World, the Text, and the Critic*, Harvard University Press, 1983, p. 118.
☆49 *OR*, 178. 訳一九六頁。

になり「新しい同盟」を構成する条約と協定を結んだとき、それが法となった。法律とは「さまざまな存在相互間における諸関係である」[☆50]というモンテスキューの見解をそのまま踏襲するかたちで、アーレントはローマの法形成を理解している。アーレントによれば、アメリカ革命の人びとにとって「相互の誓約」にもとづいた共和国創設の先例となったのが、この「偉大なローマのモデル」にほかならない。

古代ローマの経験が引かれるのは、一方でそれが古代ギリシアを反復し、他方でそれがアメリカによって反復されるからである。ただし意味は違うが反復はここでも差異をともなう。ローマの法形成を導いた関係や同盟は対等な人間同士の間に生まれたもので、超越的な神的権威を必要とはしない。「神への服従ではなく、人びとの合意」[☆51]が法の基礎となる。これは、法が超越的な権威や由来をもたない人びとによって制定された古代ギリシアのあり方を、古代ローマが法理解を変えながら継承したものだ。アメリカ革命の人びとは、このような古代ローマの法理解をさらに反復した。それも「伝統と権威と宗教とのローマ的な三位一体」の解体という歴史的状況の変化を介しながら、これを反復した。

しかしではアーレントは、「関係」にもとづく法という古代ローマ的な法理解のこの反復で、「人工的性格」をもつ法という古代ギリシア的な法のあり方は失せたと見たのだろうか。それともギリシア的なものがローマ的なものと統合されたと見たのだろうか。誤解を恐れずに言えば、アーレントは、法について人為的性格と関係的性格の両面を残しながら、どちらかと言えば古代ローマ的な法理解をより前面に押しだし、そのためか法が人為的に作られる事実を後景

☆50　モンテスキュー『法の精神（上）』野田良之ほか訳、岩波文庫、一九八七年。
☆51　Canovan, *op. cit.*, p. 195. 訳二五三頁。

に退けることになったというのが、全体から受ける印象である。

なるほどアーレントが法の作成を〈制作〉とは見ない理由が考えられないわけではない。第一に、彼女にとって〈制作〉は不可避に破壊的な暴力をともなう営みである。[☆52] 法がかりに都市の城壁のように〈作られる〉としても、暴力や破壊行為をともなうわけではない以上、それは文字どおりの〈制作〉ではない。第二に、法は自然と人間、材料と制作者との間ではなく、人間と人間との間にかかわる制度である。制作は一人で暮らす人間でも可能だが、法は共生する複数の人間の間でしか成り立たない。だがしかし、こうした異論を認めたとしても、文字どおりの意味で法が〈作られたもの〉であることを否定することはできない。

第一に、制作が不可避に暴力をともなうものだという主張は、プラトン的な政治概念を正面切って批判してきたアーレントにとっては、おそらくゆずることのできない論拠だったろう。しかしまさにそこにこそ彼女の概念構成法の難点がある。これは労働の自然必然性という特徴づけにも言えることだが、アーレントは暴力をともなった破壊的性格を、しばしばどの制作にも一義的に共通した特徴のように描く癖がある。第三章で引いたニーダムの表現を借りれば、これは単配合的分類にもとづく種別的特徴である。なるほどアーレントの特徴づけがもっぱらこの傾向に偏頗していたというわけではない。さまざまな思想が同居したせいで、一義的共通性による単配合的な分類もよく揺らぎを起こす。〈制作〉も例外ではない。たとえば彼女は制作する人間に「芸術家、詩人、歴史編纂者、記念碑建設者、作家」[☆53]を加えているが、こうした「ホモ・ファーベル」たちが文字どおりの暴力的な破壊行為を実行しているわけではない。暴

☆52 *HC*, 139. 訳一五八―一五九頁。
☆53 *HC*, 173. 訳一九一頁。

力や破壊は制作に不可避の種別的特徴というより、しばしばそれに付随する個別的特徴とすべきで、実際には広い意味での〈制作〉のある部分にしかあてはまらない。

　制作だからといってつねに暴力がつきまとうわけではないし、暴力の介在を不可避のものと認めてよいわけでもない。物質的な生産過程や製造工程における自然の変容が生態系や生物多様性の破壊に必然化しない可能性を探ることは、今日、多くの分野での緊要な課題ですらある。アーレント自身も、ギリシア的な自然観にしたがって「自然に与えられたもの」を「材料に変形」することは、「目的・手段からなる人間世界だけの都合にとらわれているあまり、ピュシス **physis**・自然の本質にたいする適切な注意を欠くこと」[☆54]を認めていた。制作と暴力を厳密に弁別する努力はすでに人類にとって共通の政治的テーマである。「侵犯と暴力の要素は、すべての制作につきもの」だと決めつけると、こうした課題を入れる余地がなくなる。暴力や破壊を制作という概念の集合の全要素に共通した一義的特性とみずに、一部の要素にしかあてはまらない個別的特徴とみる分類法、すなわち多配合的な分類法を必要とするもう一つの理由がここにある。制作を単配合的にではなく多配合的に分類し、種別的特徴による一義的共通性ではなく、個別的特徴による家族的類似性で規定していく方法である。

　アーレントが挙げた〈制作〉の特徴のいくつかは、制作のある部分にしかあてはまらない。暴力という契機以外でも、有用性や手段性などもすべてに共通する一義的な種別的特徴と見る必要はない。[☆55]あえて誤解を恐れずに言えば、アーレントが制作物の手段性や有用性にこだわったのは、ハイデガーが『存在と時間』で「世界の世界性」を考察したさいに「事物的存在」か

☆54　*KTW*, 2nd. Draft-5, 16. 訳二五〇—二五一頁。

☆55　もちろん個別的特徴のなかには、すべての制作物に一義的に共通する種別的特徴にかぎりなく近いものもないわけではない。そうした特徴を種別的特徴として別個に立てることも考えられる。しかしそれは個別的特徴による家族的類似性を基本にした場合に初めて言えることである。

ら存在論的に区別して「道具的存在」について語ったことに、彼女が必要以上に引きずられたせいなのではないかと疑いたくなる。彼女にとって制作の積極的意義は、むしろ次の点にこそあったはずである――「人間の制作した物が、活動と言論の舞台でないとしたならば、また人間事象と人間関係の網の目の舞台でないとしたならば、そしてさらにそれらによって生みだされた物語の舞台でないとしたならば、その制作物は究極の存在理由を失う」[56]。この論述に照らしてみるなら、〈作ること〉あるいは広い意味での〈制作〉の成果に、製造物や芸術作品のみならず法制度を加えることに抵抗はあるまい。アーレントもときにそう記したように法はたしかに「人間が作った **man-made**」[57]ものなのである。

法を〈制作〉したものとみなしがたい第二の理由は、法を「人間と人間の間に存在する関係《ラポール》」と規定したモンテスキューのローマ的意味に関わっている。アーレントにとって「事物あるいは事柄の介入なしに直接人と人との間で行われる唯一の営み」[58]は〈活動〉であって〈制作〉ではない。だが法があくまで〈活動〉の脈絡に属することを認めたとしても、書かれた文書などのかたちで存続する以上、彼女自身が次のように指摘した事実を見逃すことはできない。

> 活動と言論と思考は、それ自体ではなにも〝生産〟せず、……生命そのものと同じように空虚である。それらが、世界の物となるためには……、まず見られ、聞かれ、記憶され、次いで……物に変形されねばならない。詩の言葉、書かれたページや印刷された本、絵画

☆56　*HC*, 204. 訳二三二頁。
☆57　*OR*, 181, 182. 訳一九九、二〇〇頁。
☆58　*HC*, 7. 訳九頁。

や彫刻、あらゆる種類の記録、文書、記念碑などに変形されねばならない。……活動と言論と思考がリアリティを得るためには……、他の人工物を作るのとまったく同じ職人の技を必要としているのである[☆59]。

法は実際には法的‐政治的審議のプロセスを経て人工物として作成される。法は言ってみれば活動の脈絡に組み入れられた制作の産物である。その意味で法の制作は、法的‐政治的議論という活動の枠組に収められ、活動の脈絡内で遂行されるかたちをとる。ここでは第六章で扱った道具的行為と同様、活動を介して〈人間‐物‐人間〉という「指示の三角形」が成り立っている。ただし法の制定における「指示の三角形」は、道具的行為が、他者との相互行為と結びついて成立しながらも、その相互行為を目的‐手段関係の枠内でしか収めようとしないのと、ちょうど逆の関係にある。制作を活動の脈絡に組み入れることは、法の目的や機能、手段性が相互主観的な関係の枠内で調整される可能性をさぐることでもあり、制作のあり方を活動の枠組で変化させることでもある。パレークはアーレントが労働・制作・活動の自律的な性格を強調するあまり、それらの内的関連を見ようとしていないと批判したが[☆60]、彼女は実際にはその関連を問わずにはいられない場面に逢着していた。共和国や自由の創設、制定する権力などいずれも活動の脈絡に組み入れられた制作を暗示している。アーレントは、活動には「世界創設能力」を体現した営みがあると語っている[☆61]が、本当のところそれは活動がしばしば制作の手を借りることで「世界の物」に結実しながら[☆62]、制作自身を活動にあわせて変容させることも意

☆59　*HC*, 95. 訳一〇三頁。
☆60　Parekh, *op. cit.*, p. 184.
☆61　たとえば、*OR*, 166.
☆62　「政治的な自由」との結びつきでは、*BPF*, 155f. 訳二〇九頁。

味していたはずである。

全体主義の起源をさぐり克服の道をたずねた果てにアーレントがいきついたのは、西欧政治思想の大本に、全体主義の潜在的な根を見いだすことだった。アーレントが制作と活動を区別した所以は、制作に固有の目的－手段関係を政治的領域にまで一般化し、活動を制作に置きかえようとしたプラトン主義の伝統にたいする強い批判意識にあった。しかしポスト全体主義の現在、わたしたちの政治的課題の重点は、制作を活動からいかにして区別するかを問うのみならず、くわえてまた制作の体制そのものをいかに変えるべきかを問うところに転じつつある。それはまた世界というアーレントの概念の取り扱い方にも影を落とさずにはいない。最後に本章全体のまとめをかねて、この世界の意味について触れておきたい。

第三節　世界と構想力——結びにかえて

1

アーレントにとって制作が作りだす人工物は、「道具的性格」をもつがゆえに破壊的になる面と、「世界的性格」をもつがゆえに持続的になる面を備えている。制作は、自然環境から独立した物の人工的世界を作りだす以上、世界的性格は同時に非自然的性格でもある。もっとも非自然的なものは、かならずしも反自然的ではない。非自然性が反自然性と同一視されるのは、人工物の道具的性格の一面を不必要に誇張し、自然と文明の差異を両者の対立として実体化した結果にすぎない。自然的な「生命のリアリティ」と非自然的な「世界のリアリティ」は、本性上対立するというより質のうえで相違しているだけである。この質の相違を耐久的で持続的な関係に保つことも世界創設の課題である。

ただし一口に世界といってもアーレントの場合かなりの多義性がある。[☆63] その用法を個々に検討する余裕はないが、当面の問題意識にかかわるかぎりで、『精神の生活』第一章の冒頭にある次の規定に注目しておきたい。

> 世界という視点からみると、そこに生まれてきた被造物はすべて、存在と現象とが一致する世界を扱うに適した能力を十分に備えてやってくる。彼らは世界に存在するものとしてふさわしいものたちである。生命体は人間であれ動物であれ、たんに世界のなかに存在するのではなく、この世界の一部をなしている。これはまさに、彼らが主体であると同時に客体であり、知覚するものであると同時に知覚されるものであるからにほかならない。[☆64]

「人工物の世界」というこれまでとはかなり異なった世界の概念がここに表われている。[☆65] アーレントが論じているのは、人間の人工物の世界ではなく、人間と他の動物を含んだ生けとし生けるものたちの世界である。非自然的な世界ではなく自然的な世界である。この生命体の世界に人工物の世界を重ね合わせてみると、この二つの際立った世界が、『アウグスティヌスの愛の概念』で論じられたアウグスティヌスの二重の世界概念――「被造世界」と「人間世界」――を彷彿とさせることに気づくだろう。[☆66] 晩年のアーレントがどの程度この若き日の構想を育

☆63　川崎修、前掲論文、一九八五年、六―二七頁。伊藤洋典「ハンナ・アレントにおける政治概念の基底――〝世界〟概念の構造と〝活動〟の観点から――」『法政研究』第五八巻・第一号、一九九一年、七七―九二頁。

☆64　*LM1*, 20. 訳（上）二四頁。

☆65　アーレントにおける世界のこの相について触れた数少ない論考として次を参照されたい。川崎、前掲論文、七―一五頁。

☆66　Hannah Arendt, ***Der Liebesbegriff bei Augustin, Versuch einer Philosophischen Interpretation,*** Berlin: Verlag von Julius Springer, 1929, S. 42.（ハンナ・アーレント『アウグスティヌスの愛の概念』千葉眞訳、みすず書房、二〇〇二年、八一頁）本書の第三章には、「万人にとって自明な相互性を基盤とした世界」としての「歴史的世

んでいたのかさだかではないが、別の文脈からは、この二重の世界といくぶんか対応した考えがあったのをうかがい知ることができる。

『人間の条件』には人間の唯一性 uniqueness を、存在するものそれぞれの独自性 otherness と生命あるものそれぞれの多様性 distinctness から区別するかたちで規定した箇所がある。「独自性とは、存在するすべてのものがもっている異なるものという不思議な質のことである」[☆67]。存在するすべてのものには、生物のみならず生命をもたないものすべてが含まれるが、もっとも抽象的な形式の独自性は非有機的な物体だけにしか見られない。生命をもつものの間に現われるのは多様性という質をもつ相違である。人間はこの多様性を生命あるすべてのものと共有している。しかし人間の唯一性は「この差異を表明して、他と自分を区別することができる」点で、他の生命の多様性とも異なる[☆68]。存在するいっさいのもの・生命あるいっさいのもの・人間であるいっさいのものは、それぞれの内部で互いに異なる。しかしその互いの異なり方が三者の間で異なるのである。独自性と多様性という違いの立て方との相違、そうした差異との差異がさしあたって人間の唯一性をいわば外から規定する条件になる。

　ここでは人間と生命体にさらに存在するものが加わって三つの相をなしているが、これに先の二重の世界を重ね合わせて考えてもさほど無理はない。この二重の世界は、一方で人間の唯一性が表現される舞台になるとともに、他方で生命の多様性が形成される基盤になる。あるいはアーレントから少しばかり距離をとって、わたしたちなりにこれを世界の意味の事象的次元として次のような三つの位相に整理することもできる。

界」という概念がある（ebenda, S. 81. 訳一五〇頁）。これを「二重の世界概念」とは別個のものと把握するならば、アーレントはアウグスティヌスからすでに世界の三つの位相を取りだしていたと解することもできようか。

☆67　*HC*, 176. 訳二〇二頁。

☆68　*HC*, 176. 訳二〇二頁。

第一の位相にあるのは、生命ある存在の多様な環境世界である。アーレントは先に引いた生命体の世界について、ヤーコプ・フォン・ユクスキュルの口吻をまねるように、「どの動物種もそれ固有の世界のなかで生きている」[☆69]と書き残している。ユクスキュルによれば、ある生物が知覚するものはすべてその知覚世界 Merkwelt になり、作用するものはすべて作用世界 **Wirkwelt** になる。[☆70]この両者がつれだって環境世界をなす。生命体同士の関係は、それゆえ知覚するものと知覚されるもの、作用するものと作用をうけるものとの関係になる。この生命ある存在の世界は、(アーレントのいう意味での)労働にかかわる生物学的生命の循環運動が属する圏だが、この生物の多様性のなかで、人間は生物学的必然性を社会的必要性に変換する点で他の生物から区別される。

第二の位相にあるのは、有用な道具連関・妥当な法制度・美的な芸術作品からなる有意味な人工物の世界である。この世界の構成要素は有用なものにかぎらず、「有用性の限界」(バタイユ)の外にある芸術も含まれるが、わたしたちはさらにこれに法的な諸制度を加える。これらはアーレントのいう独自性をもった存在からなるが、ただしあくまで〈作られた〉独自の存在にかぎられる。この世界はより広い意味での制作がかかわる圏でもある。これら制作物の有益性や有効性は、現実の使用や享受、適用のプロセスを通じて実証される。それゆえこの世界を支えているのは、作ることと使うこと、作り手と使い手との関係である。ただしこの関係では、作られたものの有意味性といっても、道具的使用や美的享受の対象として有益か否か、法として効果を発揮するか否かが問題となるだけで、それらが意味あるものとして妥当するかどうかを

☆69　*LM*1, 20. 訳(上)二五頁。
☆70　ヤーコプ・フォン・ユクスキュル/ゲオルク・クリサート『生物から見た世界』七頁。

吟味するところまではいかない。このためには世界の第三の位相が必要になる。

第三の位相はアーレントが公的領域（公共圏）と同じ意味で用いた共通世界である。☆71 いうまでもなくこの世界は活動がかかわる圏である。この世界の地平では複数の人間たちが、言論と活動をつうじて、同じ問題にかんして、それぞれの見方にもとづいた個人的な意見を交わす。個人的といっても、個人の動機や意志にもとづいて私的利害を自己主張することではない。公的世界における利害関心 **interest** は、個人の内にあるのではなく、人と人との「間に‐ある **inter-esse**」同一の対象とかかわるときにこそ生まれる。もちろんそのさいの対象や問題は多種多様で、世界との関係でいえば三つの相に属する事柄のいずれもがテーマとなりうる。だがいかなるテーマを取り上げるにしても、生命体の世界と人工物の世界とのあるべき関係を配慮することが、公的世界において自由を手にする個人の唯一性の必要条件とならなければならない。これは言いかえれば、自然的なものと人為的なものとの関係を問うことが、自由のあり方を問う条件になるということでもある。アーレントは自由について論じたさいに「欠乏と恐怖からの自由」と「公的参加の自由」を区別していた。彼女がこの区別で意図したのは、自由を前者の意味に還元することを回避して、後者の積極的な意義を唱えることだった。しかし〈欠乏からの自由〉と暴力の〈恐怖からの自由〉は、今日でもなお、公的自由の十分条件ではないにしても不可避の必要条件である。世界内に存在しながら世界の位相と意味の差異を気づかうこと、これが世界の事象的次元から見えてくるありようである。

☆71　*HC*, 52-58. 訳五二―五九頁。

2
世界の諸相にかかわる問題について公共圏でなんらかの議論を交わすさいに、個々人の意見がより高次の妥当性を得るには、私的利害や個人的動機からは独立した公平な立場 impartiality によらねばならない。[☆72] 政治的判断には、さまざまな視点から他者の立場を考慮できる広い視野が必要になる。

政治的思考は〔他者を〕再現前化する。わたしはさまざまな観点から所与の問題を考察することで、つまり不在の人の立場をわたしの心に現前させることで意見を形成する。すなわち、わたしはかれらを再現前化《リプリゼント》＝代表する。他者の再現前化の過程は……あたかもわたしが……他の人のように感じようとしたりする、感情移入の問題でもなければ、賛否の頭数を数えて多数派に与するという問題でもない。わたし自身の同一性のもとにありながら、現実にはわたしが存在しない場所に身を置き移して思考するという問題である。わたしが所与の問題に考えをめぐらしているときに、人びとの立場をわたしの心に現前させ、わたしがかれらの立場ならばどう感じ考えるかをふさわしく想像できればできるほど、わたしの再現前化的思考の能力は高まり、わたしの……意見の妥当性は増す。[☆73]

不在のものを直観において表象するのは、カントによれば「構想力」の働きである。「不在の人の立場」を「心に現前させる」といい「わたしが存在しない場所に身を置き移して思考す

☆72 「……意見の質そのものは、どの程度その意見が公平不偏であるかによって決まる」（*BPF*, 242. 訳三二八頁）。
☆73 *BPF*, 241. 訳三二七—三二八頁。

る」といい、どちらも構想力がなければ成り立たない。再現前化的思考としての政治的判断力を支えるのは構想力である。ただし判断力にはもう一つの心の働きがともなう。他者の表象を介して自己反省する営みである。右の引用では、不在の他者の立場について構想力を発揮さえすれば、政治的判断は苦もなく公平な立場を得るかのように受け取られかねないが、話はそう単純ではない。何よりまず「再現前化的思考 representative thinking」は、このままではたんなる心的な表象 representation にすぎない。ひとができるだけ多くの不在の他者を考慮して思考する努力を重ねたとしても、それだけでは心的表象が個人のレベルを超えることはない。心的表象は公的表現 expression に転じなければならず、公平な立場にあると考えた私的見解を言葉で公的に表現し、他者の批評と判断を仰がねばならない。私的意見が公的に表現される場面でわたしたちがしばしば遭遇するのは、同じ対象について公平で普遍的であることを主張する意見が、実際にはおどろくほど多様な見解となって現われることだ。活動と言論にかかわる諸個人の複数性はまずこのような一連の動きのなかに現われ、自己反省はこの複数性のなかでこそ生まれる。政治的判断力はそれゆえ構想力と自己反省からなる。

　個々人が他の立場について思考する実験をこころみ、次に、実験的思考で得た結論を自らの判断として主張する経験にのぞむ。わたしたちは、この実験と経験、実験的思考と経験的主張の両面を総合することでしか、「人びとの立場をわたしの心に現前」させることはできない。心的表象による思考の実験と公的表現による議論の経験、この両者の往還が不在の他者の表象（再現前化）、すなわち他者の意見の理解を経験として可能にしている。

ところでカントによれば判断力は、一般論理学では概念（S、P、M……）と推理（MはPなり〔大前提〕、SはMなり〔小前提〕、ゆえにSはPなり〔結論〕）を媒介する中間者である判断（SはPなり）となって現われる。この判断は中名辞となるMを発見したあとでなければ可能ではない。発見術たるトピカは判断術たるクリティカに論理的に先行しなければならない。「再現前化的思考」によって「不在の人の立場」を表象するのは、自己とは違った他者の判断（SはP′なり）とともに、それを可能にした中名辞M′の発見を実験的に思考してみることである。それは、他者の判断に照らしてみるだけではなく、自分の視点からしか発見できない限界を超えることでもある。他者の構想力にもとづく発見を自身の想像力で再発見する試み——政治的判断力を支えている構想力とはメタ構想力である。さらに自己は、他者が当事者としておこなった発見について（真か否か・正しいか否かの）判断をくだす観察者として相対し、以前の自身の判断を反省する契機にする。「わたし自身の同一性」をとどめながら「わたしが存在しない場所に身を置き移して思考する」とは、不在の他者の視点から可能なトピカ的な発見と自己のクリティカ的な判断とを突きあわせつつ調整しようとする試みにほかならない。もし不在のあらゆる他者の立場を十分に再現前できるとするならば、「あらゆる問いを通じて考察し抜いたことによってトピカはいまやそれ自体がクリティカ」となる。[☆74] 複数性と世界性は、政治的判断力において判断術が同時に発見術となるための条件でもある。

だが世界はこうした他者との交わりでしか意味をもつものではない。世界は、わたしたちが生まれる前から存在し、死んだのちにも存在しつづける。[☆75]「世界のリアリティにたいするわた

☆74 Giambattista Vico, *Liber metaphysicus* (*De antiquissima Italorum sapientia liber primus*) 1710, *Risposte* 1711/1712, Aus dem Lateinischen und Italienischen ins Deutsche übertragen von Stephan Otto und Helmut Viechtbauer mit einer Einleitung von Stephan Otto, München: Wilhelm Fink Verlag, 1979., S. 132/133.（ヴィーコ『イタリア人の太古の知恵』上村忠男訳、法政大学出版局、一九八八年、一二七頁）。

☆75 *HC*, 55. 訳五五頁。

したちの信頼は……、可死的な生命の永続性と耐久性よりはるかに優れている世界の永続性と耐久性から生まれる」[☆76]。この持続性と耐久性が世界の時間的次元を示していることは容易に見てとれるだろう。世界には現に生きている者にとって「もはやない」ものも「まだない」ものも現われる。わたしたちが想像力を働かせて、かつて何があったのかを推理し、これから何があるのかを予想できるのは、世界のなかに過去の痕跡と未来の兆候を探りうるからだ。

ただし世界の持続性といっても、それは堅固な伝統がとだえることなく持続することを意味しているわけではない。近代とともに伝統の連続性が断たれたこともアーレントの歴史認識の一つである。もっとも過去は伝統の連続性が失われても「断片化された過去」として残る[☆77]。「新たに登場する世代を過去のあらかじめ決定されている一側面に縛りつける」伝統の連続性が断たれた以上、過去はかえって「予期せぬ新鮮さでわれわれの前に姿を現わし、これまで誰も聞く耳をもたなかった事柄」[☆78]を語りかけてくるかもしれない。過去を想起する能力は、この意味で過去を新たに発見する能力となる。

『精神の生活』のアーレントは、現に存在しない過去を表象する構想力として、想起や記憶を彼女のいう「思考」に含めている。しかも「思考のなかで未来を予期する能力というのは過去を想起する能力から由来」する。記憶はこの意味で「基本的な思考経験」[☆79]である。伝統の糸が切れたあとに過去を「予期せぬ新鮮さ」で見いだすことは、ヴィーコに引きよせるなら、記憶力のトピカ的な働きがよみがえったかともとれるが、思考の営みに関してアーレントが立てた前提は、ヴィーコとはかなり異なる。「もはやない」過去とかかわる精神の営みには、まず

☆76　*HC*, 120. 訳一二四頁。
☆77　*LM1*, 212. 訳（上）二四四頁。
☆78　*BPF*, 94. 訳一二七頁。
☆79　*LM1*, 76. 訳（上）九〇頁。

「精神が現在のことや日常生活の差し迫ったことから退いて」[☆80]いなければならない。活動のせわしさに明け暮れるものにとっては、意識的に「現われの世界」から退却して思考する特別の営みが要る。ただし世界から退却するといっても、ストア派のように「世界から自我へ逃避」するわけではない。「活動と思考との間の密かな関連」を保ちつつも、活動から思考へ移動してみせたレッシングの「自立的思考」が範とならねばならない。[☆81]

世界からのこの退却には、現われの空間における公的自由とは違った自由が含まれている。個々人は市民として活動に参加する自由を享受するにとどまらない。必要とあらば活動から思考へと移動し、思考において「一者のなかの二者」となって自己と対話する自由を行使できなければならない。アーレントは、この「移動の自由 freedom of movement」を、自由のなかでも「歴史的に最も古く基本的なもの」で「活動のための不可欠の条件」だと言っている。[☆82] わたしはこの〈移動の自由〉を〈公的自由〉に匹敵するだけの重みがあると言いたい。移動の自由は活動的生活と精神的生活との自在な往還を保証しているからだ。公的領域での言論と活動に明け暮れる個人は、活動のせわしさのせいで考える余地を失い、たとえば「専制の一形態」たる「世論の支配」、「多数者の支配」[☆83]に屈することにもなりかねない。それは多数者の意見に与して自身の意見を忘却し抑圧する恐れにさらされること、その意味で自己分裂の恐れに陥ることでもある。「世界が感覚的に現在しているという状態」[☆84]を去って過去を想起し未来を予想してみることは、忘却や抑圧のために「不在の他者」と化した自己の立場を心に現前させてみることである。世界からの退却が内省への逃避ではないとすれば、それは、「自分自身と不和

☆80　*EU*, 159. 訳（一）二一五頁。
☆81　Hannah Arendt, *Men in Dark Times*, San Diego, NewYork and London: Harcourt Brace & Company, 1968, p. 9.（ハンナ・アーレント『暗い時代の人々』阿部斉訳、河出書房新社、一九頁）
☆82　Arendt, *ibid.*, p. 9. 訳一八頁。
☆83　*OR*, 82, 15. 訳九七、一七三頁。「世論の支配」と「意見の自由」とが相容れないとするアーレントの見解については次を参照。*OR*, 217f. 訳三三七―三三八頁。
☆84　*LM*1, 75. 訳（上）八九頁。

であるより、……多数者と不和である方がましだ」というソクラテスの倫理的格率を貫くために、自立した思考の営みに退くことを必要とするからである。

「人びとは……複数性において存在しているだけでなく、各人自身のなかにもこの複数性を示す特徴を有している」[☆85]。人間が構想力によって自らの過去を想起し未来を予期しながら、思考のうちで自己自身との不調和を正し、思考と活動とを一致させることは、現われの世界から退きつつ世界の永続性を気づかうことでもある。自己自身と矛盾せずに思考するとは、世界から自我に逃避して「内省」のうちに引きこもるのではなく、「単独性 **solitude**」のうちにあって自己と対話しつつ、過去と邂逅する想像力を働かせることにほかならない。

3

アーレントが世界について語るさいに口にしたもう一つの興味深い発言がある。「世界は、すべての介在者と同様に、人びとを結合させると同時に分離させる」[☆86]という発言である。公的空間での言論の話になると、見知った者同士が直接に相対する議論のイメージで複数性や活動を考えやすい。しかし世界を介した結合と分離に特徴的なのは、直接に存在する熟知の者同士の関係より、むしろこれまで存在しなかった未知の他者との出会いである。世界の社会的次元として注目したいのが、このような意味での分離と結合のあり方である。

アーレント固有の問題意識から見ても、現存在する者同士の熟知の関係とこれまで存在しなかった他者との出会いの違いに注目するのに不自然はない。たとえば『全体主義の起源』で

☆85　Hannah Arendt, Philosophy and Politics, in: *Social Research: An International Quarterly of the Social Sciences*, Vol. 57. No. 1, 1990, p. 88（ハンナ・ハーレント『哲学と政治』千葉眞訳、『現代思想』二五巻八号、一九九七年、九九頁）

☆86　*HC*, 52. 訳五三頁。

は、同じ民族出自のものを同じ家族のようにみなす「種族的思考」と他の国民を共同の世界の建設者として認める「人間の尊厳」の観念とが対照的な位置を占め、『人間の条件』では、キリスト教の無世界的な同胞愛と古代ギリシアのホメロス的な闘技精神との際立った違いが現われ、『革命について』では、フランス革命で法と権力の起源にされた人民の「共通の意志」と古代ローマの同盟関係としての法で成立した「共通の世界」との違いが見てとれる。じつはどれも似た主題の変奏である。わたしたちなりにこれを敷衍する手がかりとして、ここでは隣人愛にかんするニーチェの考えを引いておこう。

> わたしはあなたがたに、隣人への愛を勧めるだろうか？　むしろ、わたしは隣人から逃げること、遠人への愛、を勧める！／隣人への愛よりも、遠くにいる未来の人への愛のほうが高い。わたしは人間への愛よりも、事物と幻影への愛のほうがさらに高いと思う者だ。
> ……あなたの隣人愛の犠牲になるのは、離れている人びとだ。あなたがたが五人集まれば、いつも第六番目の者が人身御供にあげられる。☆87

アーレントなら「事物と幻影への愛」に代えて「世界への愛」と言うところだろうが、ここには、キリスト教的な同胞愛を無世界的と断じて批判したアーレントと幾分か似た発想が読みとれる。「遠くにいる未来の人への愛」とは、遠い未来の人びとを隣人のごとく愛せよというのではない。もし離れている人を隣人のように愛したとすれば、それよりさらに離れた別の人

☆87　Friedrich Nietzsche, *Also Sprach Zarathustra*, in: *F. Nietzsche Werke in Drei Bänden*, Bd. 2., München: Carl Hanser Verlag, 1966, S. 324.（フリードリッヒ・ニーチェ『ツァラトゥストラはこう言った（上）』氷上英廣訳、岩波文庫、一〇〇頁、一〇二頁）

が「隣人愛の犠牲」になるだけだ。隣人愛ならぬ遠人愛を説くことは、他者に向けられた愛のありようそのものの転換を狙いにしている。遠人への愛を語るのに隣人への愛を先に立ててはならない。これと同じく遠い不在の他者と交流するのに、身近で親密な者との交流をその原型とみなしてはならない。世界概念が発揮する効力は、この前提の組みかえを可能にするところにある。世界は分離されて存在しなかったまったく未知の他者を結合させるからだ。

といってもこれは、世界が介在者となることで、非存在の他者として排除された人びとを、社会的排除や社会的閉鎖から救いだすのに一役買うといったことだけを言いたいのではない。そこにはもっと別の意味がある。これまで分離していたため現われることのなかった未知の他者との間に相互性が成立すると、それまでの世界を前提にしながらも、その他者との間に新たな共通の世界が開かれる。その結果、それまで遭遇することのなかった他者が世界に現われて存在し、複数の人びとの前であらたな〈始まり〉が繰り広げられる。アーレントの〈始まり〉に関する解釈は、がいして個人の実存的なあり方に傾いた解釈を誘いやすいが、ここで強調したいのは、新たな始まりがまったく新しい相互性を創発させる事実である。とりわけ相互性が創発する原初の場面は、自己にとってこれまで存在することのなかった未知の他者が出現する局面でもある。

ここには、ある者が未知の新しい他者と遭遇する場合、彼の政治的判断力に対して課せられる新たな問題が秘められている。判断力が「不在の人の立場をわたしの心に現前させることで意見を形成」するとは、合意の必要のある「他者とのコミュニケーション」を観念のうちで

「先取り」することでもある。[☆88] ところが未知の他者との新しい相互性が創発する場合、このコミュニケーションの先取りが首尾よく運ぶとはかぎらない。不在の他者の立場を可能なかぎり心に浮かべてみることは、〈別のありうべき可能性〉について想像力を働かせることである。しかしまったく新しい始まりが起こりうるとは、個々人が想像力を逞しくして〈別のありうべき可能性〉をすべて尽くしたと信じても、思いも及ばないことが起こりうることでもある。〈新しい始まり〉と遭遇する者にとって肝心なのは、たんに構想力によって不在の他者の立場を可能なかぎり心的に表象できるかどうかだけではない。そうした構想力による心的表象が現実の他者を前にして挫折する経験の可能性について想像できる構想力をもちうるかどうかだ。いってみれば構想力が挫折する経験の可能性を想像できる能力、この意味でのメタ構想力とでもいうべきものこそ、アーレントの活動・始まりを捉え直す鍵になる。対話的な構想力が十分な性能を発揮するとすれば、こうしたメタ次元においてである。もちろんメタ想像力が構成しうるのは、可能なズレの心的な表象であって、ズレの実際の経験ではない。食い違いの意識であって、食い違った事実ではない。だから問題はこのズレや食い違いをなくすことではない。ズレが起こった場合に必然性を装った強制力や暴力を介在させず、政治的に調整するのはいかにして可能かこそが問題なのである。とすれば構想力のこのメタ次元での問題は、たんに個人の能力やあり方をいかに育成するかではなく、そうした調整のための制度を政治的にいかに構築するかの問題、持続的な「世界の世界性」のありようについて（実存論的にではなく）制度論的にあるいは運動論的にいかに構想できるかの問題である。

☆88 *BPF*, 222. 訳二九八頁。

新しい始まりをなしうることは自由の一つのあり方である。この自由は意志の選択の自由とは異なる。意志の自由な選択では、意志によって選択できる偶発性の範囲があらかじめ規定されている。「別の可能性として在りうるもの」が選択意志の自由で考えられるかぎり、それを許容できる柔軟で老獪なシステムの論理に絡め取られるだけで、新しい始まりが生まれる余地はない。〈始まり〉の自由は、選択可能な範囲が予測できるところでしか機能しない選択の自由ではない。別の可能性として予期できるのではなく、そもそも想いもつかなかった予想外の始まりが起こること、これが新しい始まりとしての自由にほかならない。新しい未知の他者とはこうした自由の端緒を開きうる新生の存在なのである。

大方の日常の場面ではまったくの新しい他者が現われることはあまりない。ただ多くの人が同じように経験できる新たな出現の例が一つだけある。子どもの〈誕生〉がそれだ。親密圏で暮らす家族にとって子どもの誕生は最も身近な者の到来だが、共通の世界からみれば、子の出生とは、世界からは遠くにいた者が世界に出現することである。あえて逆説を弄するならば、この親密で最も身近な隣人を、ニーチェの言う意味で最も遠い者のように愛すること☆89——世界が社会的次元において開示されるのはこのときである。わたしたちがそこで目撃するのは、新たに誕生したものが何事かを新しく始めることで、他者として世界に現われつつ世界が開示されることを気づかう諸個人の姿である。

「人間は世界の内に投げだされ〔被投され〕ているのではない。……人間はまさに世界の中に導

☆89 「隣人とはわれわれの許に新たに生まれて来た者、この者が生まれて来る前には存在していなかった、したがってわれわれの誰とも同じではない、全き他なる者である。このユニークな他者の現れに、われわれは言葉と行為によって応答することができる——ここにアーレントの政治は始まる」(森川輝一「『出生』について——アーレントにおける政治的なるものの『はじまり』」『思想』第九五八号、二〇〇四年二月、一九頁)。

かれるのである」[☆90]。アーレントは『思索日記』にこう書き残している。人間は世界に内存在しつつも、ときに世界から退却し、つねに世界に出現する。各局面で可能となる「欠乏と恐怖からの自由」「移動の自由」「〈はじまり〉としての自由」こそ、「公的自由」とともに、必然性と暴力の結託を克服するための自由の諸相である。そのいずれの局面でも人間は世界となんらかのかたちで関わる。アーレントは世界との関わりのあり方を「世界への愛」と呼んだ。世界にたいするメタ規範とでも言うべきか。〈世界への愛〉がある特殊な脈絡との強い結びつきを連想させるのを避けて、わたしはそれを〈世界への気づかい〉と言いかえることにした。気づかい **Sorgen** は、いうまでもなくハイデガーから借りた言葉である。ただそれは、世界の内部に道具的に存在するものを配慮 **Besorgen** したり、ともに存在する人びとを顧慮 **Fürsorgen** したりする気づかいではない。世界そのものにたいする気づかいである。配慮と顧慮のいずれでも、気づかうべき存在者は、「手もとにあるもの **Zu-Handen-Sein**」、「共にそこにいるもの **Mit-Da-Sein**」など、つねに「近さ」のメタファーがつきまとう。世界への気づかいは、むしろわたしたちが遠くのものへ眼を向けたり、自己自身からも距離を取ったりするときにこそ可能になる。「距離を超えて何かに達すること、これこそ……真の構想力である」[☆91]。

☆90　ハンナ・アーレント（U・ルッツ／I・ノルトマン編）『思索日記II』青木隆嘉訳、法政大学出版局、二〇〇六（原書　二〇〇二）年、一二六頁。

☆91　アーレント、同書、一八八頁。――ちなみにこれはハイデガーの論考に加えたアーレントのコメントの一節である。

思想史には習いとなった通説がある。思想史の慣例でまず眼にとまるのは、この通説の群である。耳目を驚かせた解釈や発見も、世の習いとなって繰り返されれば慣例の一つになる。慣例《コンベンション》にはいうまでもなく繰り返しがともなう。定説を打破して新風を開こうとするなら、まずはこの慣行の連続性を断ち切るだけの力がなければならない。発明の才とは慣例の外に出ながら、その中断によって反復からの差異を生みだす力である。

ただし中断といっても大がかりな破壊や切断ばかりとはかぎらない。従来の慣例が繰り返されるなかで、ちょっとした逸脱程度の異説が小さなズレを起こして亀裂を誘い、やがてあらたな発見に導くこともある。新たな発明《インベンション》も、たんに繰り返しの中断というより反復の変容、反復からの差異というより反復のなかの差異といったかたちをとる例もすくなくない。

思想史のこうしたコンヴェンションとインヴェンションは、思想史だけに限ったことではない。もともと思想史をも含んだ歴史自身の性格に由来しているのである。デューイはどこかで「歴史とは習慣変化の過程である」と言っていたが、一度だけの新たな歴史上の出来事が伝承に値するものとして語りつがれるようになったとき、しばしば習慣の変化、つまり繰り返しの中断ないしは反復の変容と似たプロセスが現われる。

ここで歴史叙述と歴史理解の今日をめぐって、いくばくかの考察を試みるのは、この歴史における繰り返しとその中断・変容の意味に焦点を当てるためである。歴史にかんするこの種の考察は歴史哲学の体裁をとるのが通例だが、ここでの試みはどちらかといえば思想史的考察に近い。一方で「近代の歴史の父」とも言われるヴィーコの通説となった思想史的な位置づけを振り返りながら、その慣例の限界を問い、新たな解釈の発見的な意味を探りだし、他方でそこに歴史叙述の今日のあり方を模索してみるのが、ここでの課題である。そのさい、慣例のヴィーコ解釈を批判しつつその外から別の歴史叙述を提起した例としてアーレントを、ヴィーコ解釈のうちにとどまりながら慣例の亀裂を起こした例としてサイードを取り上げ、歴史叙述の二つの類型を取りだしてみたい。ヴィーコ研究の本流で論じられることはあまりないものの現代の思想にさまざまな影を投げかけているアーレントとサイードが、ヴィーコとの関わりでどのような歴史概念を引きだし、同時にそれぞれの問題意識が今日の歴史理解のあり方に何を投げかけるのかを、省察してみるのが以下の作業である。

第一節　〈ゾーエー〉と〈ビオス〉

「歴史の概念」と題したアーレントの論考には、「真なるものと作られたものとの置換可能性」として知られるヴィーコの命題に触れた箇所がある。[☆1]「真なるもの **verum**」を人間が手にできるのは幾何学だけで、自然学を含む他の諸学で手に入るのは、せいぜい「真らしきもの **verisimilis**」にすぎないことを語った『学問の方法』の例の一節である。[☆2] すでに触れたように

☆1 H. Arendt, the Concept of History, in: *BPF*, p. 51.（ハンナ・アーレント「歴史の概念」〔引田隆也・齋藤純一訳『過去と未来の間』、所収〕、七四―七五頁）

☆2 Giambattista Vico, *De nostri temporis studiorum ratione* [Übertr. von W. F. Otto] Darmstadt: Weihert-Druck GmbH, 1984. S. 40.（上村忠男・佐々木力訳『学問の方法』、岩波文庫、四〇―四二頁）

ヴィーコは、『新しい学』になると、幾何学だけに限定していたこの真理認識の可能性を、歴史的世界にも認めるようになった。この変化は、クローチェが、認識論の第一形態から第二形態への転換と呼んだものである。アーレントが次の一節でヴィーコの「自然からの離反」と言ったのは、この転換のことを意味している。

ヴィーコに自然からの離反を促したのはいわゆる人文主義的な考慮ではなく、自然が「神」によって作られているのとまったく同じように歴史は人間によって「作られて」いるという信念以外の何ものでもなかった。……近代の歴史の父と目されているヴィーコにしても、現代の条件のもとにいたとしたら、歴史に向かうことはなかったろう。むしろ彼はテクノロジーに関心を示したかもしれない。[☆3]

今日の技術の発達を前にすれば、近代の歴史の父たるヴィーコの関心は、歴史どころか自然やテクノロジーに向いただろうとは、いささか皮肉な解釈である。もちろんこう解するにはアーレントなりの理由があった。

アーレントがヴィーコを近代の歴史の父と見たのは、第一に、その衣鉢を継ぐ者たちの考えを念頭に置いたためだろう。代表格に挙がるのがマルクスである。「人間は歴史を作る」というマルクスの考えをヴィーコに結びつけた点で、[☆4] アーレントはレーヴィット以来のヴィーコの位置づけをほぼ踏襲している。ヴィーコの命題は、レーヴィットによればもともとキリスト教

☆3　*BPF*, p. 51. 訳七四―七五頁。
☆4　*BPF*, p. 77. 訳一〇三頁。

神学の前提のもとで立てられていたものの、のちになると人間による歴史的世界の形成と神の摂理との関係をめぐる神学的意味は省みられないまま、「工作人《ホモ・ファーベル》としての人間」を歴史と自然の支配者と捉える近代的な歴史観がそこで告げられていると解されるようになった。「ヴィーコの自然的な摂理の神学から人間もまた科学的予見を通じて製作を行いうるという確信への」転換である。[☆5] 真なることと作られたこととの置換可能性は、ここでは科学的認識と近代的労働の内的結合に還元して解釈される。つまり人間は労働によって生産物を作ることができるのだから、生産に関わる科学的知識の真理を手にすることができるのだと解され、これと同様に人間は歴史を作ることができるのだから、歴史の真理を認識することが可能だと理解されるようになったわけである。「ヴィーコの新しい学の理想」に匹敵するものがあるとするなら、それは労働や制作を機械に代替することで始まり「新しい自然過程を開始させるところまで至った近代のテクノロジーだけだろう」[☆6] とのアーレントの皮肉な発言がどこか確信めいて聞こえるのも、レーヴィット流の解釈がある時代にもった説得力と無縁ではあるまい。

この慣例の解釈によるヴィーコの命題の影響は、思いのほか大きかったかもしれない。たとえばマーティン・ジェイは、『小説の理論』のルカーチが『歴史と階級意識』のマルクス主義に転じていく確信の底に、ヘーゲル流に変形されながらも「真理と作ることとは等しいというヴィーコの信念」があったことを推理している。[☆7] ルカーチにしてみれば、人間は歴史を作るから歴史を認識できるのだとすれば、現に労働によって社会と歴史の形成に与るのは労働者階級である以上、彼らこそ歴史の全体性を真に認識し変革できる主体になる。アーレントが慣例の解

☆5 K. Löwith, *Vicos Grundsatz: verum et factum convertuntur*, Carl Winter Universitätsverlag, 1968, S. 19.（カール・レーヴィット『学問とわれわれの時代の運命』上村忠男・山之内靖訳、未來社、一九八九年、三七頁）

☆6 *BPF*, p. 51. 訳七五頁。

☆7 マーティン・ジェイ『世紀末社会主義』今村仁司・大谷遊介訳、法政大学出版局、一九九七年、一〇一頁以下。

釈によるヴィーコに批判的だったことは、歴史の認識と創造の担い手を労働の主体に還元する思想の系譜から距離をとったに等しい。

だがアーレントがヴィーコの「近代の歴史の父」たる面目を気にしたのは、たんにヴィーコ理解の慣習にならったからだけではない。「歴史の父」と呼ばれたヘロドトスと対比するのが、彼女の第二の狙いだったためである。「歴史の使命は、忘却がもたらす虚しさから人間の行ないを救済することにある」[☆8]——こう考えたヘロドトスの歴史の見方には、通説のヴィーコとはおよそ内実を異にした歴史観がひかえている。作品、偉業、言論など人間の作りだしたものは、どのみち滅びゆくものでしかない。けれど記憶という人間の能力はそれを永続的なものにし、滅びるままに流れゆくはかなさを堰くことができる。[☆9] 実践と言論から生まれるつかのまの出来事を、言葉による歴史の創造を通じて永続するものに転じること——ここでは歴史的出来事と歴史叙述の結合が〈活動《アクション》〉と〈制作《ワーク》〉というアーレントの行為論に即したかたちで捉えられている。

ちなみにヘロドトスにみられる古代ギリシア人の歴史観の底には、個人的な人生《ビオス》の直線運動が生物学的な生命《ゾーエー》の循環運動をさえぎる形で成立するとの自然観があったという。この前者の運動が後者の循環を断つのと同じ意味で「単独の事例、行ない、出来事が日常生活の循環運動を断つ」とき、この「断つもの」こそが救済の対象となり歴史的叙述の対象となる。

生の二つの運動の断絶をこのように際立たせることは、語るに値する過去の出来事を必然的で包括的なプロセスの一部として意味づけることに断固として抗することでもある。「歴史と

☆8　*BPF*, p. 41. 訳五一—五二頁。

☆9　*BPF*, p. 43. 訳五四頁。

は人間が作る一つの過程《プロセス》である」とみた（ヴィーコからマルクスにいたる）近代の歴史観が批判の対象となったのも、これと無関係ではない。ここでは個々の歴史的出来事は、そうした必然的・包括的な過程のなかに位置づけられてしか意味をもたなくなる。この過程《プロセス》概念がアーレントにとって格別の批判の対象となるのは、古代後期以降に歴史の運動が「生物学的生命のイメージで解釈され始め」[☆10]、さらに歴史の〈制作〉のプロセスが生物学的生命の循環を維持するための〈労働〉のプロセスに擬して捉えられるようになったときである。生物学的な循環の過程《プロセス》に擬して歴史の出来事を捉えることにたいする違和感、アーレントの行為論に即するなら〈制作《ワーク》〉を〈労働《レイバー》〉に組み入れながら両者を融合させ、〈活動〉より優位させることにたいする違和感が、アーレントの批判のモティーフをなしていた。歴史を語るとは、言ってみれば、生命《ゾーエー》の反復からの差異で際立つ過去の出来事を、言語の力で救済するものでなければならない。真なることと作ることとの置換可能性（さらには認識と労働の内的連関）に代わってここで歴史理解の条件をなしているのは、生物学的生命の循環運動と個人的生活との分離、および後者の言語による永続化である。

ところで視点を変えれば、この「永続的なものを記憶から作り出す」のもまた〈歴史を作る〉一つのあり方である。もちろんこれはヴィーコ解釈の通説で言う〈歴史を作る〉ことではない。アーレントがヘロドトスに見たのは、一般化されたプランにもとづいて未来を設計することではなく、二度と繰り返すことのない単独の出来事からなる過去を救済することだからである。

☆10　*BPF*, p. 43. 訳五三—五四頁。

ただし過去の救済とはいっても、伝統の連続性を再生産することではない。連続した伝統は潜在的であれ顕在的であれ起源《オリジン》の同一性を想定している。「宗教と権威と伝統のローマ的三位一体」の崩壊とともに過去の連続性は解体し、過去は断片化されたというのが過去にかんするアーレントの見解で、第一次世界大戦は、アーレントにとって、ヨーロッパにおいて歴史の「連続性の絶対的な中断」を経験することとなった歴史的事件だった。☆11 連続した伝統と断片としての過去を峻別し、はかない過去の断片を現在に引用しつつ、そのアクチュアリティを解き放つことが、おそらくベンヤミンから想を得た彼女の時間概念である。断片化された過去の救済とはだから伝統の連続性の再興ではない。

またヘロドトスによる過去の偉業や事蹟の救済は、アーレントにとって、ギリシア人の「記憶の共同体」や民族的アイデンティティの保持を意味するのではない。ヘロドトスが忘却から救出しようとしたのは「ギリシア人および夷狄の偉大で驚嘆すべき事蹟」である。自民族ばかりか他国の不朽の偉大さをも記すことが歴史家の責務なので、〈歴史を作る〉営みは、この自らの立場への関心を超えた「不偏性 impertiality」の地平で働く。生物学的生命の循環から分離した個人的生のおこないを言語によって救済することは、生命の循環の閉じたコンテクストを超えた開かれた地平で、歴史の言語的なテクストを構成することでなければならない。それはむしろ「われわれの共有する世界が……無数の立場から眺められていること」を知るかけがえのない通路なのである。

歴史を作ることと知ることとの置換可能性を労働と認識との内的関連に還元し、その基礎に

☆11 Hannah Arendt, No Longer and Not Yet, in H. Arendt (Jerome Kohn ed.), *Essays in Understanding, 1930-1954*, New York, San Diego, London: Harcourt Brace & Company, 1994, p. 158.（J・コーン編『アーレント政治思想集成1』齋藤純一・山田正行・矢野久美子共訳、みすず書房、二〇〇二年、二一四頁）

労働する類的主体を置く立場は、たしかに伝統の連続性を素朴に信じることにも、ナショナリズムを安易に唱えることにも慎重であった。しかし歴史に対するこの姿勢が、生活《ビオス》を生命《ゾーエー》に還元し、歴史叙述における言語性の固有の地平に無頓着であったことは否めない。これに対してアーレントは、生命と生活との分離を前提に立てながら、後者の生における出来事やおこないを忘却から物語によって救済することに歴史の意義を見た。しかしこうして〈歴史が作られる〉としても、アーレントにとってそれは伝統の連続性の再生産にも集団的なアイデンティティの維持にも寄与するものではない。わたしたちはさしあたって、アーレントがこのようにして開いた歴史の意味にそれなりの積極的な意義を見たい。だがそれにしても伝統の連続性にも集団のアイデンティティにも関わらない過去の救済とは、いったいいかなる意義を有するのだろうか。これを問う手がかりとしてここでいま一度、振り返ってみたいのがヴィーコの立場、ただしヴィーコそのものというより、エドワード・W・サイードの解釈にみるヴィーコの立場である。

第二節　〈フィリエーション〉と〈アフィリエーション〉

ジョルジョ・アガンベンは、歴史的証言をめぐる考察で、アーレントと同じく生命《ゾーエー》と生活《ビオス》を区別した知的伝統に棹さしながら次のように言っている。「人間とは中心にある閾であり、その閾を……生物学的な生を生きている存在が言葉を話す存在になる流れと言葉《ロゴス》が生物学的な生を生きている存在になる流れがたえず通過する」[☆12]。のちに見るようにアーレントとの微妙なしか

☆12　ジョルジョ・アガンベン『アウシュヴィッツの残りのもの――アルシーヴと証人』上村忠男・廣石正和訳、月曜社、二〇〇一年、一八四頁。

し決定的な違いは見逃せないが、これをしばらく措いて言えば、生物学的な生命と言語を語る存在とが弁別され関連づけられる視点から、人間と歴史を論じる点で両者はよく似ている。人間の歴史の流れとは、生物学的な生の反復を伴いながらも、言語を話す存在である個人の新たな出来事が始まる連鎖である。では人間をこのような二重の存在とみる視点は、どのような歴史像を結ぶのだろうか。

生とは人間が死すべき存在であると同時に、新たに生まれ来る存在であることを意味している。誕生のもつ「始まり」と「唯一性」に格別の意義をみたのは、いうまでもなくアーレントである。だがある個人が生まれるとは、その個人の人生が始まるとともに、親が子をもうけることでもある。この親と子の血縁の絆は生物学的な循環とともに系譜的なつながりを生む。ところでもし歴史を作るプロセスを〈産む‐生まれる〉連鎖に喩えるなら、〈労働‐制作〉の比喩で歴史の創造をみるときとは、かなり違ったニュアンスを帯びるのがわかる。ただこの喩えも人間が歴史を作る姿の一形容だととるのが可能で、たとえばヴィーコにこうした面はないだろうかと探ってもよい。現にサイードは、その歴史観にこれと似た発想があったことを突きとめている。

人間自身が自己を産みさらに自己の子孫を産む再生と反復の過程をまさに反復すること、これこそ時間の経過というものだ――こうみるのはヴィーコのいう異教諸国民の歴史……にとってごく自然なことである……。血縁の生成という家族のメタファが人間の活動の全体にまで広げられるとき、ヴィーコはそれを詩的＝創作的 poetic と呼んだ。なぜなら、ヴィーコによれば、人間が人間となるのはかれが創造者だからである。そして人間が何よりも先に創造したものは人間自身である。創造することとは反復することである。そして反復することは創造するがゆえに認識することである。[☆13]

親が子を産み種をなしつつ「かれら自身を生成させることと同じように、人間の歴史は生成する」というのがサイードの読み取ったヴィーコの歴史観である。ヴィーコ研究の本流では、この解釈はまずこのままでは受け入れにくい。サイードはヴィーコの歴史記述に見る「血縁関係《フィリエーション》へのこだわり」が当時の古典主義期の自然史に応じたものだと推しているが、もしそうならば、マルクスの解釈とは異なり、ヴィーコは人間史と自然史を単純に区別していただけではないということになるだろう。ただヴィーコの時代性を言うのなら、むしろデ・ジョバンニのひそみにならって、ヴィーコは古典主義の開始など関知せず「十七世紀的でバロック的な傾向」のなかにいたと言う方がまだ穏当なところである。[☆14] にもかかわらず、一見無縁とみえるものの間に思わぬ関係を読み取るサイードのこの「対位法的読解」に、今日の歴史解釈をめぐる興味深い論点が伏在しているのもたしかだ。

先の引用で指摘しておきたいのは、ヴィーコの言う「異教諸国民の歴史」にサイードが着目したことである。異教の民 gentili とは、『新しい学』でヴィーコが取り上げた諸国民のなかでも、キリスト教の起源となる「真の宗教」をもったヘブライ人以外の六つの国民で、ギリシア

☆13 E. W. Said, *The World, the Text, and the Critic*, Cambridge, Mass.: Harvard University Press, 1983, p. 117.

☆14 B・デ・ジョバンニ「バロック人ヴィーコ」廣石正和訳、『思想』第七五二号（一九八七年二月）、一五六頁。

人、ローマ人もこれに含まれる。もしヘブライ人こそ「真の神」に依拠した唯一の国民だったのなら、他の異教民たちは真の神に近づく道を初めから断たれていたことになる。カトリックの伝統に沿うヴィーコにとって、これは当然といえば当然の話だったろう。だが『新しい学』を繙いたことのある読者なら、ヴィーコが神の摂理を口にしながらも異教民の世界の考察に紙幅の多くを割いた事実に気づいて、いささか怪訝な印象を抱かれるかもしれない。サイードの読解が共感を呼ぶとすれば、それはこの率直な印象に従って俗なるものに対する聖なるものの優位という価値づけを転換してみせたところにある。異教の民が「真の神」への通路を封じられていたとすれば、むしろそれはかれらがそうした聖なるものの〈真理〉の支配から自由でありえた証拠でもある。異教の民にとってそれは「神の秩序とは違った秩序のなかで、つまり歴史のなかで、永遠に生きる」[☆15]定めを告げられたに等しい。歴史を「血縁の生成という家族のメタファ」に即しつつ反復と再生のプロセスとして描くのは、こうした価値の転換に通じている。

ところでサイードは、この反復のプロセスについて、「反復することは創造するがゆえに認識することである」と言った。創造したからこそそれを認識できるとは、いうまでもなく「真なるものと作られたものとは置換可能である」というヴィーコの命題の簡単な言いかえになっている。創造するとは行為によって出来事が生起することであり、認識するとは言語によって歴史を叙述することである。生殖と再生のメタファは、歴史的出来事の生起のみならず歴史的物語の叙述にたいするメタファとしても機能している。歴史の認識ないし叙述が先に指摘した

☆15 E. W. Said, *Beginnings, Intention and Method*, New York: Columbia University Press, 1985 (1975), p. 350.

意味での人間の言語的存在に係わるとするならば、これは、生物学的生命の産出と再生のありようが、言語的な存在のあり方をも規定するもののようにみなされていたことを意味するだろう。

アーレントとの違いは明らかである。アーレントが、生物学的生命の循環運動を断ち切る個人的生活の直線運動に着眼し、後者と言語的存在との結合に歴史叙述の意義を見たとすれば、サイードでは、言語的存在の運動が生物学的生命の反復のうちに含み込まれるごとく描かれ、歴史は生殖と再生のプロセスに譬えられる。アーレントにとって生物学的生命としての存在と言語的存在はそれぞれまったく別の論理に服するのに対し、サイードでは両者は同じ論理に従う。アーレントが過去の救済で対象にしているのは、一回だけの単独の出来事である。これに反しサイードの力点は歴史における反復のパターンの意味を探ることにある。だがこうした相違にも関わらず、歴史叙述にたいする姿勢で両者がじつは意外に近い立場にいるのも見過ごせない。この点はサイードが（血縁の連鎖という意味での）反復の概念から引きだしてきた見解を一瞥してみればわかる。

歴史を血縁の連鎖に喩えた見方は、ヴィーコ解釈にまつわる問題への興味深いアプローチにもなっている。人間の歴史と神の摂理の関係の問題、つまり「人間の諸制度が人間の創造物でありながら、しかし何か他の力の作用を必要とするのはいかにしてなのか」[☆16]という問題がそれである。もちろん異教民の世界の側につくサイードにとっては、摂理に関するヴィーコの文言をそのまま信じることはできない。[☆17]もっとも人間の創造と神の摂理の働きの違いについては、

☆16 L. Pompa, *Vico, A Study of the 'New Science'*, New Yok: Cambridge University Press, 1975, p. 52.

☆17 最近の研究動向を知るうえでは、Pompa の前掲書以外にさしあたり次のものを参照。上村忠男『バロック人ヴィーコ』みすず書房、一九九八年。

レーヴィットが「おこなうことと起こること」の差異として、またアーレントが「行為の目的」とその「意味」の区別として、摂理概念とは無関係にはなはだ簡便な解釈をした例がある。サイードもこの先例にならってか、人間の行為と神の摂理との違いを、歴史の反復現象における「意図的な次元」と「無意識の次元」として弁別し、婚姻の成立にかんするヴィーコの仮説を例にかれの論を展開している。

『新しい学』でヴィーコは、「人間が諸国民の世界を作った」にもかかわらず、その世界は「人間が自分自身のために立てた特定の目標とはしばしば相異なった」結果が生じるとして、その例の一つに婚姻と家族の成立を挙げている。かれによれば原初の「人間たちはその動物的な欲望を満足させて、生まれた子供たちを棄て去ろう」と企てる。しかしその結果として、「婚姻の貞節が創始され」、「そこから家族というものが生まれる」。動物的欲望のままに子を棄てようと企てることは、サイードに言わせれば、人間の「意図した次元」に属する行為である。これに対しこの婚姻と家族の制度としての成立は「無意識の次元」に属している。意図的な次元では、生物学的な生を反復する過程で親子の血縁が生まれながらも、その内部に親と子の対立が生じる。だが無意識の次元では、これと「逆のことが起こり、制度としての婚姻が確立し、子と親はこれを通じて絆をもつものになる」。この意図的な次元と無意識の次元との亀裂を、サイードは次のように敷衍している。

ヴィーコの場合の歴史は、……制度の側に立っているが、その制度は……血縁関係的な反復を維持・伝達・確保するだけではない。これに加えて、これら同じ制度……が、養子縁組関係 affiliation を制度化することによって、血縁関係 filiation を保護することになるである。ヴィーコにとって婚姻が歴史的に重要なのは、それが生殖・出産を可能にするということではない。むしろ生殖・出産はどのみち自然におこなわれる……ものである。制度としての婚姻は、したがって性的欲望を制止して、養子縁組関係、つまり純粋な血縁関係とは違ったものを生むようにするのである。[☆18]

サイードがヴィーコから読み取ったのは、人間が生物学的な生を血縁関係の連鎖として維持し自己保存をとげていくには、なんらかの養子縁組的な関係を制度的に導入するほかなくなるという事実である。字義通りにとるなら養子縁組関係《アフィリエーション》とは、生物学的に同じ血筋を引いてはいないが、社会的な制度化によって成り立つ親子関係である。そこでは生物学的に純粋な血縁関係《フィリエーション》とは違った異質なものの混入が制度として可能になる。人間の生物学的な生の連鎖がフィリエーションという自然的な必然性として維持されるには、アフィリエーションの関係が社会的な必要性としてなんらかの制度によって構築されるほかない。しかしまたこうして築かれたアフィリエーションの社会的な必要性も、フィリエイティヴな関係を維持する制度として無批判に固定され自然化されるようになると、フィリエーションのなかに埋没する恐れもでてくる。人間が歴史のなかで作りだしてきたのは、フィリエーションとアフィリエーションのさまざまなこのパターンである。とすれば歴史を叙述する目的は、ときに人間の意図に反して作られ

☆18 Said, *op. cit.*, p. 118.

ることのパターンの多様な形態と変容を見きわめ、その意味と限界を批判的に考察することにある。

もっともフィリエーションといいアフィリエーションといい、字義通りの血縁、養子縁組の意味だけにとっては、サイードの意図を見誤ることになる。サイードが意図したのは、この概念によってさまざまな次元での関係や状況のありようを分析してみることである。狙いの中心にあったのはテキスト批評のあるべき姿である。たとえばかれは、現在の批評意識が、一方で批評家たちを（出自、国民性・職業などで）フィリエイティヴに拘束している文化と、他方で「（社会的・政治的信念、経済的・歴史的情況、自発的努力や意欲ある熟慮によって）アフィリエイティヴに獲得される方法ないし体系」[☆19]との間にいることを指摘している。といってもこれは、批評家の歩む道がたんにフィリエーションからアフィリエーションに向かうべきことを奨めているだけではない。サイードは、アフィリエーションがともすると「フィリエイティヴな過程を代理する一形態」に転じて、「過去においてフィリエイティヴな秩序と結びついたある種の権威の痕跡を取り戻そうとするために」手段として利用される恐れのあることを警告してもいる。批評家の採るべき道はしたがって「本能的なフィリエーションと社会的なアフィリエーションとの差異を認めつつ、アフィリエーションがときとしてフィリエーションを再生産するのはいかにしてかを明らかにする」[☆20]ところにある。

思うにこうした事情は、言語を書く作業に携わるかぎり、歴史叙述のあり方にも通じている。フィリエーションとアフィリエーションをめぐる錯綜した事情は、歴史の対象における変

☆19　Said, *ibid.*, p. 24f.
☆20　Said, *ibid.*, p. 24.

化を形容するのみならず、じつは歴史意識の現在のあり方にも関わる。またアフィリエイティヴなあり方にたいするサイードの姿勢を歴史の場面に移して考えるなら、フィリエイティヴで閉鎖的な文化的伝統や歴史認識に対して、かれが批判的な姿勢をとるだろうことは容易に想像がつく。すくなくともその姿勢は、伝統の連続性の再生産や既存の集団的アイデンティティの維持などを歴史叙述の意義として素朴に認めない点で、アーレントと通底するはずである。してみれば、ヴィーコをめぐって明らかに対立した立場をとり、まったく異なった歴史のあり方を語った両者が、この点では予想以上に歴史への近い姿勢を表わしていることがわかる。ならばこの両者の違いは何を意味するのか、その間をなんらかのかたちで調停することは不可能だろうか。

第三節　歴史における類似性と単独性

1

伝統の連続性を再生産することなく、過去を忘却から救済するのは、いかなる意味をもつのか。さらにまた閉じられた集団的アイデンティティの維持から公平な距離をとりながら、フィリエイティヴなものとアフィリエイティヴなものとの多様なパターンについて歴史的に考察するのは、いかなる意義を有するのだろうか。歴史叙述のあるべき姿を模索するとき、現在のわたしたちが担うべき課題の出発点がここにある。アーレントとサイードがこの点で接近した問題意識をもちえたことはすでに触れたとおりだ。しかしこれを前提にして両者を比較してみるなら、同時にまたそれぞれの欠点も見えてくる。

アーレントが過去の救済を口にするとき、生物学的生命の循環運動と個人的生活の直線運動との区別が、その前提にあったことはすでに指摘した。アーレントのこの截然たる区分は、しかしサイードがフィリエイティヴな自然の必然性とアフィリエイティヴな制度の必要性という構成で試みたように、生物学的生のプロセスの内部において多様なパターンと変移が生じる事情を充分に説明できない。この多元的な「パターン」の必要性は、アーレントのいう一元的な「プロセス」の必然性と明らかに異なる。歴史を物語る者の視点からみれば、ちょうどこれは、第三章で触れた解釈的類似性にもとづく諸形態と一義的共通性で特徴づけられる形式との違いに対応している。解釈的類似性は、「プロセス」の一元性から演繹されるのではなく、「パターン」の多元性から推理されるものでなければならない。ヴィーコのいう共通感覚によって発見される「生活に必要なものと有益なもの」のパターンは、アーレントの場合、彼女固有の「共通感覚」概念とはうまくつながらずに、結局「生命の必然性」のプロセスに還元され、フィリエイティヴな自然の必然性とアフィリエイティヴな制度の必要性も、前者の自然必然性に一括され還元されてしまう。

他方、サイードにおけるフィリエーション－アフィリエーションの対概念にも問題がないわけではない。サイードがこの概念を字義通りにとどめず、他の次元に転用してみせたことにはそれなりのメタファとしての効果があったろう。しかしかれはこの概念を頻用するあまり、かえって概念の過度の一般化に走る恐れを生んでいる。とくにユニークな過去の出来事に応じる場面では、個別事例における一定のパターンの反復を突きとめることができたとしても、当の出来事そのものに迫る言葉を模索するところにまでいきつかない。過去の単独の出来事には一般的な傾向の個別事例としては処理できない面がある。単独で唯一無比の特性ゆえに、しばしばそれは既存の概念や類型認識による捕捉に抗するのである。パターンの認識は、出来事としての単独性と事例としての個別性との違いに敏感でなければならない。

ではもし生物学的生命と言語的存在という二元性を前提にして、両者それぞれの欠陥を補うならば、それらをうまく統合できる道が開かれるだろうか。たぶんそうはなるまい。歴史叙述の現在を考えるうえでは、サイードとアーレントとの間にある裂け目を裂け目として認め、かえってそこに生産的な緊張が起こる亀裂としてそれを確保する方が、有望な道を開きうる。生物学的な生の循環を断ち切って、記憶すべき過去の出来事をかけがえのないものとして救済することと、生物学的な生の反復に内在しつつ、そこに成立する多様な類型やパターンを発見することとはやはり別の歴史であり、しかもどちらも歴史の理解と叙述であることに変わりはない。すでに前に引いたアガンベンの口吻を借りるなら「生物学的な生を生きている存在が言語を話す存在になることと言葉を話す存在がみずからを生物学的な生を生きている存在と感じることとのあいだにある還元不可能な差異」[☆21]が、人間のあり方を制約するのみならず、歴史叙述のあり方をも規定しているのである。もっとも両者に埋められない裂け目があるからと言って、そこにいささかなりとも親縁関係が築けないのかといえばそうではない。たとえば過去の救済をモティーフにして、わずかながらでも架橋の可能性を探ることができるかもしれない。

☆21　アガンベン、前掲書、一七〇頁。

アーレントは、歴史家によって歴史の叙述がおこなわれ歴史叙述として永続する世界のなかに位置を得ると、それは「多数の叙述のなかの一つとして」生き続けることになると言っている。「多数の叙述から完全に分離できるような叙述にはなんの意味もない」[☆22]。この歴史叙述の多数性は、おそらく公的領域における人間の複数性に照応したものだろうが、ここにはまた過去の出来事に関するある見方が胚胎してもいる。歴史叙述の多数性とは、多数の出来事に応じた多数の物語があると同時に、ある一つの出来事について多数の叙述がありうることも意味している。トラウマをともなう過去の克服に触れた次の一節は、これを別の面から補った発言である。

過去を「克服すること」が可能であるかぎり、それは起こった事柄を関連づけてみることにある。だがこうした物語は、それこそが歴史を作るものだとしても、問題を解決することになるわけではないし、苦痛を和らげることになるわけでもない。……むしろ、出来事の意味が生き続けるかぎり……「過去を克服すること」は絶えず物語を反復するというかたちをとりうるのである。[☆23]

しかし克服すべき過去の物語を反復するとは、この場合、フロイトのいう「行為化」や反復強迫のように同じことを繰り返すのではない。また「他人のトラウマを生き直す試みという意味での完全な感情移入」でもない[☆24]。他の諸契機と関連づけるなかで過去のある出来事を想起し

☆22　H. Arendt, *Men in Dark Times*, San Diego: Harcourt Brace & Co., 1995 (1955), p. 21.
☆23　Arendt, *ibid.*, p. 21.
☆24　ドミニク・ラカプラ「ランズマンの『ショア』」高橋明史訳（『現代思想』一九九五年　月号）、二五三頁。

反復することは、それを「行為として再現する」のではなく、「(言語的な) 記憶として再生する」ことである。それはフロイトの「徹底操作」に似ている。[☆25] 関連づけが変われば物語は反復されるごとに異なる。再び考えることは別の考えをしてみるということである。それは一個の真理を探ろうとする試みが、複数の真らしきものを作りだす営みに導くことでもある。なるほどこれは、歴史叙述も人によって見方が違い、いろいろな意見がありうるというごく平凡な事実を指摘したにすぎないともとれよう。だが視点を変えれば歴史的な過去の認識について少し違った真実を示唆しているとも言える。

たとえばある過去の出来事について反復した叙述がおこなわれるならば、伝統の連続性を前提しないかぎり、それは過去に対する固定した見方をわずかずつでも変じることである。過去の固定的な自己の視点を変えることは、過去の固定した見方に囚われていた現在の見方に反省の眼を向けるきっかけになる。また過去について多数の叙述が可能ならば、過去の出来事そのものが固定した一つのものだと見る必要もない。過去とは、起こってしまった取り返しのつかないことだというより、不在となった出来事ゆえに、表象と表現を介して推理と解釈の多数の可能性に開かれているのである。

視点をこのように転換させるには、過去の出来事を他の出来事と関連づける方法にも転換が必要になる。たとえば過去のもろもろの出来事が、ある同一の〈起源 origin〉から生まれ、その支配のもとで縦の系列関係の結果として生じたとみなされるならば、過去の個々の出来事は、「大きな物語」のプロセスのなかでしか意味がない一構成要素にすぎなくなる。他方、過

☆25　ジクムント・フロイト「想起、反復、徹底操作」(『フロイト著作集6』井村恒郎・小此木啓吾他訳、人文書院、一九七〇年、五二頁)。フロイトの「行為化」と「徹底操作」の概念を、歴史記述との関連で展開しようとした次を参照。Dominick LaCapra, *Representing the Holocaust: History, Theory, Trauma*, Ithaca: Cornell University Press, 1994, pp. 205-223.

去の複数の出来事が、そのつど新たな〈始まり beginning〉として横の隣接関係を作りだすとみなされるならば、その隣接関係の多様性に応じて複数の歴史叙述が可能になる。これはサイードがヴィーコの聖なる歴史と「異教諸国民の歴史」の違いに合わせて区別した歴史の二つの端緒に当たる。起源の系列関係と始まりの隣接関係は、じつはのちにフィリエーションとアフィリエーションの対概念を生むもとにもなったものだ。だがもしそうならば、フィリエーションとアフィリエーションが現実にはいっそうの錯綜した関係を編みだしていたように、起源と始まりという二つの方法概念も、歴史の出来事をはるかに複合的なかたちで関連づける方法に使われてもよい。たとえば〈始まり〉が〈起源〉を代理する形態として利用される可能性もありうる。サイードのひそみにならって言うなら、この二つの方法概念を的確に用いるには、系列的な起源と横断的な始まりとの差異を認めつつ、始まりがときとして起源を再生産することがあるのは何故かを明らかにすることも必要となる。しかしそれにしても何故、このような転換をしてまで過去の見方にたいする現在の囚われを反省し、真とおぼしき複数の叙述を必要とするのだろうか。

アーレントがここで問題にしているのが、同じ歴史といってもトラウマをともなった歴史であることに注意しておきたい。このトラウマのもつ歴史的力について、キャシー・カルースは次のように語っている。

トラウマがもつ歴史的な力は、ある体験が忘れられたのちになっても繰り返されることにあるのではなく、体験しているその最中から忘却という事態が終始つきまとっていることにある。ユダヤ民族の歴史的体験の特異的・一時的・遅延的構造を説明するのは、皮肉にも、トラウマに内在する出来事の潜伏性である。モーセの殺害は、それが起こっている最中には体験されずに、他の場所、別の時間と関連してはじめて十分はっきりしたものとなる。回帰をトラウマと置き換えてみるとき、今言ったことが重要となってくるのだが、それは、無意識の領域から出立することが、逆説的には、その出来事を直写性の中に保持することになるからである。歴史がトラウマの歴史であると言うとき、歴史はそれが起こっているときには十分知覚されていないという、まさにそのかぎりにおいて指示的であるということである。別の言い方をすれば、歴史とは、その発生をリアルタイムで把握できぬその状況において把握されるということになるであろう。[☆26]

カルースは、トラウマをともなった一歴史を論じているのではなく、むしろ歴史がそもそもトラウマの歴史であることを論じている。歴史を叙述しようとする者には、リアルタイムに歴史を伝えてくれる手だてとして、歴史を体験した者の直接の証言を当てにするものがある。だがもしこの体験者の証言そのものが、歴史を直接に指示できる可能性を初めから奪われているとしたらどうだろう。つまり歴史を「体験しているその最中から忘却という事態が終始つきまとって」いたとしたらどうだろう。「歴史はそれが起こっているときには十分知覚されていない」――おそらくこれは実際にトラウマをともなった歴史だけにかぎられた話ではあるまい。

☆26　キャシー・カルース『トラウマ・歴史・物語――持ち主なき出来事』下河辺美知子訳、みすず書房、二〇〇五（原書一九九六）年、二六頁。

歴史がなんらかの苦難や犠牲にかんする個々人の記憶の集合をともなう以上、それはなんらかの意味で、いずれもこのトラウマによる欠落に似た忘却の穴を穿たれている。

歴史は、体験者から直接何かを聞きだそうする者にとってのみならず、歴史を現に体験した者にとっても、間接的なかたちでしか示されない。カルースは、この「歴史における間接的指示性」[☆27]を『モーセと一神教』におけるフロイトの解釈の中核にあるものだと考えた。ただし歴史が間接的指示性から逃れられないといっても、歴史の出来事の実在性をたんに構成されたものの作られたものだとみるほかないというわけではない。実際の経験の記憶によって直接に歴史的出来事を指示しているとみなされやすい証言や証拠も、本当は出来事の実在を間接的にしか提示するにすぎず、指示されたものを充分に真らしきものとして叙述するには、「他の場所、別の時間と関連」づけるのちの想起と反省を欠かすことができない。歴史がこのように忘却の穴を埋める徹底操作を必要としているのならば、それはたんに記憶されたものの記憶によるだけではなく、記憶から排除されたものの推理が必要となる。関連づけには媒辞の発見がともなう。この不断の関連づけが、精神分析医とトラウマを負った患者との協同でなされれば、想起と徹底操作にもとづく治癒のプロセスになるが、歴史を体験した者と歴史を叙述する者との共同でおこなわれれば、推理と自己反省による発見のプロセスになる。歴史を体験した者が記憶として何を表象しているかだけではなく、何を表象できなかったのかを表象する試み、表象不可能だったものの表象、表現不可能だったものの表象を推理する試みである。

ある種の心的表象や言語表現がなんらかの心的外傷を被っているかぎり、そこにはしばしば

☆27　カルース、同書、二七頁。

抑圧によって表象不可能となったもの、表現不可能となったものが無意識のうちに隠されているかもしれない。もしメタ構想力によるトピカ的推論が必要で十分な力を発揮できるとしたならば、それはたんに表象の表象、記憶の記憶であるのみならず、それと同時に表象不可能なものや記憶不可能なものの発見的な推理でもなければならない。そして忘却の穴を埋める作業には、穴が穿たれた事実にかんする推理をともなう以上、それはまた新たな発見の作業をもともなうだろう。「他の場所、別の時間と関連」づける操作が、縦の系列関係ではなく横の隣接関係を見いだすことからなるのなら、それは歴史を記述する者による（あるいは歴史を体験した者と記述する者の共同による）新たな〈始まり〉を告げるものになる。〈始まり〉をめぐる構想力はここでも発見のメタ構想力なのである。

2

過去の出来事の関連づけが起源と始まりを区別しながら、その複合的な結びつきにおいて分析され、その結果として多数の物語が編みだされるならば、こうした過去の救済の手法は、一見しただけでは、サイードがフィリエーションとアフィリエーションの対概念で示した歴史の理解と、ある程度折り合いをつけることができ、望むなら両者を統一した歴史像を描くことも不可能ではなさそうだ。たしかにパターンの発見の基盤を、起源の系列関係ではなく始まりの隣接関係による出来事の関連づけに据えることで、その方法的な刷新を図ることは十分に可能である。サイードのいうフィリエーション－アフィリエーションに現われる歴史理解は、こうした意味での類型的パターンの発見に近い。そしてもし一定の適切な媒介を踏むならば、歴史における類型的パターンは、アーレントが『カント政治哲学講義』でその意義を強調した「範例的妥当性 exemplary validity」にもとづくとみなすことも不可能ではない。歴史的世界にかかわる普遍的概念は、これまでの考察において、想像的普遍、記述的類似性、解釈的類似性（そして範例的妥当性）とさまざまな姿を現わしてきた。歴史における類型的パターンがこうした新たな普遍概念に親和的な特徴を備えていることは想像にかたくない。いずれも単独なものや個別的ものの発生と強く結びつき、場合によっては単独性と個別性との差異に配慮できるからである。その意味でそれは歴史的出来事の単独性や歴史叙述の多数性に十分に応じうるだけの柔軟さを有していると言えるだろう。だがそれでもアーレントの言う「歴史叙述の多数性」は、そうした類型的パターンの発見に完全に組み込むことはできない。

　アーレントが過去の出来事の関連づけを口にするとき、それは所与のプロセスのなかに個々の出来事を位置づけることを考えてはいない。そのような位置づけ方は、個々の固有の出来事を必然的な法則の一部として意味づける「プロセス」思考の誘惑を逃れることができない。アーレントが考える過去の出来事の布置関係は、あらかじめ歴史的脈絡として与えられているのではなく、歴史家自身が個々の単独の出来事をさまざまに関連づけることで初めて生起してくるのである。歴史的出来事におけるパターンの発見も、アーレントが嫌ったプロセスへの還元とは異なるが、ただ歴史的出来事を個別事例と見る点では「プロセス」思考とパターンの発見は類似している。いずれにしても歴史的事象の出来事としての単独性と事例としての個別性とは別のものである。

ちなみにヴィーコは、二つの観念を統一するために「第三の観念」を見いだす術をトピカと呼んだ。出来事同士の関連づけにはなんらかの形でこうした第三の媒辞（中名辞）が必要だとすれば、こうした関連づけを可能にするのはトピカの技法（いわゆる発見術 ars inveniendi）である。トピカによって手にできるのは厳密な意味での「真理 verum」ではなく「真らしきもの verisimilis」にすぎない。歴史叙述の多数の物語は、この意味で多数の「真らしきもの」の言説である。第三の媒辞にはたしかに類型化に導く普遍概念の最初の萌芽となるものがありうるだろう。しかしそれでも真らしきものの言説が、歴史的出来事の唯一性や単独性を核にしていることに変わりはない。類型認識における個別事例の一般的なあるいは特殊な関係は、個々の単独の出来事の布置関係を基盤にするとしても、両者はやはり別のものである。後者の唯一性や単独性を、歴史的分析における類型化や普遍史の類に包摂しようとすると、出来事同士の関係づけを可能にするその潜在的な力を見失うことになりかねない。

たしかにアーレントがこの種の普遍史への誘惑を免れていたかといえばそうではない。セイラ・ベンハビブは、アーレントの歴史的思考に、ベンヤミンから想をえた「断片的方法」とハイデガーの系譜を引く「現象学的方法」とが併存しているのを指摘したことがある。歴史叙述の全体としては前者が優勢を占めているものの、後者の方法が表面に出てくると、歴史が人間の根源的経験の喪失として描かれる。世界疎外、地球疎外の議論などはこの類である。[☆28] もっともこうした方法の併存が過去の救済のモティーフに不当な歪みをもたらした形跡はない。とす

☆28 『全体主義の起源』がハイデガーの「存在の忘却史」のトーンを響かせている点にかんする詳細な論究としては、次を参照。Annette Vowinckel, *Geschichtsbegriff und historisches Denken bei Hannah Arendt*, Köln: Bohlau, 2001.

れば、ハイデガー流の忘却史的な発想をサイードが取りだして見せたヴィーコの「異教諸国民の歴史」の方法に置き換えてみるのもまったく不可能ではあるまい。

ヴィーコの歴史的方法が魅力に満ちているのは、アーレント（さらにはベンヤミン）がおこなった過去の救済ないし「過去の克服」の試みと共存できるアプローチを秘めていたところにある。両者は方法上のある種の親縁性があるなら、無理に統合する必要はない。なるほど共存はときに対立を生む。一方が他方から影響や干渉を受け、示唆を得ることも齟齬をきたすこともあるだろう。しかしそれをヘーゲル流に媒介し統一させる必要はない。どちらかといえばヘーゲルの媒介された具体的普遍より、キルケゴールの「例外者」と「普遍者」との葛藤の方が歴史叙述のあるべきイメージに近い。両者の媒介された統一ではなく、反復される差異のなかで、たぶん葛藤と共存が終わることはない。

あとがき

メタ構想力とはメタ次元にある構想力のことである。といっても哲学畑の話ではない。哲学の目抜き通りからはずれて横町の思想史をウロウロしているうちに目に止まったテーマである。狙いとしたのも、たんにいまここに存在しないものを好き勝手にあれこれ思い描く能力のことではない。ひとはよく、いまここにはいない他人が何をどう思い何をなぜ考えているのか、あれこれ推測したり思案したりする。他人の身になって考える、相手の立場に立って想像するなどと言う。カントも「すべての他者の身になって考えること」を「視野の広い思考様式」だと言った。すべての他者には当然ながら現にここにはいない不在の他者も含まれる。簡単に言えばこうした他人が考えていることについて自分が考えてみること、表象の表象、広い意味での他者の構想力にかんする自己の構想力、メタレベルにおかれた構想力というべきものが主題としたモティーフである。

この手の構想力は、正確な推測からはほど遠い。他人が頭のなかで本当は何を考えているのか、それこそ神のみぞ知る話で、ここでは絶対の正しさや第一の真理を求めようとする試みは、初手から断念するほかない。にもかかわらずわたしたちの日常世界では、他人の期待に応じるさいのリスクが失せないまま、あたかも相手の意図や期待が（さらには相手の想像空間が）すでに知られたもののごとく、このリスクや不確実性など苦もなく超えられるもののようにコミュニケーションを営むことがある。「自明性の地平」や「自然的態度」がそこで成立するといえばそれまでだが、こういっただけではその意味も成立の経緯も明らかにはならない。あえて逆説を弄するなら、この既知の日常にある「自明性」や「自然性」の非自明性や作為性、その不可解さがここで解き明かしてみたかったもともとの謎である。これはたとえばルーマンが「予期の予期」や「二重の偶発性」と呼んだものにある部分重なっている。だがかれの分析がいかに精緻に見えたところで、ここで語りたいと思うものを、システム論の語法で定式化してみることには、どうしても抵抗がある。この違和感にはそれなりの意味があるはずだ、とわたしはいまでも思う。本書の機縁の一つをなしたのはこの違和感だといってもよい。

このテーマを取り上げるきっかけには他に本書の三部それぞれで取り上げた思想史研究がある。一つはヴィーコの歴史哲学を理解するなかで出会ったヴェリーンの「コレクティヴな想像力」と「リコレクティヴな想像力」という対になった概念である。ヴィーコは、太古の人びとのコレクティヴな想像力が創りだし語りあげた神話的世界を、かれ自身のリコレクティヴな想像力によって歴史的に再構成しようとしたのだというのが、ヴェリーンのヴィーコ解釈である。過去の想像力の産物に向けられた現在の想像力の営為というこの再帰的な構図にメタ構想力の一例が表われている。この構図で興味を引くのは、近代人にとっては太古の人びとが想像力で創りだしたものを「理解することも想像することも不可能に近いもの」だとヴィーコが考えていたことだ。二つの想像力の間には認識上の深い亀裂、大きな乖離がある。メタ構想力がその性能を発揮できたのは、想像不可能に近いもののまなざしをその視野に収めることができたからである。最後の第九章でカルースの「歴史の間接的指示性」に触れたさいにも、ある種の乖離が念頭にあった。この乖離や亀裂を埋めるのはいかにして可能だろうか、メタ構想力論が解くべき課題の一つがここにある。

第二は、マルクスと労働の由来を検討するなかで、スペルベルのいう「メタ表象作用metarepresentation」の概念に着目した進化人類学や認知考古学などの議論に遭遇したことである。メタ表象とは「表象の表象」、つまり自己のあるいは他者の表象を表象する働きである(スペルベルは事実上、ヴェリーンの言った「リコレクティヴな想像力」を組み入れるかたちで、この概念を構想している)。霊長類(とりわけ類人猿)がさまざまな騙し戦術で他個体の注意を巧みに操作するとされる「マキャベリ的知能」の仮説や、チンパンジーにかんする「心の理論」は、ヒト以外の霊長類(ことに類人猿)に他個体の意図や心を読みとる知能が認められるかのような議論を展開してきた。その研究の蓄積には門外漢のわたしにも知るにあたいする刺戟的な成果が散見されていたものの、これを極論するとメタ表象機能が一定の条件下で飼育されたチンパンジーにも認められるという仮説すら出かねない。むしろわたしは、たとえばスティーヴン・ミズンがメタ表象の統合機能をヒトと類人猿とを分かつ要の位置に据えたことが、メタ構想力の特異な進化的地位を証して余りあると考えるようになった。マルクスの見解とは異なって、ヒト以外の霊長類にも何かを作る前に「頭のなかで」それを思い描く表象機能をもったものがいる。だがメタ表象機能はヒトに特有のもので、それがメタ道具の自在な制作や、道具操作と言語操作との結合を可能にしたのである。

第三は、アーレントが政治的判断力を論じたさいに、先にあげたカントの「視野を広げた思考様式」の格率を、「自分で考える」悟性の格率ではなく、「不在のものを直観において表象する」構想力に結びつけて考えていたことである。「すべての他者の身になって考えること」は、この場合、「不在の人の立場をわたしの心に現前させることで意見を形成」する能力になる。この能力が十分な性能を発揮するには、それはたんに他人のさまざまな意見を的確に心的に表象できるにとどまらず、公的世界との結びつきを必要条件とし、世界への気づかいをその十分条件にしている。

メタレベルで考えられたこうした想像力は、じつはもはやたんに他人の主観的な心的能力の次元に収まってはいない。人間の歴史は、ある意味で不在の表象をめぐる人間の一連の営みが、さまざまな文化的・社会的な制度によって制約され規定されてきた歩みの足跡でもある。わたしはそれを、生物学的必然性が社会的必要性として構成されるプロセスに重ねて考えている。グローバル化現象を前にして、そのための制度の多元的あり方に見過ごせない変化が兆しつつあるというのが、目下のところわたしが立てている予測である。

本書は以前、二三の雑誌に掲載した論考をもとにして成ったが、いずれも大幅に書き直したり書き加えたりしたため、ほぼ書き下ろしに近い。第九章は比較的原形をとどめているが、これも部分的に書き足した。とりあえず初出一覧を以下に示しておく。

第一章、二章「トピカと労働の論理――ヴィーコとマルクス」『思想』七五二号、一九八七年二月号。

第三章、四章、五章、六章。書き下ろし。

第七、八章「労働と必然性」『ハンナ・アーレントを読む』、情況出版、二〇〇一年。

第九章「歴史の観相学——アーレントとサイードのヴィーコ理解によせて」『社会思想史研究』二六号、二〇〇二年。


「論文集を出しませんか」と未來社の西谷能英さんから声をかけられたのは、もう十数年近く前になる。そのとき、自分なりにまとまったかたちで出してみたいと考えたのが、構想力ないし想像力をテーマにした論集である。あまり書きちらすことをせずに、しばらく読みつづけ考えつづけたいとは決めたものの、いつのまにか十年以上の歳月が過ぎてしまった。ひとえに自分の怠惰と無能力を恥じるばかりである。それでもこのようなかたちで一書にまとめることができたのは、辛抱強く待っていただいた西谷さんのおかげである。

二〇〇八年一月十五日

著者

■著者略歴

木前利秋（きまえ・としあき）

一九五一年生まれ（長崎市）。東京大学大学院経済学研究科・博士課程退学。現在、大阪大学大学院人間科学研究科教授。現代社会論・社会思想史専攻。

共著書・共編――『ハーバーマスと現代』新評論、一九八七年。共編『ニーチェ事典』弘文堂、一九九五年。共著（SGCIME編）『模索する社会の諸相』御茶の水書房、二〇〇五年。

主要論文――「構想力・神話・形の論理」『思想』一九九一年九月号。「名と裁きと救済と――言語の星座のなかのベンヤミン」『現代思想』一九九二年十二月臨時増刊号。「システムと生活世界――偶発性の社会学」『岩波講座・社会科学の方法――システムと生活世界』1、岩波書店（一九九三年）。「批判理論と知の可能性――ホルクハイマーと全体性の放棄」『岩波講座・現代思想8――批判理論』岩波書店（一九九四年）。「痕跡・テキスト・転移――フロイトと歴史叙述」『現代思想』一九九六年十月号。「マルクス――複数の顔」樺山紘一他編『20世紀の定義［2］――溶けたユートピア』Ⅲ―4、岩波書店（二〇〇一年）。

訳書――J・ハーバーマス『社会科学の論理によせて』（共訳）国文社、一九九一年。J・ハーバーマス『道徳意識とコミュニケーション行為』（共訳）岩波書店、一九九一年。J・ハーバーマス『遅ればせの革命』（共訳）岩波書店、一九九二年。ウルリッヒ・ベック『グローバル化の社会学』（監訳）国文社、二〇〇五年。

【ポイエーシス叢書57】

メタ構想力――ヴィーコ・マルクス・アーレント

二〇〇八年三月三十一日　初版第一刷発行

定価……本体二八〇〇円＋税

著者……木前利秋

発行所……株式会社　未來社

東京都文京区小石川三―七―二

振替〇〇一七〇―三―八七三八五

電話（03）3814-5521（代）

http://www.miraisha.co.jp/

Email: info@miraisha.co.jp

発行者……西谷能英

印刷・製本……萩原印刷

ISBN978-4-624-93257-2 C0310

ポイエーシス叢書より　（消費税別）

1　起源と根源　カフカ・ベンヤミン・ハイデガー　小林康夫著　二八〇〇円
3　ポスト形而上学の思想　ユルゲン・ハーバーマス著／藤澤賢一郎・忽那敬三訳　二八〇〇円
5　知識人の裏切り　ジュリアン・バンダ著／宇京頼三訳　二八〇〇円
7　巨人の肩の上で　法の社会理論と現代　河上倫逸著　二八〇〇円
9　タブローの解体　ゲーテ「親和力」を読む　水田恭平著　二五〇〇円
11　本来性という隠語　ドイツ的なイデオロギーについて　テオドール・W・アドルノ著／笠原賢介訳　二五〇〇円
15　討論的理性批判の冒険　ポパー哲学の新展開　小河原誠著　三二〇〇円
18　フィギュール　ジェラール・ジュネット著／平岡篤頼・松崎芳隆訳　三八〇〇円
22　歴史家と母たち　カルロ・ギンズブルグ論　上村忠男著　二八〇〇円
23　アウシュヴィッツと表象の限界　ソール・フリードランダー編／上村忠男・小沢弘明・岩崎稔訳　三二〇〇円
25　地上に尺度はあるか　非形而上学的倫理の根本諸規定　ウェルナー・マルクス著／上妻精・米田美智子訳　三八〇〇円
27　インファンス読解　ジャン＝フランソワ・リオタール著／小林康夫・竹森佳史ほか訳　二五〇〇円
28　身体　光と闇　石光泰夫著　三五〇〇円
29　マルティン・ハイデガー　伝記への途上で　フーゴ・オット著／北川東子・藤澤賢一郎・忽那敬三訳　五八〇〇円
30　よりよき世界を求めて　カール・R・ポパー著／小河原誠・蔭山泰之訳　三八〇〇円

31 ガーダマー自伝　哲学修業時代　ハンス＝ゲオルク・ガーダマー著／中村志朗訳　三五〇〇円
32 虚構の音楽　ワーグナーのフィギュール　フィリップ・ラクー＝ラバルト著／谷口博史訳　三三〇〇円
33 ヘテロトピアの思考　上村忠男著　二八〇〇円
34 夢と幻惑　ドイツ史とナチズムのドラマ　フリッツ・スターン著／檜山雅人訳　三八〇〇円
35 反復論序説　湯浅博雄著　二八〇〇円
36 経験としての詩　ツェラン・ヘルダーリン・ハイデガー　フィリップ・ラクー＝ラバルト著／谷口博史訳　二九〇〇円
38 啓蒙のイロニー　ハーバーマスをめぐる論争史　矢代梓著　二六〇〇円
39 フレームワークの神話　科学と合理性の擁護　カール・R・ポパー著／M・A・ナッターノ編／ポパー哲学研究会訳　三八〇〇円
40 グローバリゼーションのなかのアジア　カルチュラル・スタディーズの現在　伊豫谷登士翁・酒井直樹・テッサ・モリス＝スズキ編　二五〇〇円
41 ハーバマスと公共圏　クレイグ・キャルホーン編／山本啓・新田滋訳　三五〇〇円
42 イメージのなかのヒトラー　アルヴィン・H・ローゼンフェルド著／金井和子訳　二四〇〇円
43 自由の経験　ジャン＝リュック・ナンシー著／澤田直訳　二八〇〇円
44 批判的合理主義の思想　蔭山泰之著　二八〇〇円
45 滞留［付／モーリス・ブランショ「私の死の瞬間」］　ジャック・デリダ著／湯浅博雄監訳　二〇〇〇円
46 パッション　ジャック・デリダ著／湯浅博雄訳　一八〇〇円
47 デリダと肯定の思考　カトリーヌ・マラブー編／高橋哲哉・増田一夫・高桑和巳監訳　四八〇〇円

48　接触と領有　ラテンアメリカにおける言説の政治　林みどり著　二四〇〇円
49　超越と横断　言説のヘテロトピアへ　上村忠男著　二八〇〇円
50　移動の時代　旅からディアスポラへ　カレン・カプラン著／村山淳彦訳　三五〇〇円
51　メタフラシス　ヘルダーリンの演劇　フィリップ・ラクー＝ラバルト著／高橋透・高橋はるみ訳　一八〇〇円
52　コーラ　プラトンの場　ジャック・デリダ著／守中高明訳　一八〇〇円
53　名前を救う　否定神学をめぐる複数の声　ジャック・デリダ著／小林康夫・西山雄二訳　一八〇〇円
54　エコノミメーシス　ジャック・デリダ著／湯浅博雄・小森謙一郎訳　一八〇〇円
55　私に触れるな　ノリ・メ・タンゲレ　ジャン＝リュック・ナンシー著／荻野厚志訳　二〇〇〇円
56　無調のアンサンブル　上村忠男著　二八〇〇円
57　メタ構想力　ヴィーコ・マルクス・アーレント　木前利秋著　二八〇〇円

本書の関連書

逆光のロゴス――現代哲学のコンテクスト　高橋哲哉著　三五〇〇円
ラーヘル・ファルンハーゲン――あるドイツ・ユダヤ女性の生涯　ハンナ・アレント著／寺島俊穂訳　三五〇〇円
アレント政治思想の再解釈　マーガレット・カノヴァン著／寺島俊穂・伊藤洋典訳　五八〇〇円